愛與錢
Money and and Love
An Intelligent Roadmap for Life's Biggest Decisions

史丹佛最熱門的
人生規劃課，

用5C架構
做重要的選擇

麥拉·史卓柏 Myra Strober
艾比·戴維森 Abby Davisson

吳書榆　譯

國際讚譽 | ADVANCE PRAISE

「我們的個人和職業生活從未像今天這樣緊密地交織在一起，而史卓柏和戴維森清楚地證明，全面融合這兩者是過上充實生活的最佳方式。」

——**約翰‧杜納霍**（John Donahoe），Nike執行長

「花費和投資大不相同，以錢來說是這樣，以時間來說是這樣，以愛來說也是這樣。史卓柏和戴維森在本書裡完美闡述了這一點。我們在人生中都要面對各式各樣的取捨，讓本書成為你的操作手冊，幫助你做最重要的決策。」

——**葛瑞格‧麥基昂**（Greg McKeown），Podcast主持人暨《紐約時報》暢銷書《努力，但不費力》（*Effortless*）和《少，但是更好》（*Essentialism*）作者

「擔任過三個品牌的執行長、同時還要養四個孩子，我相信錢與愛是可以兼得的，但前提是你必須有意圖地這麼做。史卓柏和戴維森以實際且切身的方式導引我們，帶領我們檢視人生必須面對的重大決策，賦予我們力量，讓我們經營出充實、

喜悅且充滿使命感的人生。」

——**南西・格林**（Nancy Green），
老海軍（Old Navy）和阿仕利塔（Athleta）前執行長

「重新建構大問題、分割成幾個可控的小問題，然後採用可行的流程做決定，這是一套很強大的工具，可以順利化解現代人生的複雜問題；沒什麼比錢和愛更複雜了。」

——**戴夫・埃文斯**（Dave Evans），
《做自己的生命設計師》（*Designing Your Life*）的共同作者

「披頭四說『錢買不到愛』，但史卓柏和戴維森告訴你該如何思考選擇，讓你的事業與關係同樣都能順利美滿。這是一本好書，談的都是人生最困難、但最重要的決策。」

——**安德魯・斯科特**（Andrew Scott），
倫敦商學院經濟學教授暨《百歲人生》（*The 100-Year Life*）作者

「史卓柏和戴維森的這本書，傳達出十分讓人振奮的想法與資訊（更重要的是，裡面有一套非常有用的架構），幫助你處理人生最重要的決策。」

——**賽斯・史蒂芬斯—大衛德維茲**（Seth Stephens-Davidowitz），
《數據、真相與人生》（*Don't Trust Your Gut*）作者

獻給我們的丈夫

傑‧傑克曼（Jay Jackman），永愛不忘

以及羅斯‧戴維森（Ross Davisson）

| 目次 |

前言 ｜ INTRODUCTION

　　蘿倫眨了眨眼，忍住淚水，她不懂，今天發生的事明明都是快樂的事，但為何她這麼不快樂？紐約一家頂尖的研究所決定錄取她，還給她全額獎學金，一毛不少，過沒多久，她相戀三年的男友葛瑞格跑來告訴她說他不能離開加州，因為他最近升職了。出乎她意料之外的是，接著他單膝跪下，向她求婚。

　　能進入研究所，以及等到葛瑞格向她求婚，都是蘿倫期盼已久的夢幻時刻，但現在，這兩個令人興奮的消息並沒有帶給她想像中的快樂。她真的需要在愛情和事業之間擇一嗎？就在這一天，蘿倫必須和金錢與愛情之間錯綜複雜、且通常極具挑戰性的關係正面對決。她要選哪一邊？更重要的或許是，面對這個令人苦惱的問題時，她應該如何做決定？

　　人的一生中，一定會遭遇類似在金錢與愛情之間拉扯的、令人揪心的決策。你要選人生伴侶還是事業？除此之外，你可能也必須選擇要不要結婚，或是要不要生兒育女；如何照料生病或失能的家人，或是如何面對自身的疾病或失能；選擇要住在哪裡；決定如何分配家務；決定要不要追求升遷或爭取重要職務；調和不同的花費、儲蓄和投資習慣；決定要不要兼顧育兒與事業、要的話又該如何做；要如何以及何時轉換跑道。我們可能也需要想想如何強化或結束一段關係。等父母年紀漸長，我們或許需要幫忙照護長者、做生命終點規劃。當我們自己年華老去，則必須管理退休後的人生，其中可能包括照料人生伴侶。

這類選愛還是選錢的決策絕對不簡單，如今我們還得在快速且大幅變動的時代下因應問題。新冠肺炎疫情迫使幾百萬人必須在廚房、客廳或臥室裡架起工作站，同時還要照顧一家老老小小。一時之間，工作／生活可以區分開來的假象被戳破了，我們再也無法假裝看不見生活中各個面向的緊密相連。疫情也迫使幾百萬人重新評估自己要在哪裡工作、過什麼樣的生活。隨著現實條件逐步演進，我們面對的選錢還是選愛的決策，很可能是一張極為冗長的清單，涉及更多複雜層面：

- 雙薪家庭的常態將會繼續變化。疫情之前，全職爸爸的人數已經逐漸增加，這股趨勢會不會延續下去，甚至加速發展？在疫情高峰期選擇退出工作崗位的女性，有多少人會重返職場，這又會造成什麼樣的狀況？
- 在一個愈來愈趨於科技導向的經濟體裡，某些工作會慢慢消失，同時創造出新的工作。
- 遠距工作者的族群顯然會愈來愈龐大。已經罹患視訊會議疲勞（Zoom fatigue）的人請舉手，開始出現豔羨居家辦公症候群（home office envy）的人也請舉手。

就連氣候變遷造成的影響（缺水、野火、狂風暴雨和其他極端天氣型態），也愈來愈有可能決定我們要如何、在哪裡、與誰共度此生。我們都很努力在現實的重大變遷當中找出明路，但同時也沉溺在觀點扭曲的網路世界裡，呈現出另一種理想化的現實，告訴我們人生應該怎麼樣、應該要有什麼感覺。簡而言之，隨著世界更加複雜，關於錢與愛的抉擇也跟著複雜起來。

請放心，本書並**不會**一直傳達負面訊息，然後要讀者練習接受，事實上恰恰相反，這是一本指南書，引導你穿越這類選愛還是選錢的**迷霧**，做出決定。我們不會告訴你決定要**什麼**，這只有你自己可以決定。反之，我們提出架構、相關研究與各種練習，幫助你找到自己的優先要務，讓你做出契合**你**心之所欲的決策。你會得到什麼？你會覺得更輕鬆自在，感受到更多的昂揚自信，知道即便你的人生會受到無法掌控的外部因素所影響，你仍能用一套穩健、經過驗證的架構來調整走向。一點一點，一步一步，你將能讓人生更接近重要的目標與夢想，更深切感受到人生操之在我，而且能掌控的不只某個單一面向；你將更能決定人生幾個最重要的部分，以及如何讓這些面向相輔相成，以成就此生的旅程。

充滿挑戰的時刻會促使我們重新評估人生，最終得出更好的結果。1970 年，本書作者暨勞動經濟學家麥拉當時的雇主加州大學柏克萊分校告知她，說她無法獲得終身職＊（tenure-track），因為她是一個育有兩名幼子的母親。她下定決心克服這種偏見，便以家庭和工作為題，寫出一套專題研討提案；專題研討通過審核，很快就變成一門完整的課程。兩年後，加州大學柏克萊分校要提供她終身職，但她拒絕了，轉而成為史丹佛商學研究所有史以來第一位女性教職員。在接下來數十年裡，她帶領數千位學生修習這門工作與家庭（Work and Family）課程，廣受好評，最終激發出了這本書。麥拉於 2018 年退休，擔任史丹佛教育學院與商學院的終身教授。

　　她最早是在加州大學柏克萊分校開設工作與家庭課程，後來轉戰史丹佛，教課的同時，麥拉自己也正在經歷該課程中涵蓋的許多主題：她在團體育兒資源稀缺的時代設法安排育兒；她離婚、再婚；她需要照料年老的母親，接著照顧被診斷出帕金森氏症的丈夫。她的人生起伏跌宕的同時，有愈來愈多女性進入職場，整體文化也在各個方面發生變化。麥拉教這門課教了 40 年，期間不斷更新內容，以反映她自己與其他人的生活經驗，以及來自客座演講人的新研究和專業知識。

　　工作與家庭這門課長期受到歡迎，部分理由是麥拉一貫但又靈活的教法。一直以來，她堅守自己的核心原則：直接從事實出發，就事論事；仰賴可靠的數據資料，但仔細檢視其限制；善用個人觀點與經驗作為討論的素材；給學生力量，讓他

＊　譯注：在美國大學聘雇制度中，擔任常任職一段期間以後，才能申請終身職。

們在家庭、職場和社會不斷變化的環境中接納自我。

　　堅守核心取向的同時，課程本身與時俱進，以反映不斷變遷的文化信仰與規範。史丹佛商學研究所是私立的菁英教育機構，無法映射出整個群體或群體當中的所有團體，然而，隨著學校大張旗鼓地將推動多元性視為優先要務，工作和家庭這門課的焦點也跟著改變。國際學生的人數漸增，來自歐洲的學子對於美國學生對婚姻的「執著」（fixation）感到不解，他們問：「到底為什麼要結婚？」來自巴基斯坦和印度的男學生，則分享了他們對於故鄉「父母之命，媒妁之言」婚姻制度的看法：不用自己選擇人生伴侶，他們覺得很輕鬆。（有趣的是，同樣來自這些國家的女性或非二元性別者〔nonbinary〕＊並沒有同等支持包辦婚姻制。）隨著種族、族裔、性別與性取向愈來愈多元，也激發這門課去思考某些對於向來被邊緣化的族群而言特別重要的議題。身為黑人，會對婚姻前景造成哪些影響？身為男同性戀，對於生兒育女的決定會造成哪些影響？身為代表性不足群體（underrepresented group）中的一員，對於事業目標或居住地區的決策會造成哪些影響？

　　從開設這門課算起，修過課的學生已達數千人，分別來自不同的種族與族裔背景；有女性、男性與非二元性別人士；有單身者、戀愛中或已婚者；還有各種性傾向不同的學生。當中

＊　譯注：性別認同不完全是男性或女性者。

有很多人都對麥拉說，這門課是他們修過最有用的課之一。即使已經畢業多年，他們還是會來信，說這門課讓他們做好更充分的準備以面對人生，獲益超越任何大學部或研究所的課程，而他們畢業之後仍在運用過去學到的資訊和方法。

其中一位正是本書共同作者艾比。2008 年，正在念商學院的她和當時交往僅一年的男友羅斯來修麥拉的課。畢業在即，艾比和羅斯必須決定要不要在同一個城市工作；如果要的話，是否也要同居。一開始他們很害怕，不敢進行任何有意義的討論，但在麥拉的課程中，他們學到如何以深思熟慮且有成效的方式來做決策。

麥拉的教學幫了大忙，艾比和羅斯的期末報告以婚前同居為主題。這份報告後來變成兩人許多聯合創作的起點：艾比和羅斯結婚共度了十餘年，生了兩個孩子，兩人都認同這門課改變了他們的人生，給了他們一份藍圖，讓他們順利度過緊繃的雙薪家長時期。

畢業之後，艾比和羅斯仍與麥拉保持聯繫，很快地，麥拉開始邀請他們擔任課程的客座講師。大約十年間，他們每年都回來演講，在舊金山到帕拉奧圖（Palo Alto）的 45 分鐘車程中，順便盤點婚姻滿意度，有時候會開玩笑說，在車裡聊著聊著就變成了討論家務重新分配。艾比在一家財星 200 大（Fortune 200）的企業中求發展，她觀察到家庭議題常常衝擊到同事們的職場決策，雖然公司的企業文化對員工的家庭很友善，而且員工大部分都是女性，但並沒有人廣泛討論，甚至少有人認知到這一點。艾比知道麥拉的課程給了她很多力量，她想著如果推廣這門課的架構與洞見，不知道可以嘉惠多少人。

麥拉退休後，有一天，她在午餐約會中，對艾比聊起她想要針對這門課寫一本書，分享給史丹佛教室以外的廣大群眾。她看著對面的艾比，靈機一動，心想自己找到共同作者了。艾比要照顧年邁的雙親，扶養兩個年幼的孩子，還要在職場上好好闖蕩一番；有誰比這位身在家庭與職場第一線的前學生更適合處理這個議題呢？就從這頓午餐開始，兩人決心要一起寫出這本書。

＊　　＊　　＊

我們在書中敘述的故事出自多個不同的來源，也從多種觀點切入。當中很多是麥拉的學生的故事，還有她的同事與友人；艾比也貢獻了她的同儕和親朋好友的故事。為了擴大範圍，我們也完成了一項調查，對象包括史丹佛商學研究所和其他學校的研究生，並針對幾十位提出獨特觀點的受訪者進行後續訪談。我們很感激他們願意讓我們將這些故事不加雕琢地納入本書。我們更動了姓名與身分的相關細節以保護當事人隱私，但也盡力保全每個故事的精神。除了這些個人經歷之外，我們也加入了學術期刊與著名文獻中的研究。我們善用麥拉的工作與家庭課程中提到的研究，做了相應的更新，並加入新的資料來源。

我們認為，不同種族、性別、性傾向、年齡、能力與階級的社會不公義，確實導致選擇上的不平等。舉例來說，幾位黑人受訪者提到，他們之所以選擇創業的職業道路，起因是他們在美國企業界遭遇種族歧視。就像一位人士所說的：「大型組織的高層從來不理解，身為黑人的我在事業上要對抗很多衝擊。（要晉升為高階領導階層）需要歷經太多升遷過程，當中很容易出現偏見，可能發生在評估技能時，也可能出現在尋求支持時。」有一位曾經力爭財星百大公司副總裁職務的黑人單親家長講得更直白：「美國企業界不是為了我這種人而設計的。」才華洋溢的黑人專業人士，認為自行創業的風險比留在大企業裡還低，顯然，就連獲得頂尖學校學位的人們與雇主，也都面臨這種選擇上的不平等。我們理解這樣的不平等，也討論過許多因應之道，但要做到真正的平等，需要系統性的改頭換面，而這已經超過本書討論的範疇。

➡ 如何使用本書

本書旨在提出一套因應自身目標與優先順序的獨特整合性決策方法。人生的不同面向會隨著時間階段而有高低起伏，你可能會發現某些章節讀來特別有共鳴。我們會在第一章提出 5C 決策架構，讀完本章之後，你可以自行選擇按順序讀下去，也可以跳到你在特定時候覺得特別與你切身相關的章節。

本書一開始就會提出這套架構；已經有很多人都用此做出讓他們心滿意足的決策，貼合他們的人生、目標與環境。雖然這是一套架構，但目的是為了替決策**流程**提供建議，而不是告訴你要做什麼決定；這可以開拓你的視野並帶來彈性，讓你決定要做什麼。以這套架構為起點，我們會探討經常引發激烈爭議的「選愛還是選錢」議題，並大致依照人們遭遇問題的時間點依序討論。

相關探討將從第二章開始，我們在這一章會檢視與選擇伴侶相關的重要決策；這些決策將為後續許多人生階段的決策奠定基調。之後各章會深入探討要不要結婚；要不要生兒育女；家務分工；決定要住在哪裡、何時要搬遷；如何結合家庭與事業；深入討論親密關係中的痛點，以及有可能發生的離婚；還有照護長輩的相關議題。最後，我們要退一步來看大局：社會規範如何變遷，而你又要如何在你的職場和社群中擔綱變革的催化劑。

無論你如何使用本書，我們都希望你能常常回頭複習，讓書中的 5C 架構幫助你更輕鬆地做決策、更有自信。我們也希望書中的故事能讓你感到安心，尤其是在生活中遭遇艱難之時，知道自己並不孤單。

生命總是柳暗花明，你也永遠無法逃避棘手的決策。高中裡沒有任何專門教學生如何做決策的課程，也沒有任何一門課教我們如何安排替代方案與考量可能的後果。我們太常以限制重重、直線思考的方法來做決策，獨斷地依據想追求的事業成就來做事業決策、根據個人的喜好來做愛情決策。但是，當我們將各種不同的優先順序都分開來，也就是把愛情和金錢變成二選一的難題，比方說，迫使自己要麼選擇追求出色的事業，要麼選擇幸福的婚姻——與其接受這樣的前提，我們要問的是，何不想個兩全其美的辦法？

我們要聲明，本書談的並不是如何「全拿」，甚至也不是事實上的全拿（錢與愛都要，但不是同時得到），而是把重點放在如何非常清楚地知道自己要什麼，並根據充分周全的資訊做出取捨，以追求你在個人面與專業面的目標。我們兩人相差近 40 歲，但兩人的經驗都證明，如果用非常全面且極為深思熟慮的態度來做決策，無論性別，無論處於哪個人生階段，到頭來都能實現更多的人生渴望。本書提出的 5C 架構，提供一套極為靈活又堅實的架構，涵蓋了你生命中許多重要的優先事務**與**重要關係人。你可以藉此找到更多選項，創造出更好的結果，在這一路上更能體驗到放鬆與樂趣。

選錢還是選愛，選愛還是選錢？流行文化都錯了，愛並不是童話故事，錢也不是一種限制。當金錢結合愛情一起發揮功效時，威力最強大，可以幫助你和你摯愛的人們打造與經營你們最渴望的人生。

　　我們寫這本書，是爲了補足現有決策流程內容中失落的部分：這是一份將親密關係納入考量的事業與人生指南，是適用於個人化抉擇的決策架構，也是一份路線圖，可以引領你做出人生最重大的決策（也就是關乎金錢與愛情的決定），而且能讓每個人都眞心認同。

　　我們自認爲是樂觀的現實主義者。我們在這本書裡討論了很多棘手的議題，但許多搶先讀過的讀者說他們覺得這是一本撫慰人心的書；但願你也有同感。我們希望這本書能帶來刺激，敦促你在個人面和社會面都採取行動。我們更期盼你能和家人、朋友以及各個年齡層的人分享本書，尤其是年輕人。在人生中愈早開始懂得仔細思量之後才做決定，就能愈幸福、愈睿智。

　　人生中少有哪些部分像愛情和金錢這樣，是決定健康與幸福的根本因素，然而，這兩個因素向來被視爲互相對立。哪一邊比較重要？你要選哪一邊？本書的書名是《愛與錢》，因爲根據我們的經驗，金錢與愛情都是一種邀請，可以讓我們過上更貼近自我價值觀與渴望的生活。我們希望你能接受邀請，善用本書來挖掘你身上與人生中尚未發揮的潛力。

5C 架構簡介

　　人們說，後見之明當然犀利，但如果我們並不是沒有決策的「遠見」，只是視野暫時遭到遮蔽，那會如何？當蘿倫突然面對意外情境，必須在兩者之間二選一──和葛瑞格結婚（留在加州），或接受頂尖研究所提供的獎學金（搬到紐約）──她理所當然會不知所措。蘿倫應該和她愛了三年的男人結婚嗎？還是，她應該進入一流學府，為自己鋪設一條康莊大道，以便開創夢寐以求的事業？她怎麼能從中選擇？如果她「選錯」了，會不會衝擊到她的整個未來？

　　哲學家張美露（Ruth Chang）主張，會改變人生的決策就是**重大決策**，但唯有當這類決策另有讓人渴望的替代選項時，才叫做**艱難決策**。[1] 換言之，當多個選項都具有正面好處時，重大決策同時也是艱難決策。

　　在我們的社會中，人們被灌輸了這種信念：用劃分法來做艱難決策才是實際的。傳統的職場思維不考慮親密關係的相關選項，典型的親密關係指南也不討論如何在關係之下做出事業發展決策。反之，我們得到的忠告是，要做專業決策的話，就該思考自己想要的工作和事業；要做情感面決策的話，理當思考自己想要的愛情生活。就現實來說，以蘿倫為例，情感決策（愛情）一定會影響經濟狀況（金錢），反之亦然。如果不檢視整體圖像，就無法做出適當的人生決策。

克制想快速做出決策的衝動

　　要做出長期而言最適當的全方位決策，並不容易。社會科學研究（與經驗）強調人們天生傾向於狹隘的焦點，看的是短期或有限的小部分因子，不然就是兩者兼具。諾貝爾獎得主丹尼爾・康納曼（Daniel Kahneman）在其經典著作《快思慢想》（*Thinking, Fast and Slow*）裡描述了大腦構成思維的兩種系統。[2]系統一是直觀且感性的，當我們很疲倦、很匆忙或是特別樂觀時，就會預設成這種模式。當我們不知所措、沒辦法思考後果時，大腦的這個部分就會讓我們脫口講出「隨便啦，怎樣都好」，或者，當我們很亢奮、根本不去考慮可能會出現負面結果時，也正是這個部分會決定：「就這樣幹吧！」系統二則完全不同。系統二想得比較周延且合乎邏輯，但要刻意去做。當系統一說出「隨便啦，怎樣都好」或「就這樣幹吧！」時，系統二會問：「等一下，這真的是好主意嗎？」或者說：「等等，暫且往後退一步，考慮全部的因素。」

　　系統二可以發揮重要的查核功能，檢查我們的衝動和偏見。本書有很多部分是專門談如何幫助你運用系統二做出金錢與愛情的決策：你要讓決策流程慢下來，替自己挪出空間，用多個角度來檢視你的決策。如此一來，你就有可能做出更周延、目的明確的決策。聽起來容易，做起來沒有這麼簡單。有時候，人們相信自己是在深思熟慮之下做出決策，但他們仰賴的仍是直覺式反應，長期而言不見得對自己有利。

在不完美、不確定的世界裡，計畫的價值 尤其重要

　　即便是最詳盡的計畫，也會出現最出乎意料的失序。有一句古老的猶太意第緒諺語說：「人們一計畫，上帝就發笑。」這個道理動聽又易記，有時候人們會用這句話當作完全不做計畫的理由，他們的想法是：若結果本來就是未知的，又何必做計畫？然而，另一句話雖是老調重彈，但或許更能捕捉到計畫的現實面：「如果你沒有做計畫，那你就是在計畫如何失敗。」沒人可以保證做計畫就能得到規劃中的成果。有一個很切題的例子是：有多少人在 2019 年時好好坐下來計畫如何適應 2020 年的疫情人生？（沒半個人吧？我們也沒有。）然而，即便在這個不完美、不確定的世界裡，計畫仍是一種寶貴又重要的練習。不做計畫，就很有可能**無法**得到心中想要的結果。

　　在進行愛情與金錢的相關決策時，由於需要預測不確定的未來，所以你需要的許多資訊可能都無法取得。比方說，計畫生第二胎，意味著就算你不知道這孩子健不健康、脾氣性格如何，都只能接受。即便有這種不確定性，運用一套完整的流程來做出有意識的決策，仍能提升你的思考與決策品質。倘若最

終結果不如你的預期，你的「心理肌肉」（mental muscle）還是能做好更充分的準備，調整決策以因應新的環境。

一套以理性面對愛情與金錢決策的方法

　　一個人如何做計畫、何時做計畫以及多常做計畫，某種程度上也反映了自身的人格特質。有些人很小就開始做計畫，而且永遠都在做。艾比九歲在夏令營時就在寫日誌，每天事先決定在活動期間要穿什麼（她每次講起這件事總是會偷笑，有一點不好意思）。我們也認識一個女子，她製作了一份試算表清單，列出每一次度假要打包的所有東西。無論是出於天性、習慣或是兩者皆有，這種人顯然有資格被稱為「規劃者」，他們不管做什麼都在規劃。但也有些人痛恨做規劃，討厭跟規劃有關的每一件事。某些人覺得規劃太單調乏味，有些人覺得規劃扼殺了樂趣。人們的行事風格各異，尊重這一點很重要。然而，就算是最自由自在的靈魂，事先考量涉及愛情與金錢的重大決策，也能享受到計畫的好處，即使只是少一點後悔。

　　長久以來，流行文化洗腦我們說真愛會「讓你神魂顛倒」，但是，有鑑於規劃是一種刻意的、理性的行為，有些人從一開始就將愛情和規劃視為本質上不相容的兩件事。然而，在現實中，以刻意的態度經營愛情並無損愛情，反之，當你很清醒地開始一段關係，反而較能避開某些和親密關係有關的陷阱，也更有可能長期享受更豐盛的愛情。金錢方面也是如此。好好思考要如何善用金錢，最終你會得到更多自由，可以享有你投資得來的財富與經驗。

　　如果做計畫不符你的本性，你也從來沒有打開過日誌或設計過試算表，你還是可以運用本章中提到的決策架構，以擴展與提升你在做金錢與愛情決策時的思考方式。這有助於你在面對既重大又艱難的決策時，清除心理上與情緒上必會出現的迷霧。換言之，這個方法可以讓你的決策視野更清晰，享有以前認為只有後見之明才有的犀利透澈。

5C 架構

　　「人在尋求建議時，很少會希望對方告訴我們要選哪一個選項。我們尋求的通常是指引，想知道的是如何做決策。」組織心理學家亞當‧格蘭特（Adam Grant）觀察到，「最好的建議不是具體說出怎麼做，而是能指出人們在思考上的盲點，幫助對方釐清自身的優先順序。」[3]

　　我們的五步驟架構、也就是所謂的 5C 架構，可以讓你在面對愛情與金錢時強化決策品質，也會讓你對最終決定有信心。5C 能夠給你勇氣，正面對決你原本可能會逃避的艱難選擇。

➡ 第一步：釐清（clarify）對你而言重要的事物

要做出有效的決策，首先要思考你眞正想要的是什麼。這表示，你要仔細思考你在乎什麼、不在乎什麼。區分這兩者聽起來很簡單，其實不然。當蘿倫花時間思考她究竟要和葛瑞格共結連理還是去念研究所時，她明白了她非常渴望一段充滿愛的婚姻，**以及**讓人充實滿足的事業；她不想二選一，因爲兩者都是決定她人生幸福的根本因素。要釐清這一點，看起來很容易，做起來很困難。她和葛瑞格相戀三年，親友都預期兩人會成婚。她拒絕在親密關係與事業之間做選擇，可能意味著她會失去葛瑞格，也讓所有關心這一對愛侶的人失望。

你要很勇敢才會願意考慮自己的渴望，這是因爲，我們通常會不自覺地跳進別人設下的重重難關。高成就人士最愛在完成任務之後，一條一條劃掉待辦清單上的項目。我們要盡力確保「人生清單」列的都是自己眞心想要的，而不是父母或社會所期望的事物。

我們都經歷過所謂「模仿而來的渴望」（mimetic desire），這會讓我們更難區分什麼是自己想要的、什麼又是別人想要的。這個詞是由法國人類學家勒內・吉拉爾（René Girard）所提出，用來描述在身邊的人影響之下出現的渴望。比方說，如果朋友們都開始置產購屋，就算你很滿足於賃屋而居，也可能會開始覺得自己應該要買房子。我們崇拜的人的作爲會對我們造成影響，但我們通常不自知。品牌和廣告主當然很清楚這種現象，而且他們早在 1700 年代就發現了，當時，瑋緻活（Wedgwood）瓷器替英國國王喬治三世的皇后製作了一套茶具組，行銷時就主打自家的產品獲得「皇室」認可。[4]

　　花點時間、挪出空間進行深度的自我反思，確定**自己**要什麼、不要什麼。重點是，過程中要讓你內心深處的喜好浮上檯面，將喜好和情緒（如忌妒、憤怒、悲傷、恐懼）區分開來。認可情緒的同時，相當於你疼惜了自己，之後你就可以溫柔地放下情緒，聚焦在你真正的渴望上面。這需要做一些深入挖掘，因為強烈的情緒通常會先跳出來成為中心，很可能會遮掩、甚至隱藏起你真正的喜好。擺脫日常生活的紛亂，花時間和自己相處，可以幫助你聚焦。不必刻意暫停下來做這件事，有時候，獨自在大自然環境中散散步就能達成目的。有些時候，為了你自己、同時也為了你的伴侶（如果你有的話），可能需要多一點時間。

　　瑪麗安和安妮卡在出櫃前和男性結了婚，後來兩人都離婚了，孩子也都已經成年，兩人之間的親密關係已維持了五年。當她們所在的州承認同性婚姻合法時，瑪麗安想要結婚，但安妮卡不確定。討論幾個月之後，她還是不願意許下承諾。多年前，她覺得她的前夫求婚求得很倉促，但父母鼓勵她答應，於是她結婚了，如今她不想重蹈覆轍。瑪麗安建議她們暫停維持親密關係，讓安妮卡想想自己要什麼。安妮卡同意，等她釐清之後就會去找瑪麗安。出乎瑪麗安意料之外的是，安妮卡在將近一年的時間裡都無消無息。這段期間內，瑪麗安和其他女性交往，但這些戀愛經歷只是讓她想起自己有多想念安妮卡。

安妮卡終於出現在瑪麗安家門前，說她準備好了；她接受了一年的治療，覺得更了解自己，也更清楚自己要什麼了。瑪麗安看到她出現時簡直欣喜若狂，也很高興聽到安妮卡想要恢復她們之間的關係。瑪麗安和安妮卡很快便結婚了，如今相守超過十年。分開的那段期間並不好過，但這更加深化了她們之間的牽絆，並讓安妮卡有機會獲取必要的清明思路。

何時該延後決策 ←⌇⌇⌇⌇

柏拉圖和笛卡兒等傳統哲學家認為，情感不應影響嚴謹的決策；[5] 情感只會妨礙判斷。然而，在現實世界裡，人的決策幾乎都涉及情緒，當決策關乎金錢與愛情時更是如此，因為做金錢決策的人們也處於親密關係之中，擁有伴侶、配偶、父母或成年子女，而且每一個決策都涵蓋了財務與情緒的面向。

同樣的，重點還是要用系統二的思維（理性並仔細考量）來做決策。基本原則是，最好避免在匆忙、憤怒或恐懼時做決策。此外也要記住，如果你有伴侶，請記得徵詢對方的見解與觀點，就算你要做的是只會影響你本人的決策也一樣。

➡ 第二步：溝通（communicate）

　　當你弄清楚自己想要什麼，就需要和其他受你的決策影響最深的人溝通。每一段健康關係的基礎，都是雙向對話。約翰‧高特曼（John Gottman）和茱莉‧高特曼（Julie Gottman）是親密關係專家暨暢銷書作家，他們斷言，信任和承諾是穩健關係中的兩個主要支柱；經常性的溝通有助於鞏固這兩大支柱。[6]

　　親密關係當中的溝通需要雙方都很清楚自己要什麼，自省和雙向溝通應同時並行。每當關係中出現一個新主題，都需要做更多的自省，緊接而來的就是更多的溝通。你可以把這想成是核酸雙螺旋（double helix），也就是 DNA 分子裡面的雙股結構型態，兩個螺旋狀的階梯彼此交纏。

　　蘿倫開始和葛瑞格進行這樣的溝通時，她發現他想像的是一樁傳統的婚姻，在他們的婚姻裡，他主外，她主內。這讓她有機會自問，是否願意放棄想要一個家庭**以及**一份事業的夢想。這個問題的答案，終究是很艱難的「不」。雖然事情的發展令人難過，但蘿倫還是結束與葛瑞格的關係，接受了學校給的獎學金。時至今日，她堅持這是她做過最正確的決策之一。她現在是一家大型博物館的總策展人，擁有一段超過十年的幸福婚姻。她和丈夫分攤家事，兩人同樣投入孩子的教養，並且支持對方的事業與其他夢想。

何時以及如何溝通

伴侶在關係初期建立的溝通模式是很重要的。溝通模式確實會隨著時間而變化（如果刻意努力去做，更是明顯），但一開始的模式會影響整段關係中的溝通。如果你現在正在談戀愛，或者剛剛展開一段新的關係，請在最初幾個月、幾年大量溝通。無須分大事小事，要讓對方知道你對於某些事與你做出的決策有什麼感受，並說出你為何會有這種感覺，就算你覺得理由很明顯也照說不誤。如果你們在一起很久了，請試著慢慢開啟溝通管道；突然之間拋出大量的想法和感受，可能會讓兩個人都受不了。

良好的溝通不一定都客氣而冷靜，有時候會讓人感到彆扭且不安，有時候則會讓人忍不住拉高聲音大吼，之後再為了吵得火熱時脫口而出的話道歉。如果你在父母不會公開唱反調的家庭中長大，可能需要學習如何用有益的方式表達不贊同。有一對夫婦在結婚十周年前夕就說了：「我們是透過練習才找到彼此的節奏，有時候是很緊張的對話，再加上一點用盡全力的爭吵，通常需要大量的溝通。就算不見得每次都很順利，我們也不會怯於嘗試溝通。」這裡的關鍵詞是「嘗試」，儘管不是永遠都能成功，但是，嘗試溝通遠比抽離或噤口不語等築高牆（stonewalling）的行為好多了。高特曼夫婦說，築高牆，連同批評（criticism）、蔑視（contempt）、防禦（defensiveness），合稱爲親密關係中的「災難四騎士」（Four Horsemen of the Apocalypse）。他們認爲，透過上述任何一種負面溝通方式，可以預測一段親密關係是否會告終。[7] 願意花心力溝通，代表你重視對方，以及其感受和觀點。

➡ 第三步：考量廣泛的選擇（choices）

做決策前，重點是要找出大量的可能選擇。少有什麼決定是眞的只能二選一；要做出更好的決策，關鍵之一就是擴大替代方案。你有沒有在不經意間忽略了值得考慮的選項？你有沒有把決策限縮在太窄的範圍內，製造出只能二選一的假選項？有沒有任何解決方案能讓你魚與熊掌兼得？

小敏和阿揚都來自上海，兩人任職於舊金山一家大型投資銀行，並在此相遇。結婚後，他們去念同一所商學院，兩人都主修財務。小敏生下第一胎之後休學一年，全職照顧女兒；阿揚則繼續學業，有時候會幫忙小敏。阿揚畢業後在舊金山找到全職工作，小敏則回學校念書。但到了這時，阿揚常常要出差，只有週末時才能幫忙照顧女兒。在一位同學的建議下，小敏和另外兩個學生家庭共組合作育兒團體。有一陣子，這樣的安排運作得十分順暢，但小敏很快就發現，爲了照顧女兒和另外兩名幼兒，她需要挪出很多時間，這使她跟不上學校的進度。當學校的日托中心釋出名額時，她把女兒帶去托嬰，大大鬆了一口氣。

　　小敏畢業後獲聘於一家聲譽卓著的大公司，剛好就是她先生的東家。如果接下這份工作，兩人就可以在舊金山安頓下來，但這也表示兩人需要經常出差。小敏很想要這份工作，但他們要怎麼照顧孩子呢？光是日托還不夠，因為他們晚上和週末也需要有人照顧孩子。

　　他們開始面試居家保母，卻找不到任何適合擔任「第三家長」的應徵者。他們的工作要求很高，需要耗費很多時間，必須找到一個他們能夠完全信任的人託付女兒，某種程度上甚至要請對方帶大女兒。「我們需要跳出框架來思考。」小敏對丈夫說。

　　經過幾個星期的思考與深談，同時和幾位雙薪家庭的朋友聊過之後，阿揚有了一個想法：他們需要離其他家人很近！看來，很多必須經常出差的雙薪家庭就是靠這樣把孩子養大的。

　　他的公司（很快也會變成她的）在上海有辦公室，他們雙方的父母都住在上海。公司會同意把他們調到上海嗎？他們的父母會願意扮演主要的育兒者，帶大孫女嗎？擴大思路，對他們來說很值得。公司同意派他們駐守上海辦公室，兩邊的父母也都非常熱心，想幫忙帶大孫女。小敏和阿揚很幸運能找到這些支持，但他們也花了時間與精力好好腦力激盪一番，才找出一開始看起來「就在眼前」的選項。

➡️ 第四步：和親朋好友以及其他資源保持聯繫（check in）

在決策過程中，和其他人保持聯繫可以在不同時間點幫上忙。與不同的對象聯繫，目的不盡相同。對蘿倫來說，和她信任的密友聊聊，幫助她釐清了自己想要什麼。（如果你已經花很多心思努力思考，把想法和感覺大聲說出來會非常有用。）以小敏和阿揚來說，尋找處於類似情境的朋友聊聊，打開了他們的眼界，讓他們得以考慮範圍更大的選項。

艾比去上麥拉在研究所開的課之前，她正在計畫生完孩子之後要去兼職。深入研究這個選項之後，她聯繫了一些人，不僅徵詢朋友與同事，也從公開的研究下手。她在這個過程中發現，兼職工作要面臨至少 20％的薪資懲罰 *（wage penalty）。在麥拉的課堂上，她發現兼職員工能得到的就業福利通常也比較少（第七章會再詳談這個主題）。[8]

平等向來是艾比信奉的核心價值觀，做相同的工作，每小時所領的報酬卻比全職員工來得低，她不能接受這種事。她打消了兼職的念頭，決心找出方法，要在生小孩之後還能做全職工作，並且在這個領域帶動必要的變革（我們會在第十章探討這個面向）。

有時候，最好的聯繫來自最不可能的來源。鄰居、熟人、

＊　譯注：基於非能力之外的因素而導致同工不同酬的現象。

甚至陌生人，都有可能給你所需的靈感。以艾娃來說，對她最有幫助的聯繫，來自於很間接的途徑。她退出職場 20 年後，最小的孩子終於高中畢業了，如今她準備重返工作崗位。然而，找工作這件事讓她覺得很可怕。「誰會雇用一個履歷表上有著 20 年空白的人？」艾娃這樣問丈夫麥可，並且補充說她甚至不知道自己要找哪一種工作，也不知道要去哪個產業。

　　麥可很支持艾娃重返職場的渴望。有一次，他無意間在他的成人棒球隊裡跟某個人提到妻子的尷尬處境。「啊，」麥可的隊友說，「我姊姊也經歷過這種事，我把她的電子郵件給你，艾娃如果願意的話可以聯絡她。」

　　當艾娃去找這位素未謀面的女士，一個全新的世界就在她眼前展開。讓艾娃很意外的是，如今有許多公司專門幫助曾經中斷事業的女性重返工作崗位。忽然之間，她就獲得了大量的線上資訊：部落格、專家教練、網路研討會和同樣在找工作的人。儘管她找工作的過程千迴百轉，但她最終展開一份她鍾愛的新事業，成為急救醫務人員。這一切都始於麥可偶然和隊友聊到艾娃的處境。

　　許多和金錢與愛情相關的決策，盡量和人聊聊都會很有幫助，比方說退出職場一段時間之後如何再回去工作。但也有一些決策，只找某些特定人士尋求意見，是最好的行動方針。有一位女士提到，當她在想到底要不要生小孩時，她聯繫的人就僅限於幾個她信任的人，她相信這些人的看法。她覺得，太早去尋求太多意見，很可能會讓她承受不了，甚至讓她打退堂鼓。

　　創意也很有用。娜迪亞的丈夫在他們婚後多年，身體出現殘疾（美國疾病管制與預防中心估計，在美國，每四名成人就有一人和會影響主要生活活動的身障人士住在一起）。[9] 她的先生剛開始出現殘疾時，就有很多家務都做不了，絕大部分工作都落在她肩上。當他們開始思考要不要生小孩時，她發現，雙薪家庭提供的傳統建議對他們的處境來說派不上用場，但當她聯繫身為單親的朋友與同事時，他們的見解很切中要旨，也很有用。

　　當你向外聯繫，請抱持開放的態度。導引你找到最佳解決方案的觀點和源頭，可能會讓你嚇一大跳。

➡ 第五步：探索可能的後果（consequences）

　　決策最困難的面向之一，可想而知是預測每個主要替代方案可能造成什麼後果。我們都沒有水晶球，看不到未來，但就算不確定性很高，在考慮過各個可行方案的可能結果之後，你仍能做出比較好的選擇。做出決定時，你或許已經做了一部分評估，若是如此，請記住，愛情和工作之間的關係糾結得很複雜，因此，和工作有關的決策很有可能會影響到你愛的人，反之亦然。

　　若要預測可能的結果，一開始要先做分類。比方說，假設你在想要不要接下另一座城市裡的工作。首先，檢視工作本身。可能會出什麼問題嗎？這有點像是在做「事前驗屍」（premortem），商業界很流行這麼做。進行「事前驗屍」時，你要先發制人，預測哪些因素可能導致專案失敗，好讓你事前採取適當的安全措施。[10] 自問可能會發生哪些問題是很好的起點，能讓你探索不同的決策可能造成哪些不同的結果，但你也一定要自問，有哪些或許會是**對的**？哪些結果可能有益？

　　同樣以考慮是否要接下另一個城市的工作為例，你可以問一些具體的問題，以預測新工作會帶來哪些後果：你覺得將成為你的主管的那個人怎麼樣？根據你看到的、聽到的以及體驗到的，你會如何描述那家公司的企業文化？你和對方協調的出差量有可能會改變嗎？如果那是一家新創公司，萬一倒閉的話，你的備案是什麼？新工作有哪些潛在優點？接著，考量到要搬家到另一個城市，你可能會問以下這些問題：住在新的城市會如何影響你的伴侶及其事業？對於你的小孩、父母和朋友會有什麼影響？你在新的城市裡有沒有可以成為你的「定錨友人」的人（也就是可以介紹你認識當地朋友的人）？還是，你完全人生地不熟，必須自行建立新的人際關係網？新的城市有哪些潛在的好處？

　　考量過可能的後果之後，請為每一種後果設定發生的機率。沒有人在這方面能做到完全精準，但這就像溝通一樣，目標是去嘗試；請根據你可以取得的資訊和你的經驗盡力去試。
與其他人聯繫有助於你更務實地設定機率，舉例來說，聯繫有
同齡小孩的父母，很可能會有幫助。你也可以花一個星期，在
你考慮移居的新城市或附近租個地方住下來，更實際地感受看
看住在這裡是什麼感覺；用設計思維的用語來說，這就是「替
你未來的經驗打造出原型＊」。

　　你可能也需要考慮這個決策在不同的期間會有什麼影響。
我們喜歡用以下的方法來思考結果：即期（接下來幾個月）、
短期（未來六個月到兩年），以及長期（兩年之後）。有些結
果以即期與短期來看是負面的，但到了長期往往會變成中性、
甚至是正面的。回到剛剛的遷居範例，要在新的地方結交新朋
友，一下子可能會讓人覺得很有挑戰性，但經過兩年之後，你
也很有可能已經培養出幾段友誼關係。

　　若你覺得要歷經漫長曲折的旅程才找得到問題的答案，導
致你根本就不知道該如何分析，別擔心，並不會這樣。你可能
早就把這些問題放在心底，而當你有意識地聚焦，就可以迎戰
恐懼，得到你需要的資訊。換言之，把所有可能的結果攤在陽
光下，可以幫助你馴服躲在心裡的暗影，讓你做好準備，做出
更有意義的決策。

＊　編注：原型（prototype），指初步模型。

　　麥特和克萊兒在新冠肺炎疫情期間發現了如何打破決策中的瓶頸。多年來，克萊兒一直回絕其他城市的工作邀約，因為麥特不願意離開他的專業人脈與社交網絡。但是，等到疫情來襲，他改變了心意。被關在家裡，幾個月都無法和朋友同事往來，最終讓麥特理解到他在人生中最需要的就是克萊兒和孩子們。一旦他釐清了這一點，便能以更開放的態度面對遷居的想法。

　　隨著我們繼續往下討論，探討某些較不常見、有時甚至很敏感的愛情與金錢決策，也會繼續回過頭來參照這套 5C 架構——釐清、溝通、考量廣泛的選擇、與你信任的源頭和密友聯繫，以及探索可能的結果。

第一章的練習題：

用來解決金錢與愛情相關議題的決策架構

設計這份練習題的用意，是為了幫助你將 5C 架構套用在你目前最重要的金錢或愛情相關議題上。在這裡寫下你最初的想法，隨著你讀完接下來各章之後，再回來琢磨你的答案。

釐清

現在對你而言最重要的金錢／愛情問題是什麼？

對你而言，這個決策最重要的是什麼？

我想要：	我不想要：
1.	1.
2.	2.
3.	3.

溝通

這個決策會對誰造成最大影響（除了你之外）？

你要對他們說什麼？

_____

你要問他們什麼問題？

_____

選擇

有哪些潛在的解決方案？（試著至少舉出四到五種。）你尋找選項的範疇是否夠廣？做完下一步之後再回來看這一題，可能的話，請補充你的選項。

_____

聯繫

你要如何才能得到更多資訊？有哪些人可能幫得上忙？其他有待探索的資源（書籍、文章等）：

_____

結果

盡一切可能去猜測，你認為你的決策在以下的時間點會造成什麼影響？

即期（接下來幾個月）：

_____

短期（接下來六個月到兩年）：

_____

長期（兩年以上）：

_____

你可以用哪些方法防範可能的負面結果？

_____

　　當你做好準備，請寫下你的決定，並補充說明你為何做出這樣的決定。隨著你繼續閱讀本書，你可以不斷琢磨並更新想法。如果你擔心的話，請把這幾頁放在你可以找到的地方，然後放心去過日子。

找到屬於你的
那個人

戀愛與擇偶

　　從好萊塢、音樂界到 Bumble、Tinder 以及社交媒體都可以看出，人們顯然仍瘋狂迷戀著愛情、婚禮和蜜月這些事。然而，就算愈來愈多人在網路上看對眼或點選了自己的理想配對，結婚率仍持續下滑（2018 年時已經來到了歷史低點）。[1]

　　與此同時，流行文化裡的各種概念仍長存不消，比方說：「真正」的愛情通往婚姻；婚姻中唯一重要的只有愛情；如果是**真愛**，有沒有錢就不重要。然而，無論是否要結婚，若要順利經營長期親密關係，真的只需要愛情嗎？隨著性別角色轉變，以及從科技到疫情等林林總總的因素，衝擊著我們的生活方式和優先要務，與戀愛、擇偶以及要不要結婚有關的決策，讓人覺得更加沉重。我們用什麼方法來做這些決策，愈來愈重要。

結婚仍然是目標嗎？

　　千年來，婚姻制度一直是社會的基石，無疑地，婚姻大大影響了我們如何定義穩定的關係。因此，多數和長期親密關係有關的討論，談的仍是婚姻。然而，隨著愈來愈多伴侶把結婚這件事延後、甚至選擇根本不結婚，未來的情勢將會有所改變。[2]

　　將婚姻視為良好關係的終點是人類社會的集體焦點，在美國尤其明顯，但這種觀點不必然是正面的。事實上，在戀愛與擇偶的過程中太早就把重點放在婚姻，有時會減少建立相互支持、深情親密關係的機會。有鑑於此，再加上愈來愈多人推遲結婚、甚至根本不婚（只有時間能告訴我們，這些人最後會選擇哪一種），本章的討論雖以婚姻爲主體，但並不預設結婚就是目標。第三章會更深入討論婚姻的主題。

全新的長期關係心態

2022 年 1 月，《紐約時報》刊登了一篇作家凱特琳・格林妮齊（Kaitlyn Greenidge）的文章，她在文中講到自己身爲新手單親媽媽，疫情期間和其他親戚同住在自己母親的家中，反思這段生活的孤獨與喜樂。她在整體結婚率逐漸下降的脈絡之下建構她的經驗，寫道：「我們正在經歷的這個時代，是一個主流文化中所有相關敘事都在重寫的時代：關於美國的敘事；關於身爲男人或女人的意義；身爲小孩的意義；愛自己或他人的意義。我們要重新想像一切，讓敘事導引我們、寬慰我們，而不是控制我們。」[3]

這種很有啓發性且充滿希望的態度是十分重要的起點，導引我們討論戀愛、長期關係和婚姻。2020 年美國人口普查（Census）指出，美國約有 3,600 萬獨居人口。[4] 這不是新鮮

事，幾十年來，單身人口穩定增加中。[5] 雖然研究指出已婚者
壽命較長，在某些條件下也比較健康，但這些健康上的益處會
因為性別、社經地位和婚姻本身而有差異。[6] 不同的研究也指
出，單身人士在職場上會遭遇歧視，別人會期待他們拉長工
作時間，但又不支付額外薪酬給他們；醫療上同樣也會遭遇
歧視，當單身者需要某些緊急處置時，通常會被排在比較後
面。[7] 這類針對單身者的偏見，或許可以解釋某些婚姻帶來的
健康「益處」。

　　單身也有優勢，尤其以單身女性來說，她們擁有更好的
事業發展機會。[8] 此外，隨著單身的人愈來愈多，與非婚生子
女有關的汙名也逐漸淡化，這或許有利於扭轉未婚成年人所遭
遇的偏見。[9] 我們要講的重點是什麼？人會進步，但永遠都不
會完美，然而，過去認定真愛就要步入婚姻的倫常慣例，看來
正在改變。就算結婚率最後真的又反彈了，社會看待終身承諾
的集體態度，在你這個時代也將和你的父母輩明顯有差。隨著
「成功的長期關係」的定義愈來愈有彈性，我們也許能找到新
的選項。諷刺的是，由於一定要結婚的壓力變小了，或許反而
讓我們更能經營出自己真心想要的結果，享有親密關係、實現
個人抱負的事業，甚至是為人父母的經驗，並過著自己想要的
生活。

尋找伴侶

　　找一個人共度人生，是一個充滿情感的過程。順利時，能為人生創造高潮中的高潮；不順利時，則讓人陷入低點中的低點。人們仍然得面對很多社會面的壓力，要「趕快」（在我們的生理時鐘停下來之前）找到伴侶，以及要「找對」伴侶。善用我們的 5C 架構與建議雖然可以舒緩整個過程，幫助你做出更讓人滿意的決策，但很多時候你可能仍覺得幸運女神放棄你了。然而，這不代表你要孤獨終老。

　　獨身的時光可以很寶貴，有助於你定義你在尋找人生伴侶時想要與需要什麼。請盡量放輕鬆，享受這趟旅程。單身並不等於孤獨。事實上，很多夫妻（甚至是育有多個孩子的父母）都可能、也確實會感到孤獨。單身者通常比已婚者有更多社交活動，社交網絡也比較廣。[10] 請記住，各式各樣的社會倫常規範正在變化當中。與其屈從於「單身是負擔」的想法，請擁抱單身以及單身帶來的機會。不管是換工作或開創事業、搬到新的城市或國家、回學校念書、徹底改變你的生活方式等等，單身的人總是有更多選擇。你擁有最多的自由，可以按照你最想要的方式來運用。

把童話故事束之高閣

　　長久以來，大家都聽過這樣的傳說：每個人一定會遇見「命中注定的那個人」。然而，地球上有將近 80 億人，每個人都有「那個注定的唯一」聽起來是不太可能的神話。堅持追逐「命中注定」的神祕人，到最後可能產生反效果，增添不必要的壓力，尤其會讓感受到生理時鐘正在滴答滴答響的人格外不安。[11] 與其去尋找那個唯一，不如專注於尋找一個適合你和你的需求的人，而你也適合對方和對方的需求。兩人之間的關係品質，是所有成功長期關係當中的核心與靈魂。

　　當你卸下必須找到「命中注定」伴侶的負擔，也就擺脫了一見鍾情（或是一見上床）的幻想。如果你沒有看第一眼時就費洛蒙大噴發，如果你的心不會像小鹿亂撞般要跳出胸口，只是正常地跳動，這並不表示你們兩人之間沒有強烈的吸引力。先從「只是朋友」開始，讓我們有時間爲一段長期關係打下重要基礎。麥拉和第二任丈夫傑維持「只是朋友」的關係將近 30 年。事實上，傑是她第一任丈夫的朋友，也是他們的婚禮招待。多年後，他們各自離婚近十年，在一次午餐上，對傑來說一切都不同了，沒多久之後，麥拉也有同樣的感受。[12]

　　艾比和羅斯一開始在商學院時也「只是朋友」，他們喜歡一起健行、吃飯和其他探險活動。一直到放春假時，兩人分開一段時間，艾比才覺得要向羅斯告白。他們很快便開始交往；

當兩人迅速變得認真起來，沒有人覺得意外。親密關係可以隨著時間變化，通常也真的會。雖然你不想強逼自己接受沒這麼吸引你的人，但也不要因為關係沒有以傳統童話故事的走向發展，就低估了伴侶的價值。

刪掉「那張清單」

我們被教導要期待親密關係以特定方式展開，也有很多人在尋找愛情時先列出期望伴侶要具備的條件。有時候我們會真的寫出來，但大部分時候都把這些標準放在腦海裡（和白日夢裡）。這樣的練習有助於你理解自己想在伴侶身上找到哪些特質，但「那張清單」不一定有用。我們在撰寫本書時做了調查，有一位受訪者就提到她的清單到頭來如何誤導了她：

我第一次透過共同的友人見到我先生時，並沒有一見鍾情。就算我們開始談戀愛，我也沒有「全心投入」，因為他並沒有達到我十幾歲時訂出的擇偶標準：他不高、不黑、甚至也不英俊，不是我想像中的那個人。他沒有把我迷得神魂顛倒的魅力，他的一舉一動也沒有讓我心動不已。他沒有讓我眼睛一亮的職銜，也沒有承諾我要賺大錢，讓我過奢華的生活。正好相反！我花了好幾年的時間，才克服自己設定的愛情和完美情人的錯誤認知。我想，很多人，包括我自己在內，都對於我選擇的「真命天子」嚇了一跳，但 13 年的相處、兩個孩子，再加上一場全球疫情，讓我肯定了我的選擇。

外貌出眾、事業或財務很成功，看起來可能是你最初想從伴侶身上找到的特質，但長期下來，你最重視的也許是伴侶願意投入育兒，或是願意將你的事業發展和他自己的同樣列為優先要務。不管對方夠不夠符合你的「清單」，請用開放的態度看待和你交往的人。

意氣相投

另一個該丟掉那張清單的理由，是這可能根本不必要，因為人們傾向於與那些具有相似特質的人在一起，社會學家稱這種現象為「正向選擇型婚配」（positive assortative mating）。[13] 研究也確認了外貌好看的人常會和外貌好看的人結婚、高的人和高的人結婚，伴侶之間會有教育程度、財富和身體質量指數（BMI）相當的現象。[14]

和自己相似的人作伴的傾向，出自於人類喜愛安逸舒適的本性。與自己相像的人，會讓你感受到一定程度的親切感，但這種現象也反映了一種社會性的結構：要認識很多本質上跟自

己**不太相像**的人，有其難度。近期的一項研究發現，社會結構
對選擇型婚配來說非常重要，在美國和德國，透過網路相遇的
夫妻在教育程度、種族、宗教和族裔等面向的相似度，都低於
不靠網路平台認識的夫妻。[15] 然而，經濟學家保羅・歐耶爾
（Paul Oyer）指出，關於吸引力和財富，正向選擇型婚配的現
象在約會網站上依然盛行。[16]

　　雖然很多人相信，1950 年以來選擇型婚配的情況大增（還
記得影集《廣告狂人》〔*Mad Men*〕裡的高階主管是如何把祕
書娶回家的嗎？），但事實上，以受過大學教育的人來說，選
擇型婚配的情形正在減少，在教育程度較低的族群中則有所增
加。[17]

　　選擇型婚配會影響婚姻幸福感嗎？研究的結論是較為有限
且不明確。沒有確切的證據指向和學歷相似或社經地位相當的
人結婚，就必然能天長地久。你選的人是誰以及你們營造出哪
一種關係，更有可能是決定你幸不幸福的重要因素。

你想要什麼？

　　尋找長期伴侶之前（以及當中），其中一項最重要的步
驟是：釐清**你**在人生中想要什麼，以及**你**想從親密關係中得到
什麼。這件事聽來容易，但做來極具挑戰性。我們挑選的伴

侶和兩人之間的關係，必然會受到朋友、家人與整個社會的檢
視。如果自己沒有清楚的認知，就會過度看重旁人的期待。在
我們的調查中，有一位受訪者在她的第一次婚姻中就經歷了這
種事：

> 我 25 歲時和「理想」丈夫結了婚。他很會賺錢、聰明、
> 體貼，在一家有政治影響力的公司工作。他是白人（我家是亞
> 裔）……他的一切都讓我母親很滿意。現在我懂了，在當時，
> 我比較在乎的是我要過得比我的朋友都好、辦一場非常夢幻的
> 婚禮（那時很多朋友都還在等人求婚），而不是傾聽我自己的
> 感受。我們在十年後離婚了，雖然我們仍是很盡責的父母，但
> 我很抱歉在這場婚姻中傷害我的前夫。我要結婚的這個決定，
> 出自於害怕孤單、沒人要，以及內心深處渴望讓母親為我感到
> 驕傲。這些都不是結婚的好理由。

　　對你來說最重要的價值觀和原則是什麼？你希望伴侶也具
備當中哪些特質？政治和社會的觀點、宗教與性靈、人生目標
和優先要務等，都能當作判斷的標準。請記住，價值觀與原則
不同於性格或是有沒有好工作等因素，前面兩者的重點是核心
信念，強調的是我們如何看待自我、他人、我們的人生，以及
整個世界。

　　許多擁有幸福美滿的長期關係的受訪者，都很贊同要擁有

共同價值觀和原則。有一位女性和我們分享，她是如何知道丈夫就是她想共度一生的那個人：

　　大致來說，是基於我和他在一起時的感覺。我感到快樂、受尊重、很投入、充滿活力。即便我們的出身背景不同，卻有相同的世界觀。他讓我歡笑……也激發我的思考。他尊重我和我的工作。有他在我身邊，生活變得更像是一場探險，我也擁有適度的「心靈安全感」。而且，我認為他長得很好看。

　　「那張清單」擇偶法通常會有反效果，但研究指出，根據以下兩種人格特質，非常容易預測兩人能不能長久在一起：是否能**控制自己**、是否**認真盡責**。[18] 這些特質決定了能否堅守承諾，例如是否會外遇等，這類對於親密關係而言極重大的面向，以及能不能做好家務等其他面向。有時候，留意一些小線索，就能帶給你很有用的洞見，比如對方能集中注意力的時間有多長，以及他能否落實計畫。

　　另一個要考慮的重要問題，是你希望你的潛在人生伴侶如何對待你、與你互動。雖然親密關係在初期可能達到熱情的高峰，但是，長期下來仍十分幸福的夫妻認為，他們的滿足感不完全是化學作用的功勞。以經營關係來說，深刻且緊密的友誼與相互的信任，和愛意與吸引力一樣重要，能使你們撐過人生必會遭遇的風風雨雨。若你已經準備好談戀愛或開始經營一

段關係，請自問，當你和對方分享你最私密的想法、感受和
夢想時，你是否覺得自在？此人是否尊重你，經常考量到你的
喜好？在許下重大承諾之前，先誠實地自問這些問題是非常重
要的。

　　考慮其他特質也很重要。你是否強烈偏好和同樣種族、族
裔的人為伴？年齡、家庭文化和出生地對你來說重要嗎？你可
能會發現，用比較開放的態度來看待這些面向是有益的，因為
這樣能擴大潛在伴侶的選項範圍。正如這位受訪者所說的：

　　我和我先生年齡差很多（差了快 18 歲）。遇見他時，我
很懷疑兩人真能在一起嗎？我知道，在他的文化當中，受過教
育、出身自良好家庭的男性，到他這個年齡應該早就結婚了。
我們開始談戀愛時，我不斷觀察是否有警訊指出他無法做承
諾，但讓我很意外（也很開心）的是，我明白他只是一直沒有
遇到對的人而已。當我們（在一起）約三個月時，我就知道他
是我要的那個人。我覺得我們是天造地設的一對，我無法用言
語表達，但我可以清楚感受到為何如此。雖然有年齡、文化和
宗教上的差距，但我們在另一個方面緊密相連。我們擁有共同
的核心價值觀和原則。

何時該承諾？何時該退出？

　　不管走下去代表什麼意義，將兩人之間的關係帶向「下一個階段」，都是一個充滿挑戰性的決定。這是一種個人的情感決策，但也很實際。經濟學家說，重點是要拿你繼續找伴的成本，與不再尋覓的成本做比較。如果找伴的成本高於可能帶來的益處，那就不要再找了。以線上約會來說，找伴的經濟成本很低，但時間與心力的成本很高。如果是想要生兒育女的女性，當生育能力逐漸下降，也會成為維持現有關係的理由，因為繼續尋覓其他更好的伴侶（不管這對你來說代表什麼）的後果可能很嚴重。另一方面，繼續找伴或許也是一個契機，有助於你釐清你想要從親密關係中獲得什麼，以便找到更合適的人。選擇權在你身上，完全取決於什麼事對你來說是最優先的。

　　史丹佛商學院教授巴巴・希夫（Baba Shiv）的研究指出，同時檢視所有選項的**同步選擇**（simultaneous choice），帶來的滿意度與忠誠度會高於一次一個、每次檢視單一選項的**序列選擇**（sequential choice）。[19] 事實上，希夫的研究靈感來自於他自己的媒妁之言婚姻。希夫在印度長大，等到他覺得應該安定下來時，就告訴媽媽說他想成家了。根據印度的慣例，母親讓他看了三、四名潛在的伴侶（同步選擇），他從中選了一位。幸運的是，他未來的妻子也從她的潛在伴侶範疇中選了他。他們結了婚，最近剛歡度 30 周年紀念。

　　在美國，媒妁之言的婚姻並不常見，但配對服務的需求大增，代表美國人開始明白，尋找潛在伴侶時，與其在螢幕上無窮無盡地滑來滑去，尋求專業協助或許有其價值。[20] 專業的配對服務與媒妁之言的婚姻制度，當然不是普遍的解決方案，但是希夫的研究仍舊很有用，他的結論凸顯出我們有一種迷思，常會踏上「尋找最佳伴侶的無盡旅程」。許多配對應用程式都引導使用者相信「永遠會有更好的人等著你」，[21] 這種想法可能會鼓勵人們放棄原本前景看好的關係。

　　作家蘿蕊・葛利布（Lori Gottlieb）是大力鼓吹「晚上岸不如早上岸」的人，她認為，找伴的人常常不切實際，覺得自己需要不斷尋尋覓覓，直至找到完美人選為止。她在《大西洋》（Atlantic）月刊寫了一篇經常被引用的文章，題為〈嫁給他！我的論點是和「夠好」的人安頓下來〉（Marry Him! The Case for Settling for Mr. Good Enough），她主張，女性早就應該「安頓」下來，不該花這麼多時間去找伴。葛利布寫道：「成就美滿婚姻的因素，不必然等於成就浪漫戀愛關係的因素。」[22] 無論性別、不管是否有結婚，對於擁有幸福美滿的長期關係的人來說，這個論點確實成立。

選擇伴侶就等於選擇一段關係

你想要的親密關係是哪一種？你想和伴侶一同生兒育女嗎？你希望兩人都同樣看重事業嗎？你希望的是一人比較注重事業，另一人將較多的時間和精力放在家庭生活上嗎？

再次強調，重點是要屏除任何預設的條件限制，因為你或許曾被灌輸應該要擁有何種關係才是好的；反之，你要聚焦於你想在關係中得到什麼。為了幫助你思考，來看看以下的內容，這裡描述的是兩種截然不同的關係，一種是以同樣的權重來看待雙方的事業，另一種則是一方的事業比另一方更重要。當然，這只是多種可能情境中的兩種，請藉由情境激發你的思考，不要陷入二選一的兩難限制當中。

➡ 情境一

當我們決定結婚時（我們都是企管碩士，畢業時間相隔六年），雖然當時我已經是企業高階主管，而她剛要開始起步，但我們主動決定兩人的事業同樣重要。我們達成協議，當我們在決定要住哪裡以及要如何投入育兒等決策時，要秉持核心信念：我們希望她也能踏上成為企業高階主管的這條路。我們每星期都討論她的事業，疫情期間很難走出一條明路，此時討論尤多。

➡ 情境二

　　雖然這並不是我和他結婚的理由，但決定嫁給這個把家庭看得比工作更重要的男人，對於我的事業與生活有非常正面的影響。他不像我這麼看重工作，很樂於承擔大部分的家務、理財和育兒相關責任。我們有兩個孩子，一個一歲，一個三歲。

　　我們並不是第一個有下列主張的人，但你最重要的事業決策關乎你和誰結婚，以及你將擁有何種關係。假如你要追求位高權重、須投入大量時間的事業，找一個會支持這番雄心壯志的伴侶，就很重要。如果你想要在生孩子之後暫停工作，就要了解你的潛在伴侶是否支持這樣的計畫。重點是，在關係發展的初期就要表達你的希望和夢想。你不需要事先決定每一件事，尤其是隨著關係不斷發展，或是成為父母後，人常會改變心意。然而，若你知道你想要的是位高權重型的事業，你的伴侶卻寧願你多把重心放在家裡，那麼未來可能會引發極大的挑戰。

　　唯有在你掌控之下的改變，才是你能仰賴的改變。約會交往時，請認真聽進去你的潛在伴侶所說的話，不要假設時間或其他因素總有一天會讓對方改變心意。

尋找伴侶

當你踏上找伴的旅程，不斷反思自己的經驗，你的喜好也許會隨之改變。蓋瑞・貝克（Gary Becker）的婚姻經濟學理論，在概念上把談戀愛的過程變成婚姻市場；特質各異、價值觀不同的人們來這裡尋找伴侶，最終配對成功。非經濟學家或許不會將這個過程稱為婚姻市場，不過根據麥拉和學生相談多年的經驗，她發現大多數學生都同意自己是在參與某種市場（無論是否有意識）。

用市場來看戀愛約會有一個優點：你會看重長期累積的經驗，並認為這可以幫助你做出更周延的決策。這就像是你逛愈多水果攤，愈有機會選到你要的香蕉；多談戀愛的人，可以進一步理解與認識自己，以及自己想要找什麼。（要說清楚的是，我們並不是說你或你的伴侶是香蕉或是別的水果，我們只是說，要找到一根讓你特別喜歡的香蕉並非易事！）有一位受訪者這麼說：

我和一位科技創業家談戀愛，之後又和另一位科技業的經理人在一起，他的目標是要成為媒體公司的執行長。從這兩人身上，我明白要和時間寶貴的人在一起是怎麼一回事。之後，我和一位原本是酒保、後來轉當農夫的人約會，最後和他結婚，他的時間就很有彈性。我判斷，對我來說，有大把的時間

以及時間上很有彈性，是我擇偶時最想在伴侶身上找到的重要
資產。

　　透過經驗，這位女性發現，過去她在找伴時，把重點放在
事業成就上，卻無法反映出她想要的。她最重視的反而是能找
得到人，以及擁有彈性的時間。

及早開始重要對話（別等到你覺得百分之百準備好才說）

　　我們在前言提過的蘿倫和葛瑞格，當他們明白各自的優
先順序並不相同時（她想要一份事業，而他想要一位妻子將主
要心力放在家庭和家族上），兩人正在同居。關係發展到這個
階段時，親朋好友都預期他們會結婚，因此，這讓蘿倫要分手
的決定更添複雜。對很多伴侶來說，走上阻力最小的最熟悉路
徑，會比分手來得自在。他們的想法是，只要有愛和承諾，其
他的事就會水到渠成。然而，正如我們在第一章討論過的，關
係初期確立的溝通模式非常重要。這麼說吧，隨波逐流的話，
可以避開在關係早期進行重要對話，會讓人覺得很安心；但
是，這也大有可能在日後引發更嚴重的挑戰。因此，當你覺得
一段關係有希望走下去之後，請及早開始針對重要主題溝通。

早一點表達你的觀點，不僅能藉此更理解伴侶的優先順序，還能練習討論令人情緒激動的議題。

有時候，因為下意識擔心發現歧異後會導致分手，人們會放棄或延遲進行這類對話。雖然這種擔憂是完全可以理解的，但長期來說，在關係中及早發現這些差異，對你會比較好。假設你和伴侶已經發現彼此的目標和喜好無法相容，但若能找到妥協方案，或許會讓你大吃一驚；艾比和羅斯在關係初期針對宗教進行討論時，就有這樣的經歷。艾比知道自己想要根據猶太教的信仰帶孩子，她就是這樣被帶大的，但羅斯對於任何信仰都沒有太強烈的想法。他對艾比說，他可以接受用猶太教的傳統來教養孩子，前提是他不用以身作則、把信仰融入生活當中。對艾比來說，雖然那時他們離結婚與育兒還遠得很，但這是很重大的里程碑。

如果你發現你和伴侶在某個議題上無法達成任何協議，這樣的對話可能會導向結束關係。不管在當下有多痛苦，請記住，隨著時間過去，你的觀點也許會改變。麥拉鼓勵過幾個學生進行這類很難說出口的對話，最後導致分手，但幾年後他們都很感謝她。結束關係之後，他們都找到更適合自己、自身目標與夢想的人。換言之，若在高度重要的議題上出現無法化解的歧見，現在就知道會比較好，免得你們的人生日後更加糾纏不清。

在親密關係中，討論以下幾個主題寧早勿晚。當你決定要談時，可能會覺得很焦慮。你也會擔心此時會不會太早，或是你們的關係是否已經能談這麼沉重的話題。請記住，討論會讓人情緒激動的話題，是強化關係時很重要的一部分。你的內心深處很清楚，假如某個主題對你來說很重要，你**早晚都得**攤開來講。你可以等，但是難度永遠也不會降低。若你理解這一點，就硬著頭皮開口吧。如果談了也沒用，就當成一次日後會讓你受益的經驗。我們在本章的最後會提供一份練習題，可以作為指南。

➡ 問題一：你以後要住在哪裡？你該如何決定要不要搬家、何時搬家？

決定要住在哪裡，通常會牽涉到愛情與金錢的取捨。這是一個重大決策，因為會改變人生；這也是一個艱難決策，因為有很多替代選項，尤其是在目前全球化經濟與分散式工作環境之下。有一個來自西班牙的學生，和另一個同樣來自西班牙的學生結婚，兩人一起來上麥拉的課。關於畢業之後要住在哪裡，他們有很多選擇。畢業後的那個夏天，他們進行了一趟公路之旅，前往每一個他們正在考慮未來可遷居的國家和城市，從阿姆斯特丹出發，一路往南，經過比利時、盧森堡和瑞士，最後從巴黎回到倫敦。這一路上，他們和朋友與校友聊天，汲取別人的觀點。他們對麥拉說，這一趟旅程實際上幫助他們縮窄了選項；他們最後定居在盧森堡，在那裡度過幾十年幸福快樂的時光。

這對西班牙夫婦很幸運，他們有一致的喜好。譚迪絲就沒這麼好運了；她和她的女友都來自加州，她本來假設兩人畢業後都會回加州。但是，她女友想要去任何她最有機會發展事業的地方，到最後，她的目的地是紐約。她們一起在紐約住了幾年，但譚迪絲過得很不好。有一年冬天，她去洛杉磯找朋友，之後就沒有再搭上回程班機了。最終，在一位人生導師的建議之下，女友移居到自己想居住的地方，並且想辦法在當地**製造出**事業發展的機會。大概一年之後，女友來到譚迪絲所在的加州，她們訂了婚，之後就一直住在那裡。回首過去，她們很後悔沒有更早一點討論喜歡住在哪裡，因為這可能會讓她們不用這麼頭大。

千萬不要假設你知道潛在伴侶喜歡什麼。要在關係中及早提問，也要確保你有和對方說你的喜好。

就算你們對於要住在哪裡已經有共識，先談談其他可能決定未來要不要搬家的因素並達成協議，也很有價值。舉例來說，有些夫婦會事先約定，如果搬家有可能讓其中一人的處境變得比較不好，那他們就不會搬到別的地方。這種策略可以帶來穩定，能讓家人在當地培養緊密的友誼和社會聯繫；於此同時，假如一切條件都配合得很好，也可以在對大家都好的條件下搬家。這有點像是搬家版的希波克拉底誓詞（Hippocratic oath）：首先，不可以傷害你的伴侶。

　　LGBTQ 伴侶和多種族伴侶要考慮的又不一樣，因為除了要考量雙方的家人在哪裡，或是哪裡對他們來說最適合發展事業之外，還需要納入哪裡讓他們覺得安全、自在、能得到支持等因素。有一位同性婚姻的女性說：「我在（舊金山）灣區待得愈久，就愈理解到這裡有多好。年輕時，我覺得我可以住在全世界任何一個地方；現在，我不確定把自己『關進櫃子』值不值得。這個世界上有很多地方讓我覺得連去旅遊都不再自在了。」

　　有一對不同族裔的夫妻也表達了類似的猶豫。他們做了一張表，根據他們選定的產業列出可以居住的城市，有一個中西部的城市排名在前面，但最後他們刪掉了這個選項，因為「我們家小孩的姓氏會顯得很突兀，我們也在想，他們在混合的社區裡長大會比較自在……我們希望住在多元色彩比較濃厚的地方。」

　　如果你有小孩、是雙薪家庭，或者你是一個獨自扶養小孩的單親家長，還要考慮到另一個很重要的因素：是否有你能取得且負擔得起的優質托兒服務。我們會在第七章深入探討這個議題。

　　若你和伴侶決定分開住，以便你們兩個人能在不同城市裡做自己夢寐以求的工作，這樣的決策或許對兩人都有好處，但也很有可能對你們關係的極限帶來考驗。若是如此，在分隔兩地時，要優先培養關係，繼續強化你們之間的牽絆，以避免到最後煙消雲散。如果你任憑關係僵化停滯，也就等於預告了兩人之間終將結束。麥拉的先生傑是精神科醫生，他跟她說了一個概念：親密關係裡有三個實體——兩個伴侶，以及他們所經營的關係。傑處理過很多伴侶的問題，經驗告訴他，關係需要照料與餵養，就像需要關心與照顧伴侶一樣，這是決定關係能否成功的核心。夫婦伴侶要經常問一個問題：「這個決策（或這項做法）除了對我們各自有益之外，對我們的關係也有好處嗎？」這是很重要的觀點，在討論要住哪裡以及其他艱難的問題時，值得謹記在心。

➡ 問題二：你要如何理財？

　　倒吸一口氣。大聲嘆息。翻白眼。談錢，通常是最不討喜的話題中的前幾名。有些人受的教育是談錢太過私密（或太過無禮），也有人不談錢是因為擔心被別人說沒有錢、太有錢，或是害怕自己的花錢方式被批評。不管是哪一種，談錢總是很傷感情的事。但若要讓任何關係長期維持健康狀態，能夠開誠布公地談錢是非常重要的。這表示要揭露負債，還要處理長期的財務目標。我們也建議建立一個共用的方法來處理財務問題，特別是如果你們的未來可能包括同居、結婚或生兒育女。

　　專家同意，夫妻伴侶的財務管理議題，通常不單只是管理金錢的方法而已，背後更代表他們的優先要務是什麼，以及他們用何種態度看待兩人的關係。因此，這也意味著，財務議題值得你花時間找一個你們都覺得很棒的處理方法。[23]

在深入探討策略之前，請先開誠布公地跟對方談一次（或多次），聊一聊你們的支出習慣、儲蓄習慣，以及財務「故事」。小時候因為家裡沒繳房租，導致你們到處搬家，是否使得你傾向於省下每一分錢？因為家裡是用收送大禮來表現愛意，所以你也習慣這麼做？你的父母是否選擇將退休金帳戶裡的錢拿來投資，永遠窩在同一棟兩房小公寓裡，不肯拿錢出來裝修，也不願意搬家？你會不會因為每次推出新款就想升級手機、電腦或汽車？請把這些事告訴你的伴侶！和金錢有關的議題常常導致爭吵、甚至離異，因此，很重要的是，要在這些議題變成衝突來源之前**先處理**。一旦討論過你們的金錢哲學，睜開眼睛看清楚兩人的差別，就能做好準備，處理兩人綜合財務狀況的相關細節。

夫婦伴侶可以選用以下幾種方法來處理財務：

- **共用資源**：將所有資產合併到一個聯合帳戶裡。當你們釐清支出與生活方式、短期渴望與長期目標等面向的不同優先順序時，就會走到這一步。
- **共用部分資源**：將某些資產合併，以支應家庭支出的基本需求（房租或房貸、日常用品與水電瓦斯），或是綜合多數資產、但仍維持個別帳戶。若使用這種方式，你們需要訂出規則，看看各自要提撥多少錢到聯合帳戶裡（可以是固定金額，也可以是薪資的百分比，後者尤其適用於當你和伴侶賺的錢相差很多時），以及哪些費用由聯合帳戶支出、不動用個人帳戶。

- **獨立管理**：個人的帳戶完全獨立。請記住，就算選用這種方法理財，你們還是要詳細討論如何支付共同的支出，以及其他如外食和旅遊等選擇性的費用。

財金專家同意，無論是已婚夫婦或同居伴侶，至少開一個聯合帳戶是最好的辦法。[24] 除此之外，專家在其他方面的觀點各異。有人認為，至少各有一些獨立的錢很重要，可以拿來買禮物給對方，或是拿來花用時「沒有人會多問」；但也有人認為獨立帳戶會增加太多欺瞞的可能性。

總之，所有人都認同，不管選用什麼方法，關鍵是要透明地溝通財務問題，以及隨著時間和環境的變遷，願意重新檢視與調整做法。舉例來說，如果其中一人退出職場、再也無法賺錢，或其中一人繼承了大筆遺產，可能都要重新評估如何處理財務問題。

針對雙方喜好進行對話與討論的過程，從某方面來說，通常比討論的結果更加重要。一位受訪者說：

　　到最後，我們決定由我管錢（因為我的職業就是財務），但除了聯合帳戶之外，我們各有一個自己的帳戶。我們完整地討論（以決定）要撥多少錢到聯合帳戶與個人帳戶，並設定了一個門檻，以便確定哪種時候必須共同討論財務決策和採購。

　　另一個人則指出，他和伴侶的理財方式隨著兩人之間的信任感加深而改變：

　　我們訂婚時提出了一條公式，以決定我們如何共用與區分收入。我們的想法是，薪資中分配給各自的個人支出金額是一樣的（我們沒有嚴格定義；我們認定的個人支出是會讓那個人開心、由個人自由決定，且非必要的支出），然後把其他的錢放到共同的家庭現金帳戶裡。選用這個方法（而不採薪資百分比法）的理由是，不管誰賺的比較多，我們覺得兩人都應該有金額相同且有意義的「玩樂基金」，讓我們各自在花錢時不用覺得愧疚。不過，多年下來，我們發現自己完全信任對方，而這種分配機制反而衍生很多間接成本（帳戶費用、追蹤帳目的成本）。這時，我們把所有的錢納入單一帳戶，只要我們自己覺得可行，就能隨意花用。

➡ 問題三：你想生小孩嗎？想生幾個？何時生？

　　我們在第四章會更詳細討論生兒育女的主題，之所以先在這裡占個位置，是因為這件事值得你在關係發展早期就花時間與心力來關注。對於某些夫婦來說，討論這種事很輕鬆，但對某些人來說，這和討論金錢議題一樣具挑戰性，甚至有過之而無不及。無論如何，這是一個基本議題，早處理比晚處理好。

　　有些人很意外地發現，他們和潛在人生伴侶在生兒育女的方面意外契合，例如以下這一對：

　　我們剛開始談戀愛時，我就跟我先生說，我想透過收養來擴大我們的家，結果發現他也是這樣想……我很開心地宣布，我們現在有兩個可愛的養子女！

　　下一個故事則說明，將潛在伴侶的話聽進去、認真看待對方的喜好是多麼重要。

　　第一次遇到我前妻，我就墜入愛河了。當她說她不想要小孩時，我認為我總有一天能讓她改變心意。我們結婚七年，但我從未成功說服她我們應該生小孩。我一直都想要小孩，因此，到最後我只能跟她離婚。如今我已經再婚，有兩個小孩，但我真希望自己一開始就相信前妻對我說的話。

就跟之前的其他問題一樣，和潛在伴侶討論之前，先理解自己對這個主題的看法會很有幫助，請在展開對話之前花點時間自省。如果答案是「我不確定」，只要能講清楚你不確定的理由，那也沒關係。

利用 5C 架構選擇伴侶

不要倉促地做出和愛情有關的決定，也不要以情緒和你承襲的社會規範當作決策基礎，請花時間思考你真正想要什麼、你是跟誰在一起（或是你想跟誰在一起），以及你想像中的你們將如何共同生活。當你根據日常生活的現實，做出和愛情有關的決策，不僅能更肯定自己的決定，也比較有可能在關係中體驗到更深刻的連結、承諾和喜悅。

➜ 第一步：釐清

如果你正要決定是否要跟某個人共度一生，你很有可能會被興奮沖昏頭，因而跳過釐清這一步。請不要這麼做。我們知道，沒有任何一個人可以滿足冗長條件清單中的每一項標準；請找出你認為非常重要、一定要具備的條件，並誠實地評估你的交往對象是否真正符合條件。

有些人認為，那些專門幫助釐清個人核心價值的線上練習很有用。[25] 反思一下，是哪些經驗塑造了你這個人、哪些時候最讓你感到幸福或充實，會是很值得的練習。這些情境或人們為何能讓你覺得如此美好？當你更清楚哪些事對你來說最重要，就愈能評估和某位潛在伴侶長相廝守的可能性。最後，一旦你明白自己的核心價值觀是什麼，請想一想其他處於親密關係中、讓你很欣羨的伴侶。你認為他們的關係當中有哪些值得注意的部分？找出這些特質，或許有助於你確定自己想要的是哪一種長期關係。

➜ 第二步：溝通

良好的溝通是任何長久的成功關係的核心，這早就不是祕密了。你和伴侶的溝通效果如何？是否坦誠？你們有沒有跟彼此聊過，想從關係中獲得什麼？有沒有討論過你們這段關係的優勢與劣勢？你們可以自在地在對方面前展現脆弱嗎？

思考溝通時，人們多半把重點放在自己是否有好好表達自己的感受。這當然很重要，但同樣重要的是要成為一個好的傾聽者。認真傾聽代表完全專注於伴侶所說的話，讓對方知道你有在消化他講的內容。「我有聽到你說的話了」是能夠表現出認真傾聽的回應。

　　當伴侶述說自己的想法和感受時，運用心理學家說的「鏡像」（mirroring），也可以建立起強力的連結。重複對方說過的話，讓你的伴侶知道你聽進他說的話了。大多數人很少感受到聽者把自己的話聽進去了；若能營造出這種經驗，可能會讓你顯得很特別。

　　當你練習認真傾聽時，重點是不要批判對方，同樣重要的是，這麼說吧，要把場子交給對方。舉例來說，如果你插話講起自己的事，很可能就打斷了培養出更親密關係的機會。傾聽，代表注意伴侶說了什麼，也要讓對方自己決定何時**他**覺得不想說了。

　　隨著時間的推移，同樣重要的是學會關注對方的整個存在，包括他的過去、他的希望，以及最重要的──他的恐懼、創傷與觸發點。每一個人都背負著某種負擔過日子。接受你和伴侶各有自己的心事，有助於你理解他的負面、有時甚至很不討喜的行動和反應。以伴侶這個人及其經歷過的事作為脈絡背景，來看待這些時刻與行為模式，可以幫助你看懂他在回應當下發生的事時，其實也是在回應過去的經驗。不要把這類互動或反應當成是針對你個人，你就可以創造出更多機會，進行更深入的溝通。

　　最後，請記住，理想上，隨著你們的關係不斷向前邁進，溝通是你和伴侶都要不斷琢磨、繼續精進的技巧。當雙方都承諾改善與對方溝通的方式，會大有好處。然而，在許下長期承

諾之前，務必要確認你們已經建構出有助於建設性溝通的堅實
完好基礎。

➡ 第三步：考量廣泛的選擇

　　就像希夫的研究所指出的，說到選擇人生伴侶，限縮選
擇可能比擴大選項有意義。如果你覺得想定下來了，但又不知
道自己是不是想跟現在的伴侶定下來，你不用再找另一個伴侶
做比較，也可以從希夫的研究當中受惠。若要做到這一點，你
可以將目前的選項（也就是你正在考慮的潛在伴侶）和過去你
曾慎重考慮過、甚至很遺憾沒有選的對象相比較。這個人和凱
蒂・佩芮（Katy Perry）歌中那個「離開的人」（the one that got
away）、以及你交往最久或最愛的那一兩位相比之下如何？
基本上，拿你現在的選項和過去相比，你可以戲弄大腦，讓大
腦重新建構序列選項，變成一種類同步選擇。[26]

　　這似乎有一點風險，但目前的對象若不是至少和離開的人
旗鼓相當，那你繼續尋覓可能會比較好。

➡ 第四步：保持聯繫

　　還記得我們建議你想一想你欣羨的長期關係嗎？現在，
多做一步，去找找看答案，看看那些夫妻是如何決定要在一起

的。你也可以將自己的潛在伴侶介紹給其中幾對夫婦認識，之後再請教他們覺得你們兩個人在一起時的感覺如何。假如他們有所保留，那麼有哪些意見是值得你多加考慮的？（結束一段不適合的關係，總好過等到後來你們的人生糾纏更深，你才明白自己忽視了早期的許多警訊。）

　　請注意你的親朋好友對於你的潛在伴侶有何感覺。基於許多理由，這方面的資訊可能很難處理，但如果你很看重他們對於你的伴侶的想法，請多留意。假如親友十分猶豫，很難對你說出他們真正的感覺，請留意弦外之音。做什麼比說什麼更能傳達意見。你知道親友真正喜歡一個人時會怎麼做，而他們是用這種態度來對待你的潛在伴侶嗎？如果不是，你可能會想直接問問看他們沒說出口的意見。也請記住，倘若你的父母不喜歡你的潛在伴侶，這一點在未來可能會有很大的影響。就算你現在不在乎他們的意見，但等到你有小孩時，可能會有不同感受。

➡ 第五步：探索可能的後果

　　你可以做一點壓力測試，試著預測你針對關係所做的決定會造成哪些後果。雖然時間本身就是一種壓力測試，但以伴侶的身分一起經歷一些困難，會為你帶來新的見解。有些人結婚前會先同居，看看兩人的關係是否禁得起俗氣卻極為真實的日常生活壓力。旅行也能提供寶貴資訊，能讓你看到你和伴侶在無法預測的情境中，會如何行動與對待彼此。新冠肺炎疫情最嚴重的時候，也相當於用獨特且持久的方式對關係做壓力測試。如果你們在一起，你和伴侶在這些時期的表現會如何？你和伴侶歷經壓力期間後，關係有沒有變得更強韌、更親密？你們一起經歷的困境，最後是強化還是弱化了你們的牽絆？觀察你們兩人作為一個團隊、面對人生的風風雨雨時的表現，有助於預測你們結合之後的長期關係會如何發展。

　　除了企業和教學事業之外，喬爾‧彼得森（Joel Peterson）還和妻子一同養大了七個孩子。他談到，一旦你要和某個人定下來了，「沒有交流道可下」（no off-ramp）的心態非常重要。[27]如果你認為你們兩人的夥伴關係值得經營，遭遇困境時就不要準備下交流道閃人；請想辦法把關係中的困境轉變為機會，進行更好的溝通，加深兩人之間的親密度。

第二章的練習題：

你對於以下重大議題是怎麼想的？（第一部分）

　本項練習的重點是 5C 架構中的釐清和溝通步驟。花點時間，想想你要如何回答以下問題。[28] 如果你有伴侶的話，和伴侶討論一下。我們建議每個類別至少都要花半小時談談。（有些可能需時更長，你不會希望一口氣就全部談完！）請注意，第三章最後還有本練習的第二部分。請想一想你要如何進行，才能讓這場討論充滿愛；我們很喜歡某些點子，比方說在野餐或健行時聊聊。

家

什麼地方讓你覺得像家？為什麼？

_____

短期而言你想要住在哪裡？這個答案和長期想住的地方一樣嗎？

_____

對你來說，居住地的重點是什麼（包括地理區域和實體住宅）？

_____

住在乾淨的房子裡、生活空間井然有序，對你來說有多重要？

_____

你會如何決定要不要搬家，以及何時搬家？

_____

金錢

你對金錢最早的記憶是什麼？

_____

你要如何理財（全部共用、部分共用，還是全部分開）？

_____

你有沒有負債（學貸、信用卡與其他債務）？有的話，金額多少？

_____

你會在哪個預算項目上「毫無顧慮地花錢」（如果有的話）？

_____

家庭

你想要有小孩嗎？如果想的話，想要幾個？何時想生？

如果你無法順利生小孩的話，該怎麼辦？

你如何想像自己扮演為人父母的角色？

你在成長過程中接觸到的是哪種類型的性靈、信仰或信念體
系？對你來說，在這套信念系統下扶養小孩是很重要的事嗎？

你和家人（父母、手足）的關係如何？你預期多常和他們碰
面？

開口問（還是完全避談？）

結婚

「到底爲何要結婚？」多年來，一直有學生這樣問麥拉。這是一個很有趣的問題，在某些文化裡，人們會覺得問這個問題太激進了，包括美國。二十出頭的年輕人可能仍會聽到人說，如果不去找一個「適婚對象」，所有「好對象」就會被人捷足先登。

在性別角色變化如此快速的時代，這代表什麼意思？現在誰希望被「家裡那位」拴得緊緊的？眞正的女性主義者可以成爲一名妻子嗎？我們應該把婚姻視爲一段忠貞、長期關係的最終目標嗎？

這些都是很要緊的問題，尤其是在現今，我們對於婚姻的集體觀點和上一代已經大不相同。2019 年，美國僅有 16% 的男性和 17% 的女性說有婚姻才能過著充實的人生；相較之下，有 57% 的男性與 46% 的女性說，擁有自己眞心喜歡的工作或事業，才算是過著充實的人生。[1]

隨著結婚率持續下滑，顯然有愈來愈多人猶豫不決，不知道如何、何時、甚至要不要把婚姻納入自己的人生裡。對整體社會和個人來說，這代表什麼意思？我們要永遠擺脫婚姻制度嗎？還是說，我們只是暫時停下來，重新定義婚姻，先求滿足目前的需求？這些現象對於你在決定何時要或是否要遵循傳統走上紅毯時，又有什麼影響？

真實婚姻史

　　年輕男女到了某個年紀就要積極求偶、步入婚姻，這個概念可以回溯到千年前。在人類史上，大部分時候，婚姻的首要重點是一種經濟上的安排。夫妻成婚之後可能會生兒育女，這對於社群的福祉來說很重要。家中的年輕人結婚，家族就能壯大勞動人口。基本上，一夜之間，可以下田耕作的人就變多了；在某些情況下，連持有的土地都變多了。因此，已婚夫婦更可能有能力養活自己並幫忙養家，再衍生下去，整個社群都可以因為婚姻而活下來，甚至繁榮昌盛。

　　有趣的是，雖然婚姻已是社會結構的基礎，但在整個歷史中，婚姻制度非常多變，超過多數人的想像。以人類史來說，大部分時候，當兩人同意自己已婚時，此兩人就被視為已婚。16 世紀以前，並不需要儀式、牧師、政府或證書之類的東西來證明婚姻。[2] 幾世紀以來，只要自稱已婚，教會就相信你們是夫妻。而且，一直到 19 世紀，為了愛而結婚都被認為是很荒謬、甚至是很不負責任的行為。當中的思維是，以愛為基礎的婚姻太不穩定。斯蒂芬妮・孔茨（Stephanie Coontz）在《為愛成婚：婚姻與愛情的前世今生》（*Marriage, a History: How Love Conquered Marriage*）裡，詳述了愛情與婚姻之間的脆弱關係：

　　人總是三不五時會墜入愛河，以不同的時代來說，雖然
也有很多夫妻深愛對方，但綜觀歷史，愛很少被視爲成婚的主
要理由。以前如果有人大力主張這麼奇怪的想法，那可不是能
一笑置之的事，反之，會被視爲嚴重威脅到社會秩序……實際
上，在某些文化與某些時代，眞愛和婚姻被當成水火不容的兩
件事……即便過去某些社會確實歡迎或鼓勵有愛的婚姻，但還
是會施加束縛。夫妻不能把自己對於對方的感受看得比承諾更
重要，因爲承諾關乎的是父母、手足、親人、鄰居或上帝。[3]

　　一直等到啟蒙時代，有愛的婚姻才站穩腳跟，再經過幾個
世代之後，才慢慢成爲趨勢，最後才演變成我們現在所說的傳
統婚姻。這引發了一個問題：這眞的是傳統，或者，只是近幾
代人被教導用來定義婚姻的標準？

傳統婚姻的迷思

　　我們目前定義的傳統婚姻，大致上是以 1950 年代的理想
爲標準：兩個年輕人（由於我們講的是 1950 年代的理想，這
兩人顯然是異性戀）墜入愛河，然後成婚。妻子留在家裡，照
料家務與小孩，丈夫外出工作，擔負起養家的責任。事實上，
孔茨也說明，婚姻演變了約 150 年，到了 1950 年代初期，才

逐漸成為所謂的理想婚姻。換言之，我們認知中的傳統婚姻觀點，其實相對新穎。

在人類史中的大部分時候，異性戀夫妻兩人都有受薪工作。女性雖然被剝奪許多重要權利（包括財產權），但身為妻子，種植作物、殺豬宰羊並拿到市場去賣，是完全正常、甚至是被期望要做到的事。她不僅要工作賺錢（或是去交換生活必需品），還要完成家務之外的很多事。這不表示那個時代的婚姻是一種平等的制度，剛好相反，雖然女性在歷史上一直都有在賺錢，但也要負擔家務和照料孩子，並且扛起其他家族與社群的責任。

這些工作聽起來很像現代職業婦女通常還要負擔的「第二輪班」（second shift）。[4] 完成一整天的有薪工作之前與之後，許多女性還要花很多時間烹飪、打掃和育兒。這種太過熟悉的情境可能讓人不安，尤其是遲疑著要不要擔下雙重任務的年輕女性，但這也強調了一件事：有時候我們遭到誤導，將 1950 年代的理想型婚姻稱為傳統婚姻，但事實上，婚姻並不是一直都是這個模樣。

在人類史上的此時此刻，我們或許該停下來，用更平等的全新條件重新定義婚姻，而不是像某些媒體所說的，慢慢地完全廢除婚姻制度。假如婚姻不再強迫我們「下定決心」或「被拴住」，不再是一踏進去就永遠沉下去或陷進去的制度，那會如何？若婚姻能經營出一種契合你這個人、你的生活方式的人

生，並讓你實現個人夢想，還有你和另一半的共同夢想，那會
怎麼樣？

我們對於婚姻的想法不斷在改變

　　本書兩位作者年齡差了近 40 歲，我們非常著迷於挖掘我
們對婚姻的期待與想法有何差異。麥拉回想起她期待中的婚姻
是什麼樣子時，說道：

　　1950 年代和 1960 年代初期，我還是一個年輕女性，那時
我的婚姻觀很矛盾。一方面，我母親雖未自稱，但她是一位女
性主義者，在姊姊和我成長的過程中一直都在工作，她常對
我們說「婚姻不是人生的一切」。她經常告訴我們，我們要能
「未雨綢繆」、養得起自己，她指的是喪偶。但與此同時，她
也會強調主流文化訊息：「婚姻對女性的幸福來說很重要，等
妳念到大學，妳要找到妳想結婚的對象。」

　　我的朋友與周邊的環境也對結婚這件事加諸很多想像：
「如果妳 25 歲前還未婚，好對象就會被搶走，妳就只能做老
姑婆。」大四那年，我在女子聯誼會所吃飯時，話題經常圍繞
在選擇新娘禮服、瓷器和銀器，以及蜜月旅行要去哪裡。我不
記得有人談過婚姻是什麼，或者要怎麼經營成功的婚姻。

　　沒有人在聊他們的婚姻會不會成功。我知道我有很多叔叔阿姨和我父母的友人婚姻不美滿，但我只聽說過一位男士離婚。如果你的婚姻不幸福，你只能盡力而爲（然後常常拿婚姻來開玩笑）。在紐約州要離婚很困難，你要有錢，才負擔得起相關成本，以證明配偶不忠。直到 1970 年代初期，離婚法才放寬，人們才開始思考如何讓自己的婚姻「成功」。

　　沒有人會談到性愛，唯一的例外是叫妳要遠遠避開，以免懷孕，或者講到某個需要墮胎或比預期中提早結婚、之後很快生下孩子的「墮落」姊妹。保險套是壞東西，避孕隔膜要有醫生處方才能裝（通常妳要告訴醫生說妳打算很快就要結婚），避孕藥要到 1962 年才有，子宮內避孕器則是更後來的事了。墮胎是違法的，實行起來通常也很危險。因此，重點是，女性要非常勇敢，才敢在不確定孩子的父親在妳懷孕時會視妳爲「可取（娶）女子」之下發生性行爲。

　　當我對父母說起學院院長建議我考慮攻讀博士學位，他們問的第一個問題是我男朋友（他後來變成我丈夫）怎麼想。「他還會跟妳結婚嗎？他不介意妳有博士學位嗎？」（他當時正在讀醫學院，我運氣好，他說他完全不介意。）「嗯，」我的父母最後得出結論，「如果他還會跟妳結婚，那我們也沒意見。」我有一位朋友也在考慮讀博士班，她沒有男朋友，她的父母對她說，讀博士班是很糟糕的想法。他們的意見是：「如果妳拿到博士學位，妳就得去找一名有兩個博士學位的丈夫。」

　　我對於婚姻的幻想是，我會墜入愛河然後結婚；我和丈夫很努力在工作上達成目標，最終生了孩子，他們給了我們無上的歡樂。我們結婚時，我 22 歲，我先生 23 歲，我們兩人完全都不知道，要在要求極高的雙方事業上努力有所成就、同時還要生兒育女，會是怎麼一回事。到頭來，雖然他支持我讀博士班，但等到孩子出世後，他不願意做任何家務或帶小孩（部分原因是他不喜歡，另一部分原因是這些事會干擾他的事業）。我原始的幻想成真的部分，只有我從孩子身上得到無與倫比的喜悅。

　　如今，我在和二十幾歲的孫輩聊天時，很驚訝地發現，我在他們這個年齡時已經結婚了。當前社會最好的一點是，結婚的平均年齡不斷攀高，女性不用把二十出頭的大好青春花在瘋狂尋找伴侶上。第二件好事是，她們有更有效的避孕方法，可以公開討論性愛，以及性愛在關係中的重要性。

　　不到 40 年後，我們有了另一位年輕女子艾比。到了這個時候，她對婚姻的期待截然不同：

　　就像與我同世代的很多人一樣，我對婚姻的想像，深受1980 年代的電影如《公主新娘》（*The Princess Bride*）和《當哈利碰上莎莉》（*When Harry Met Sally*）所影響。前一部電影教我的是，萬一有人要妳嫁妳不想嫁的人，寧死也不屈；真愛值得妳冒著生命危險往火沼澤裡衝。我從後一部電影學到的則是，如果某個人真的適合妳，妳會知道，「就像妳知道哪一顆瓜是好瓜一樣。」

當然，這兩部以及我看過的許多電影，講的都是如何通往結婚、也就是尋覓良人的旅程，而不是講結了婚會如何。除了觀察我父母的婚姻之外，我完全不知道結婚是怎麼一回事。而儘管我父母的婚姻很幸福，但我無法不去注意到我母親放棄了很多。她為了我父親的工作，搬到距離家鄉（與朋友）900英里遠的地方；她為了育兒，放棄了自己的事業（雖然只是暫時的）；除了幾項特定由我父親做的家務（比如餐後清理和除草），家裡的事大部分都是她在做。而且，由於我父親通勤時間很長，加上他的工作將近三分之一的時間都要出差，所以她常常要靠自己，從日常瑣事、學校、課後活動到進出急診室（我父親沒有一次出現過），以及其他各種事務，都是她。在此同時，我父親為了工作走遍全世界，也包括和同事一邊吃美食一邊閒聊。我沒有典範可以觀察，不知道什麼叫平等的婚姻，但我當然不想像我媽媽這樣。雖然她唯一抱怨過的只有獨自去急診室這件事，但我知道我想要的是完全不同的婚姻。

我從未懷疑自己不會結婚，但我從來不著急。長期下來，我領悟出一套戀愛哲學：「一個人就算孤單，也勝過與不好的伴侶作伴。」我高中和大學時交過一些男朋友，雖然當時有些人很認真，但我從未想過跟他們其中任何一人結婚。要想辦法避孕相對容易，因此，我從來不覺得要等到結婚之後才可以有性行為，也沒害怕過懷孕怎麼辦（但我是一個杞人憂天的人，當時還是會稍微擔心一下）。我有一個表親，到了三十幾歲還是單身，而我的父母24歲就結婚了，我非常敬佩她。

　　我大學畢業後搬到舊金山，開始在大學後的戀愛世界裡遊走，我得出一種試驗方法，用來決定我要不要跟某個人約第二次會：我比較想與此人共度時光，還是我寧願去讀一本書？很多時候，我都決定選擇讀書。重點是，我從來不想為了結婚放棄對我來說很重要的東西，比如我的獨立、我的抱負。我對婚姻的想像是要找到「一顆好瓜」，他會支持我保有這些東西。

　　幾十年居然可以造成這麼大的差異！

現代婚姻

　　好萊塢和社交媒體仍用「永恆的愛」這種如詩一般的概念來洗腦我們，但與此同時，我們也聽到很多人說婚姻很難。那麼，在今日的生活環境之下，真相究竟如何？

　　經濟學家貝克在《家庭論》（*A Treatise on the Family*）一書裡主張，墜入愛河是太過簡化的婚姻理由。在他看來，人會結婚，是為了讓自己在經濟上和情感上都變得更好。葛利布也有相同的平衡式觀點。「一旦結了婚，」她寫道，「重點就不再是你要跟誰去度假，而是要跟誰一起經營一個家。婚姻不是一場熱情盛宴，比較像是組成合夥關係，一起經營一個很小、很庸俗、通常還很無趣的非營利事業。我這種說法還是從好的方面來講。」[5]

婚姻的重點關乎**愛情與金錢**，似乎能由此得證。研究指出，雖然愛情常被認為是同居、訂婚和結婚的主要理由，但經濟上的考量也大有關係。事實上，經濟上還沒準備好，常被當作延後成婚的理由。此外，雖然很多人認為同居的下一步是結婚，但也有很多人說他們是因為方便和經濟上的理由才同居的。[6] 深入表象之下，雖然我們看似很嚮往「真愛」的概念，但在現實生活中，許多人還是不願意被愛情沖昏頭。我們都大大方方地承認，婚姻並不是在愛情或金錢之間**二擇一**的提案。

現代婚姻裡的經濟學

現代婚姻裡的經濟變化十分顯著。如今在美國，育有 18 歲以下子女的已婚夫妻當中，有 30％是其中一人已經離開就業市場，無法賺取薪資。[7] 另一方面，2019 年由德美利證券（TD Ameritrade）所做的一項調查指出，有 21％的女性自報賺得的薪資高於自己的男性伴侶（26％的女性自報她們賺的錢和男性伴侶一樣多）。[8]

　　無論你是正在經營一段親密關係，還是滿心期待地想像著你打算和所選伴侶一同經營的未來，在你做出決定之前，要先討論以下幾個問題；理想上，在關係發展的初期就要談妥。

➡ 問題一：你要結婚嗎？

　　我們發現，這個問題的答案有一部分要由人口概況來決定。看清楚趨勢，有助於你考慮要不要結婚。

　　所得高的人比較有可能結婚。2018 年，所得處於前 20％的人有 80％已婚，相比之下，在後 20％的人中僅有 38％已婚。過去 40 年來，所得前 20％的結婚率大致不變（僅下降 2％），但所得排名較後面的族群結婚率則大幅下滑。[9]

　　在結婚率下降的同時，平均結婚年齡則節節攀高。2019 年，男性的平均結婚年齡是 30 歲，女性是 28 歲。[10] 男性薪資下跌，與女性相對於男性的所得提高，導致愈來愈多女性將自己的收入當成是經濟穩定的來源，而不是潛在婚姻伴侶賺得的錢。薪資分布中間值的男性薪資降幅最大，這一群人的結婚率降幅也最大。

　　薪資下降最多的是黑人和西班牙裔男性，這也反映在他們的結婚率上。[11] 2015 年，以美國整體來說，15 歲或以上的人有 48％已婚，但以黑人男性來說，僅有 32％，至於黑人女性則僅有 26％。[12] 黑人的結婚率很低，不僅因爲黑人男性的所得下降，也因為黑人社群中女性所得與男性所得之比率相對較高。因此，對黑人女性來說，結婚能帶來的經濟好處低於白人女性。[13] 黑人女性的收入是黑人男性的 96％，相比之下，白人女性的所得僅有白人男性的 82％。[14] 而且，以想要和黑人男性結婚的黑人異性戀女性來說，還有兩個原因減少了她們可選擇的範圍：（一）社會、政治與經濟環境導致黑人男性入獄率很高，以及（二）黑人男性和非黑人伴侶結婚的比率比黑人女性高了兩倍。[15] 在西班牙裔與拉美裔族群中，結婚率也走下坡，反映了西班牙裔與拉丁裔男性所得下降的事實。只有亞裔的結婚率繼續維持在相同的水準；亞裔的結婚率為 61％，比所有其他種族的人都更有可能結婚。[16]

隨著愈來愈多州讓同性婚姻合法化，同性婚姻的對數也大幅成長，從 2008 年的 142,000 對，到 2018 年成長為 592,000 對。[17] 然而，某些同性伴侶選擇維持同居不婚，理由是「結婚稅」會懲罰兩個同時都是高收入（或都是低收入）的人。[18] 有一位與伴侶維持 14 年關係的受訪者說，未來她如果考慮結婚的話，大部分也是因為能繼承社會安全福利這些好處。「如果身為同居伴侶得到的好處和結婚一樣，」她說，「我可能不會考慮（結婚）。我不認為婚姻等於許下深重的承諾，這要從我們在日常對待對方的態度中來實踐。」

另一位女性和我們分享她是如何苦苦掙扎到底要不要和伴侶結婚：

　　當我決定要和我先生結婚時，我給了自己很多壓力。現在我結婚八年、育有三子，我對這個決定感到很滿意，但當時我非常焦慮。我一向都處於高壓環境中（比如哈佛、史丹佛），從來不曾焦慮或煩惱到晚上睡不著覺。然而，談到要決定人生伴侶時，我覺得（我也認為這是對的）這是我做過最重大的決定，我很害怕我做錯決定。我因此感到嚴重焦慮（對我來說這是新鮮事），晚上無法入睡。那也是我第一次去看治療師，我哭了又哭。我愛當時的男友，但他並不完美，也不是我想像中的人。他家和我家很不一樣，他也跟我之前談戀愛的對象很不一樣。我擔心，如果跟他結了婚，某天醒來我會後悔做了這個決定，這種事聽起來像是世界末日。到最後，我認為是我媽的意見幫助我安心接受自己的決定。她說：「我無法幫妳做決定，也不知道我能跟妳說什麼，但如果是我的話，我會跟他結婚！」她讓我看清楚，我永遠也無法得到充分的資訊（也就是說，我無法跟每一個可能的伴侶談戀愛，看看其他關係是否比現在這一段更好），但我也和夠多的人談過了戀愛，我知道我男友很特別。他確實具備所有最重要的特質（仁慈、誠實、正直），我明白他擁有我想要的特質（雖然他並沒有我夢想中的每一項特質）。

➡ 問題二：你們婚前要同居嗎？

結婚率下滑，部分原因可能是因爲同居現象的增加，人們在婚前同住，或根本不打算結婚。2013 至 2017 年，約有 60％的 18 至 44 歲的成年人，自報他們曾經在某個時候和未有婚姻關係的伴侶同住；在這些同居的人當中，有稍高於一半的人說經濟不穩定是他們不婚的理由。[19] 自 1990 年代起，有幾項研究探討同居對於婚姻穩定性的影響，結論很不一致。有一些早期研究是在同居比較不常見的年代所做的，結果發現，婚前同居的夫婦比較有可能離婚，這種現象被稱爲「同居效應」（cohabitation effect）。[20] 或許是因爲，過去那些甘冒社會規範之大不韙同居的人，也比較願意離婚。但近期，研究人員推測，會出現同居效應，更有可能是一開始較爲隨意地做出同居決定的伴侶，因爲覺得比較方便或想要省房租才一起住，接著順勢「滑進了婚姻」，而不是有意識地選擇了婚姻。可惜的是，多數研究同居效應的人，並沒有將他們起初爲何要一起住的打算考慮在內；有考慮到這個因素的研究，確實指出一開始同居就打算結婚或訂婚的伴侶，大致上不會有同居效應。[21]

有鑑於美國的法律跟不上家庭的組成方式，人們還會因爲很多原因選擇婚前同居，就像以下這位受訪者說的：

我的伴侶是跨性別者，我們靠著一位認識的精子捐贈者幫忙，才得以懷上小孩。因為如此，就算我們住在一起、一起育兒，也一起做重大的生活決定，但我的伴侶還是必須收養我們的小孩。就算在美國最進步的州，收養也很耗費時間和金錢，因此我們決定把結婚的事延後，直到我們認為我們的家庭已經完整了，讓我們可以進行收養流程為止。幸運的是，我的雇主很開明，也為同居伴侶提供福利，就算我的伴侶在家照顧孩子沒賺錢，我們也可以實行收養計畫。

　　無論同居的理由是什麼，一旦決定要一起住之後，要分開就像要離婚一樣困難。一般來說，研究同意，明確的溝通可以緩解同居效應，包括講清楚你們預期同居對於長期關係會造成哪些影響。我們鼓勵所有考慮同居的人坦誠相對，談一談本章和第二章討論到的每一個主題。就像第二章一樣，我們也在本章的結尾設計了一份附帶提示的練習，希望可以幫助你。

　　美國有些州允許伴侶登記為同居伴侶，有些州則同意伴侶組成民事結合（civil union）。每一種伴侶類別都有稅賦上的議題，你們應該會想要先檢視這一點。比方說，如果同居伴侶分手了，某些州還是會有和扶養與財產分割相關的未解決稅賦問題。

　　無論你是想要同居、結婚，還是登記為同居伴侶，當你們決定一起住時，應該要考慮寫遺囑。麥拉有許多學生很抗拒這件事，誤把青春當永恆。不過，有時候會有學生提到從嚴重的

意外或疾病當中倖存的經歷，其他學生就會理解之前沒想過的
生命之脆弱、人必有一死。你或許沒有一大筆財產，但多數年
輕人都有自己很珍視的東西，可能是一輛特別的單車、照片集
或樂器。當你和某個人住在一起，如果你去世了，你的財產可
能不會遺贈給你希望他們繼承的人。因此，在你們開始同居之
前，先刻意談談這些議題，是很值得的。

　　如果你們有小孩，就更有必要寫下遺囑，尤其需要指定萬
一父母死亡或失能時的監護人。可惜的是，很少人關心這類建
議：育有 18 歲以下小孩的父母當中，大約半數的人有遺囑，
約 37％的人沒有人壽保險；如果父母死亡，壽險可以提供小
孩生活所需。[22]

問題三：要不要訂婚前協議？

　　簽訂婚前協議的現象正在增加當中，美國婚姻律師學會
（American Academy of Matrimonial Lawyers）近期的一項調查
發現，多數律師都察覺，來找他們幫忙簽訂婚前協議的千禧世
代，人數愈來愈多。導致這種趨勢的原因是千禧世代晚婚（因
此更有時間累積資產和負債），以及有三分之一的千禧世代是
由單親或離婚的父母養大的（所以他們從個人經驗就知道，婚
姻不一定會成功）。[23]

　　婚前協議顯然是一個會引發激烈爭議的議題。某些人覺

得，將經濟因素納入婚姻決策中是很不可取、甚至可說是很冷血的做法。此外，某些人也不喜歡在充滿希望的一開始，就公開討論婚姻可能失敗的前景。麥拉有一位學生就講到她如何因為婚前協議，連訂婚都取消了。她對麥拉和全班同學說：「我的未婚夫很富裕，隨著婚禮逼近，他希望我簽署婚前協議，裡面提到如果我們離婚，我分不到他的任何一毛錢。雖然我很愛他，但我還是決定取消訂婚。如果他不願意和我分享財富，我也不想和他分享我的人生。」

　　在其他時候，簽署婚前協議反而會導向婚姻，有一對四十出頭的夫婦就是這樣。他們兩人都擁有成功的小企業，且雙方都無意生養小孩。有一天，男方問女方要不要考慮結婚。她回答：「前提是我們要有婚前協議，萬一我過世了，不會由你繼承我的事業。我已經答應要把公司給我的姪女了。」男方很開心，因為他也想簽婚前協議，但不敢開口。他們各自找來律師，簽了一份雙方都同意的文件，兩人之後很快就結婚了。

　　即便沒有高額財富，公開討論可能的資產劃分方式也很重要。有一位受訪者就提到他和伴侶如何討論這個議題：「我們決定對彼此完全開誠布公，講清楚自己的財務狀況，然後，就像要簽署婚前協議的伴侶一樣，徹底討論相關問題；差別在於我們沒有真正簽下協議。」這種做法可以讓伴侶雙方無須支付律師費，就能享有討論財務所能帶來的絕大好處。有些人傾向於製作沒有法律效力的合意書，以說明他們如何想辦法讓兩人之間的關係能順利走下去（而不是規定萬一兩人走不下去了，要怎麼分財產）。

　　如果你決定要完成整個簽署婚前協議的過程，並且眞正簽下一份文件，請務必確認你聘請的律師不會讓整個程序出現任何不當的爭議。麥拉和傑簽婚前協議時，只聘用了一位律師。由一位律師代表雙方是比較罕見的，因此他們也簽署另一份文件，說明他們理解兩人都沒有以這位律師「爲代表」；從某些方面來說，這位律師代表的是他們的「關係」，而非他們兩個人。

使用 5C 架構：是否要共結連理？

　　一旦你考慮過某些基本議題之後，請使用我們的架構來決定要不要結婚。

➡ 第一步：釐清

　　大部分的美國人認爲，不管是同居或結婚，承諾都是必要的前提。[24] 如果你已經在經營一段以承諾爲基礎的關係，那爲何還要結婚？但以同樣的情境來說，也有人會問：那幹嘛**不**結婚？兩個問題的觀點都很有道理，也很重要。

　　整體來說，已婚夫婦通常比未婚同居的伴侶更常自認兩人的關係良好，此外，已婚夫婦也比較有可能說他們相信伴侶很忠實、行事時以他們的最佳利益為依歸、會對他們說實話，而且會用負責任的態度處理金錢議題。對於家務分工、配偶平衡工作與生活方面的表現，以及雙方在溝通上的成效，已婚夫婦的滿意度也高於同居伴侶。同居伴侶和已婚夫婦在一個面向的滿意度很相似：性生活；以這兩群人來說，約有三分之一的伴侶都說他們非常滿意。[25] 結婚之所以有這些相對的好處，或許是源自於雙方願意「正式公開」，這一點可能就足以激勵伴侶投注更多時間與精力來經營雙方的關係。無論原因為何，僅有在你和伴侶都很滿意自己的決定時，才可能享有婚姻的益處。

　　決定結婚（或不結婚）之前，要先釐清你為何想要（或不想要）結婚。婚姻對你而言有什麼意義？也要自問你預期兩人結婚後的關係會有何變化。回答這些問題時，把你對婚禮和蜜月的感覺放到一邊去；這兩件事很棒，但最終對於你們成為已婚夫婦之後的人生和關係不會有太大的影響。

▶ 第二步：溝通

　　和伴侶談談你對於結婚的感覺。就算你們雙方都同意想要結婚，但你們得出結論的過程可能大不相同。舉例來說，一方可能將婚姻視為打造共同人生的第一步，另一方可能覺得要先

達成其他的人生里程碑，比如事業、財務或其他事，再來考慮
結婚。討論這些不同的想法時，若伴侶的觀點與你不同，請試
著以開放的心胸來看待。如果一方希望再等一等、但另一方希
望快點結婚，這並不代表前者對於彼此的關係有所遲疑，可能
只是意味著對婚姻有不同的觀點。在這裡，目標並不是要針對
每一項細節達成協議，反之，是要理解雙方如何在你們的關係
之下想像婚姻。

➡ 第三步：考量廣泛的選擇

　　一旦你理解雙方對於結婚有何想法，請接著思考在決定
要或不要結婚之後有哪些選項。如果婚姻是你們兩人都認同的
下一步，那你們想在何時成婚？你們之中有誰有什麼條件嗎？
比方說，你結婚之後是否想要搬回你的家鄉？或者，如果你們
決定結婚的事先緩一緩，那你們可能會想要訂一個期限，例如
六個月或一年，過了之後再來看看要怎麼決定。又或是如果你
們決定不結婚，現在要思考的便是你們之間的關係接下來會如
何。請記住，彼此心心相繫的忠誠關係，不一定非結婚不可。

➡ 第四步：聯繫

　　同樣地，你會想要和你看重其意見的朋友和家人談一談

你的決定。還有,如果你之前沒試過的話,這可能也是一個好機會,去尋找一些你欣賞的伴侶,聊聊他們走入(或不走入)婚姻的決定。倘若你和別人談過之後,得到一些寶貴的見解或讓你有理由重新思考或重做決定,請好好想一想;如果可能的話,也請和伴侶討論。

➡ 第五步:探索可能的後果

　　花點時間,評估你是否要結婚的決定會造成哪些可能的後果。如果你和伴侶不同步,有沒有可能導致兩人心生憤恨?如果會,你要如何因應?你的決定是否會讓你與父母(或你生命裡其他重要的人)產生歧見?你要如何跟他們談起這件事並展開對話?張大眼睛檢視你的決策會造成哪些可能的後果或副作用,有助於你事前主動因應這些問題,可以減少你在做出重大決策之後招來的質疑。

第三章的練習題：

你對於以下重大議題是怎麼想的？（第二部分）

　本項練習的重點是 5C 架構中的釐清和溝通步驟。花點時間，想想你要如何回答以下問題。[26] 如果你有伴侶的話，和伴侶討論一下。我們建議每個類別至少都要花半小時談談。（有些可能需時更長，你不會希望一口氣就全部談完！）這部分設計成和第二章結尾的第一部分互相搭配，就像前一份練習一樣，請想一想你要如何進行，才能讓這一次討論充滿愛。

婚姻

你想結婚嗎？為何想或為何不想？

婚姻對你而言有何意義？

你預期你們婚後的關係會有何變化？

同居

你怎麼看待婚前與人同居這件事？

_____

假設你們要同居，對於同居會帶來的長期結果，你是否有所期
待？你的期望是什麼？

_____

你們如何分配家務？（更詳細的內容請見第五章的練習。）

_____

你需要多少獨處的時間？你何時最想獨處？

_____

其他

你如何描述父母之間的關係？他們如何處理衝突？

_____

你怎麼看待婚前協議？你會想簽嗎？

你對目前的性生活有多滿意？要怎麼做才能更好？性愛對你來說有多重要？

來談談寶寶

生兒育女

我（或我們）應該要生小孩嗎？要的話，何時最適合？這
些沉重的問題沒有簡單的答案。生理功能在生兒育女這方面扮
演重要因素，我們只能掌控一部分的結果與時機，因此，即便
我們決定想要生小孩，宇宙也不見得會配合我們。這樣的經驗
對於人生會造成很大的衝擊，有一位女士就說了：

> （我和伴侶對於何時要開始嘗試生小孩）的想法是一致
> 的，但我們試了五年都無法懷孕，最後歷經幾年的試管嬰兒療
> 程，才透過胚胎移植懷上一個。這個面向的生活對於其他一切
> 都造成了最嚴重的衝擊，包括我們的關係、我的事業、我們選
> 擇要住在哪裡。這也凸顯了我們在育兒理念、整體展望、態度
> 和教育等方面的分歧。

和生兒育女相關的問題是很敏感的議題，有一部分是因
為生小孩就像結婚一樣，在美國是一般人預設為理所當然的選
項；然而，美國在政策上對就業家庭提供的支持，卻少得令
人吃驚。美國大部分的成年人至少都有一個孩子。45 至 50 歲
的婦女中，僅 15％沒有小孩[1]（這還不包含收養的小孩或繼子
女）。[2] 40 至 44 歲的男性中，僅 20％膝下無子。[3] 目前的出
生率為 1.7，遠低於人口替代率 2.1，但出生率的下降，不是因
為大家不生，而是因為家庭平均生育的小孩人數減少了，從
1965 年的 2.4 人減至目前的 1.9 人。[4]

就和結婚率一樣，出生率也會因為種族和族裔不同而有別。2019 年，在美國，夏威夷本地人與其他太平洋島民女性的生育率最高（每 1,000 名女性為 58 個小孩）；白人與亞洲女性最低（分別是每 1,000 名女性為 50 與 48 個小孩）；拉丁美洲與黑人女性則居中（分別是每 1,000 名女性為 54 與 52 個小孩）。[5]

對於要不要生小孩、何時生小孩，不同世代有不同的社會規範和期待。現代人生小孩的時間，晚於父母輩和祖輩。整體來說，目前女性生第一胎的平均年齡為 26 歲，大學畢業者則為 31 歲。平均來說，男性則在 31 歲時成為人父。[6] 人們之所以延後生小孩，通常是因為希望有更多時間享受旅遊與其他休閒活動，或者想要有更多時間衝刺事業，尤其是工時超長且需要非常即時回應客戶的「貪心職業」（greedy profession）。事實上，對很多勞工來說，必須投入的工時愈來愈長了。2019年，全職員工的工時是每天 8.78 個小時，[7] 這表示，就算從事的並非高需求的職業，工時也拉長了。美國人的工時遠高於其他已開發國家的勞工。[8] 低薪員工要面對的問題不同，但據信更加艱困，其中包括工時不確定，因此更難安排優質托育服務等重要事項。

養小孩的成本也很高。有些人一直等到付完學貸、存夠養小孩的錢，以及負擔得起一間可容納一家人的大房子之後，才敢生小孩。也有人一直等到升上較高的職位才敢生小孩，他們

圖的，是此時較有可能談到有薪的育嬰假，等生完小孩、重返
工作崗位時，也比較可能談到有彈性的工時和工作安排。

　　許多人延後生小孩，是因為他們尚未找到伴。由於醫學
的進步，如今，沒有伴侶的人也有新的生育選項。過去 50 年
來，美國未婚人士生下的子女數目大量增加。2014 年，新生
兒中有 40％是非婚生子女，這方面的比率也會因為種族不同
而有很大的差異：白人為 29％，西班牙裔為 53％，黑人為
71％。1964 年時，全美的非婚生子女平均比率低於 10％，不
同的種族與族裔間的差異也小得多。[9]

　　人們沒有**多生**幾個小孩的主要理由，和他們延後生兒育女
的理由是一樣的，但還多了另一項動機：他們想把更多的時間
和金錢花在已經出生的小孩身上。

生小孩（或不生小孩）的理由

　　想要小孩的人，或許有一種非常深的渴望，想要感受看
看創造出新生命的體驗，非常希望能付出與得到無條件的愛，
並幫助孩子過著有意義、有目標的人生。有些人說，他們想把
自己的基因、家庭價值觀和家族名號傳下去。有人想的是要修
正自己的父母犯過的錯，將養小孩當成自己重生的機會。有些
人覺得自己就是沒有勇氣反抗沉重的社會壓力，以及他們從家

人親友身上感受到的期望。有些人覺得，養兒是為了防老。當然，也有些人同時懷抱著以上多種渴望。[10]

不想生小孩的人，也有自己的理由清單。有些人覺得為人父母太勞心勞力，尤其小孩剛出生前幾個月會被嚴重剝奪睡眠；當你因為「愛小孩」而選擇生小孩時，並沒有看到這些事。有些人對於發展自己的事業或在寬廣的世界裡有所作為比較感興趣，沒那麼想養小孩。有些人想要的事業或人生需要經常出差旅行，他們認為，這並不適合為人父母。有些人在意識型態上反對把更多人帶到這個人口已經過多、充滿汙染且氣候變遷影響愈來愈嚴重的世界。[11] 許多人則是有非常深刻的恐懼：擔心把家族的生理或心理疾病傳下去、擔心沒有成為好父母的「本能」，或者擔心不知該如何在一個不確定又殘酷的世界裡育兒。[12]

有些人也害怕生小孩可能會對兩人的親密關係造成太大的壓力。事實上，有三分之二的已婚夫妻的婚姻滿意度，在加進小孩之後垂直下滑。[13] 然而，生小孩造成婚姻滿意度下滑是可以避免的。心理學家約翰・高特曼和茱莉・高特曼表示，有些伴侶會在生小孩**之前**參加他們為了新手父母所舉辦的工作坊，這些人在真正成為父母之後，比較可能仍對自己的婚姻關係感到滿意。[14]

生育能力也是人們決定不生小孩時的一個重要因素。有些人等了很久才開始嘗試生小孩，之後才發現自己已經生不出來了。他們不願意或沒有能力接受高價且痛苦的療程，也認爲其他替代方案（比如代理孕母或收養）同樣艱難且昂貴。

在生兒育女仍是常態規範的文化裡，不想生小孩的人通常被迫要說明自己爲什麼不生，但這是極度私人層面的選擇，我們必須予以尊重，不可要求當事人解釋。時至今日，麥拉對於自己試著讓姊妹在生兒育女這方面改變心意（但未成功），仍深感懊悔。當時，她自認自己的建議是從愛出發；她自己有子萬事足，希望自家的姊妹也能享受同樣的幸福。然而，如今回過頭去看，她明白了自己每次提到這個話題，都是在對方身上施加不必要的壓力。

即便你在婚前已經和潛在伴侶討論過想不想生小孩，到最後還是可能出現分歧的觀點。艾比深愛的姑姑跟姑丈，便是在決定不要生小孩之後，仍努力化解歧見：

那時我不想生小孩，但我太太想。我們經歷了一番激烈的討論，好不容易才得出最後的結論。我列出了我理性思考過後的疑慮，而我太太唯一的反駁理由就是她想生小孩。最後，她承認，她之所以想爲人父母，有一部分的渴望是來自於她的成長過程，以及她在年輕時，女性的事業選擇相對有限。後來，我們兩個都就就業業，努力磨練自己，發揮才華，追求目標，擁有讓人滿意的事業。我妻子取得教育碩士學位，在很多孩子的人生中留下不可磨滅的影響，我們也和許多她以前的學生及

其家人保持聯繫。有時候我們確實會擔心，不知道有誰能幫助
我們因應晚年的挑戰、幫助我們做些決定，但我們同意，這些
憂慮無法左右我們要如何過著充實且有意義的人生。走過了
51 年的婚姻，我們依然非常相愛。

　　在他們結婚 50 周年的慶祝會上，艾比非常驚喜地聽到，
姑姑與姑丈的朋友如何讚譽他們兩人及其貢獻。這更證明了無
論有沒有小孩，兩個人都可以對年輕人與自己的社群發揮重大
影響。

育兒的成本

➡ 財務成本

　　直到 1800 年代中期，小孩都還是勞動力中不可或缺的
一部分，他們也因此成為有經濟價值的資產。[15] 當然，如今
由於童工法的規定，再加上經濟活動中的知識導向成分愈來愈
高，使得受教育至為重要，小孩也因此變成經濟上的投資，而
非資產。[16]

　　有些人很意外地發現，養育一個孩子的成本居然這麼高，
更別說養兩個或是更多了。想要做足功課再養小孩的人，應該

要計畫挪出 50 萬美元的預算來養小孩與支付大學教育費用。
這聽起來是很大一筆錢,但要付這麼多錢也會激發人們好好努
力。如果說需求是發明之母,許多為人父母的人發現,供應孩
子所需是一股最強大的人生動力。不知何故,即便非常辛苦,
父母通常還是透過某種方法「做到了」。但很重要的是,對低
薪勞工(通常是有色人種)來說,這樣的財務負擔是不成比例
地沉重。

　　若將這筆錢分攤到整體育兒時期來看,其中稍高於一半
的費用會發生在大學之前。最新資料指出,中等收入家庭(年
收入 59,200 至 107,400 美元)的已婚伴侶,要把一個小孩養
到 18 歲,預期要花掉 285,000 美元。[17] 其中,居住的成本占
了近三成(房子或公寓稍大一點、家具多一點、水電費用高一
點):如果飲食上的花費高一點,大概會占到兩成。這些數字
的前提是小孩就讀公立學校,而且還不包含課後活動或夏令營
的費用。

　　接著來算大學的教育費用。[18] 在一個中等收入的家庭裡,
如果有一名小孩要就讀四年制的私立大學,目前來說,這四
年的費用超過 20 萬美元。就讀家鄉州的公立大學費用會低很
多,但也相當可觀。[19] 不過,很多學生會拿到獎學金、申請助
學貸款,或是得到研究工作的機會,從而得到經濟上的補貼。
有時候,祖父母也會提撥到 529 計畫(529 plan,一種有稅務
優惠的教育基金儲蓄方案),幫忙支付大學教育費用。

對於生完小孩後、想繼續工作或保有事業的人來說，則還有托育成本。職業婦女甚至要承擔額外的成本，因為有了孩子之後，通常會對收入造成負面影響。成為母親之後，職業婦女通常會為了育兒退出職場一段時間，等到她們回歸，收入會大減，相當於遭受嚴重懲罰。有時候，她們賺得少，是因為她們找的是工時要求沒這麼長的工作（因此領到的薪資就低了）；有時候，是因為雇主認為她們無法全心投入工作，因此，出現晉升機會時，就跳過她們了。但身為父親，並不會遭遇類似的收入懲罰，相反地，與年齡、教育程度相當但沒有小孩的男性相比，有小孩的爸爸們多半在薪資上享有補貼。在日本，提供給為人父者的薪資補貼，甚至已經納入正式的薪資架構裡。

➡ 時間成本

養小孩也要投入很多時間，尤其是近年來養兒育女已經變成要求愈來愈高的任務。[20] 一項研究檢視 11 個富裕國家的父母花多少時間育兒，結果發現他們花的時間是 50 年前的父母的兩倍多。總的來說，1965 年時，父母每天花 70 分鐘育兒，相較之下，目前是 163 分鐘。事實上，現在有工作的家長花在育兒的時間，就和 1970 年代的全職媽媽一樣多。[21]

《華盛頓郵報》指出，現代父母「全年無休地將注意力和資源投注於安排孩子的空餘時間、照料他們的情緒，以及管束

他們的行為。」[22] 所謂的「密集教養」（intensive parenting），
包括仔細監督小孩在學校與課後活動的表現；參加他們的體育
競賽和練習；安排與支援其他的課外活動；接送他們上下學、
參加各種活動和派對等；找出大量的機會和他們一起玩，並和
他們討論他們的感受、意見與想法；與他們一起度假；替他們
做好相關準備，讓最好的大學錄取他們，並在競爭激烈的全球
經濟體中順利成功。

　　為了替兩歲的女兒和另外三個幼兒提供「智力上的刺
激」，麥拉在她的回憶錄《分享工作》（*Sharing the Work*）中
細數她承受了多少壓力：

　　我開始在柏克萊開新課時，有一天接到一通鄰居打來的電
話，她希望（我兩歲的女兒）麗姿加入一個由她主持的幼兒玩
樂團體。我很喜歡讓麗姿加入玩樂團體這個主意。她還太小，
不能去上幼兒園（三歲之前，沒有幼兒園會收她），我認為她
有一些玩伴是好事。

　　（我的鄰居向我說明）……他們希望是一個星期聚會兩
次，每次兩小時，由四個小孩的家庭輪流照顧。我說，這聽起
來沒問題，但因為我在上班，（我的保母）瑪姬會在他們來我
家時負責照料孩子們。

　　「（我的鄰居說）喔，不，不，這樣的安排不行……我們
希望這樣的玩樂團體能為孩子帶來智力上的刺激，我們希望當

孩子們去妳家的時候，妳會在場。」

　　我的心一沉。我一個月要和四個兩歲大的小孩相處兩次，每次兩小時……我請瑪姬幫我，我和她負責督導我在一家小兒科診所的育兒雜誌上找到的一項藝術活動。我買了色紙，和瑪姬一起裁成規定的花樣，然後由孩子們將這些紙片黏成三維立體的物品，比如南瓜、巫師、鬼怪等等。眞是大麻煩。桌子和椅子上到處都是膠水，地板上也是，還會黏在小孩的頭髮上。瑪姬覺得這項活動很歡樂，她對於要善後清理也沒有怨言，但這是我那個星期最不開心的時刻……

　　幾個月下來，辦了幾次活動，我的耐心用光了，我和麗姿商量。她可以去上游泳課，不要再參加玩樂團體了。她很樂意……但我更開心，這相當於我每個月多拿回半個工作天，而且我再也不用去找育兒雜誌上的什麼藝術活動了。

　　雖然密集教養始於中產階級和上層中產階級的父母，但近來研究發現，不管是哪一個收入等級的父母，都很看重密集教養。[23] 然而，父母的能力不同，不一定能投資孩子的認知發展與課外活動。發明「密集教養」一詞的安妮特·拉蘿（Annette Lareau）很憂心，她指出，密集教養投資的不均等，只會加深孩子教育的社會階級不平等，最後導致所得的不平等。她的擔憂到現在仍適用。

　　密集教養和許多不斷演變的規範一樣，可能是對過去的教養規範所產生的反應，因為那些規範未將孩子的全人發展考慮在內。雖然密集教養的立意良好，但能對孩子帶來的好處很可能不如父母的期待。目前已經證明，將孩子的時間安排得滿滿的，就算是多元化、具刺激性的活動，也會弱化小孩重要的執行功能技能（規劃、解決問題、決策和自我規範）。[24] 這非常值得注意，因為等到成年之後，想要有所成就，這些都是很重要的技能。

雖然現今的密集教養可能沒有必要、甚至有反效果，但人們在這方面會面臨囚徒困境＊。就算個別的父母想要停下密集教養的腳步，他們也可能會因為擔心這麼做對自家小孩不利，最後還是繼續仿效身邊其他父母的做法。

即便是最強大、心靈最獨立的父母也會發現，在設定教養標準時，要逆流而行、單打獨鬥是很有挑戰性的；當你考慮到的因素並不符合目前的群體想法時，更是如此。想要改變密集教養的文化，需要社群內部以及不同社群之間彼此協調、長期努力。

我們聽過一些正面的故事，中年級小孩的家長串聯在一起，立誓遵守「等到八年級」（Wait Until 8th pledge），同意將給小孩智慧型手機的時間延到他們 14 歲、也就是八年級的時候。「等到八年級」能夠理解教養中的囚徒困境，所以會等到

＊   編注：意指個人最佳選擇與群體最佳選擇有所衝突。

同學校、同年級有十個或更多家庭都簽署這份誓言之後,才會認定這份誓言「有效」。[25] 唯有到了這個時候,才會在簽署誓言的家庭之間公告,並讓他們有權決定要不要和其他人分享。

何時生小孩

從避孕藥到試管嬰兒,醫學上的創新讓我們對於何時要生小孩有更多的自由度與掌控力。然而,生育的現實面通常很複雜,而且充滿不確定性。何時要為人父母這個問題同樣複雜,因為沒有哪一個時間點最好。年輕時生小孩有其成本也有好處,年紀稍長時則有不同的代價和收穫。

年輕時生小孩,有生物學和體力上的好處。那時生育能力佳,精力也充沛,比較少發生先天異常的問題,也比較有時間面對任何生育上的挑戰。[26] 不過,等到年紀稍長,所得和儲蓄可能也會比較高。此時事業也比較穩固了,或許也較容易爭取到工作上的彈性安排。由於人們通常要等很久才願意步入長期關係,晚一點生小孩很合理,因為這樣就可以有多一點時間尋覓伴侶。

然而,到了 35 歲或年紀更大時才生小孩,可能會出現很多不利因素,一位高薪的企業高階主管卡蜜就體會到了這一點。卡蜜 30 歲時和先生共結連理,她的薪水比擔任攝影師的先生高很多，於是他們決定延後生小孩，等到她的事業更穩固一點再說。五年後，她開始嘗試懷孕，之後連續流產三次。這是十分痛苦的經驗，但她最終在 39 歲時誕下一子。她生完小孩後很快就重返職場，之後兩年又流產了兩次。40 歲時，卡蜜開始接受人工受孕，但後來也停了，因為過程實在太痛苦。她和先生考慮收養，然而最終也否決了。當他們明白只能擁有一個由三人組成的家庭時，兩人都心碎了。

流產比很多人想像的更常發生；每四名孕婦中，就有一人最後以流產終止妊娠。[27] 年過 35 歲之後，流產的機會也會大增。[28] 就像卡蜜領悟到的一樣，流產是很痛苦的經驗，就算是發生在懷孕初期也一樣（大部分的流產都是發生在初期），那股悲痛會持續很久。

決定一對伴侶生育能力的是雙方的年齡，而生育能力會隨著年紀漸增而下降。以女性來說，生育能力最高的時間點是在 30 歲之前，過了 35 歲就會下降。女性過了 45 歲之後，很難在沒有協助之下自然懷孕。[29] 至於男性，生育能力下降的時間點發生在 40 到 45 歲之間，讓女性受孕的機率會下降，而且，讓女性受孕後以流產告終的機率會提高。男性年過 55 歲，讓女性受孕的機率又更低了，受孕後流產的機率也相應提高。年長的男性與女性生出自閉症類群孩子的機率也比較高。[30]

人工受孕的成功機率也和年齡有關。35 歲以下進行人工受孕的女性，有 39.6％能成功懷上小孩。女性如果超過 40

歲，這個比率就低至 11.5％。[31]

　　有時候，外部因素會協助人們決定何時要生小孩，有一對伴侶就有這樣的經驗：

　　當我們發現女兒有特殊需要，便必須討論如何確保她能獲得所需，跟上已經落後的發展里程碑。其中一項討論是決定要不要生第二胎。到最後，我們等了太久，要再生一個就變得很困難。後來我們也明白了，我們的女兒終其一生都需要額外的協助與更多的照料，不光是頭幾年而已。

　　另一對伴侶則分享了以下經驗：

　　我們決定生第一胎，是因為我們想要組成一個家庭。我們認為沒有最適合生小孩的時間，因此早點生最好！第一個孩子出生一年後，我母親就被診斷罹患帕金森氏症，所以我們決定要比計畫中更早生第二胎，這樣我媽媽才可以盡可能享受當祖母的美好時光。

　　很常見的情況是，人們希望未來能生個小孩，然而即便現在已經有伴侶、事業小有成就，其他因素也都能夠配合，但就是覺得目前還沒準備好。艾比就有這種感覺，當她和羅斯結婚快兩年時，她發現自己不太喜歡當時的工作，轉而開始思考育兒的事。她在想，是要先找一份比較好的工作，還是要先生小孩：

　　為了不讓自己在那裡東想西想，我聘請了一位職涯教練，與她合作了四個月，試著整理出我的感覺和應該採取的做法。我非常擔心，如果我懷孕時還沒找到喜歡的工作，我生完小孩後可能就不想回去做會讓我承受薪資懲罰的工作（我在參拉的課堂上學到這件事），而且有小孩之後，我會更難找工作。

　　在此同時，當我和羅斯準備好開始積極嘗試受孕，為了更清楚掌握我的週期，我停掉了避孕藥。由於我的父母很難受孕，因此我做好準備，預期這會是一條漫漫長路。但生命自有安排，教練課程上到一半時，我懷孕了（女人一計畫，上帝就發笑！）。從那時候開始，我和教練之間的對話重點就比較不在於回答「我要先生小孩還是先找工作？」（後來我才明白這根本是一個假性選項），而是聚焦於「我要如何保有這份工作，直到我放產假？」。最後，我決定與工作和平相處，因為我已經回答完是否要先生孩子的問題了。沒想到，當我放鬆對事業的焦慮之後，我的夢幻工作也隨之而來。

　　當艾比正糾結於這個問題的前幾個月時，有一位人生導師告訴她：「沒有所謂最適合生小孩的時間點……如果妳想生，現在就要開始嘗試。」這項建議，再加上她和教練之間的合作，幫助艾比解開必須要找到適當先後順序的束縛。她和羅斯在一年後迎來第一個孩子，當寶寶四個月大時，她也開始了新工作。

當然，只有在你具備生小孩的必要資源時，這項建議才會這麼顯而易見。少了這些緩衝，就要做一些更複雜的計算。你可能還是決定要生小孩，但在這種情況下，請先針對你未來會碰到的難題預做準備，其中也許包括要向親朋好友尋求協助。

收養小孩

2015 年，美國人收養了 53,500 名美國出生的小孩。[32]（為了讓這個數字有意義，這裡補充說明：當年美國有近 400 萬名小孩出生，[33] 約有 112,000 人需要被收養。）[34] 在所有非繼親的收養當中，59％是來自於寄養兒童系統，15％是自願出養的美國嬰兒，而 26％是收養其他國家的小孩。[35] 近年來，由於包括政治在內的各種因素，美國人自 1999 年以來收養小孩最多的南韓、中國、俄羅斯、瓜地馬拉、衣索匹亞等國家，紛紛減少或關閉通往美國的收養之路。[36] 2019 年，僅有 2,677 件國際收養案，其中 42％來自中國。[37]

收養小孩的成本差異很大，要視個別情況而定。目前，從寄養系統中收養的成本很低。如果被收養的小孩有特殊需求，養父母可能有資格領取一些補助金。私人收養的費用通常更高。[38] 國際收養也比較貴，特別是在納入前往海外的旅費之後。總而言之，收養多半充滿壓力、耗時且非常漫長。通常，美國國內收養要耗時兩年，[39] 國際收養則要更久。[40]

如果你考慮收養，需要做幾個決定：你要收養新生兒，還是比較大的孩子？你是否考慮一起收養手足？你會不會考慮收養有特殊需求，或是暴露在吸毒或酒精環境下的孩子？你是否準備好收養不同種族或宗教背景的孩子？你想和孩子的原生家庭維持多少聯繫？[41] 如果你住在限制同性伴侶收養小孩的州，你會考慮搬到政策不同的其他州嗎？

孩子的收養家庭與原生家庭的聯繫程度，是雙方需要協商的一項議題，但隨著 DNA 檢測技術問世，基本上不會再有收養之後、孩子的原生家庭永遠保密這種事。隨著研究證明，開放式的安排好處多多，愈來愈多家庭選擇在原生與收養家庭之間維持一定程度的聯繫。[42]

艾比的父母在 36 歲時生下她，在當時，這已經是被視為高齡父母的年齡。他們還想要第二個孩子，最終選擇去幾個收養機構登記。等了幾年之後，有一家機構打電話給他們，說有一個韓國的男寶寶在等待收養。寶寶過來時，艾比大約五歲多。她很清楚地記得他們去了甘迺迪國際機場，迎接她三個月大的新弟弟。[43]

艾比的父母特意將她弟弟的韓國背景加入他們各方面的

家庭生活當中。他們會慶祝猶太人與美國的節日，同樣也慶祝韓國的節日如「秋夕」（Chuseok，相當於韓國的感恩節）。艾比的媽媽也學會烹飪韓國料理（他們家最愛的就是雜菜冬粉）。當艾比和弟弟分別就讀高中及國中時，他們家跟著其他有韓國養子的家庭一起去韓國朝聖。雖然他們的經驗十分正向，但跨種族與跨國家的收養非常複雜。再怎麼好意的教養，都無法抹去跨種族養子女要面對的「種族、權力、特權與壓迫」問題。[44] 在探索這個選項適不適合你時，這些都是需考量的重要議題。

你想要生幾個小孩？

《紐約時報》做過一項調查，詢問人們爲何實際上生養的小孩比想要的少，有64%的人表示育兒成本太高，54%的人希望將更多時間花在現有的小孩身上。[45] 想要生幾個小孩，通常是伴侶之間協商的結果，有時雙方在過程中會劍拔弩張。

我先生只想要一個小孩，這樣才不會使地球人口過剩，我們也能保有相對的自由。我想要三個小孩，彌補我自己童年的寂寞；我上頭只有一個總是悶悶不樂的手足，我那對非常不幸福的父母在我高中時就分手了。我想要一個熱熱鬧鬧、充滿愛的家。因此,我和先生選擇了中間值,決定生兩個。但生下第二胎之後,我就知道我沒辦法停手。接下來兩年,我和我先生陷入僵持狀態(除此之外,我們的婚姻溫馨又充滿愛),掙扎著該不該「打破」之前的約定,再生一個小孩。他說,講好了就是講好了;我說,我的感覺變了。內心深處,我知道他是對的。但我最後懇求他讓我再生一個,我也成功了,我們有了很棒的老三。我發現,我不一定要這個孩子,也可以擁有我向來渴望的溫馨親愛家庭(但無論如何,他是這個家裡非常重要的一分子)。我先生是非常寬厚的人。爲了要不要生小孩而討價還價,眞的是非常奇怪的事。一想到我們家老三有可能來不了這個世界,我們家就不會是今天這個完整的模樣,我會有一種很奇怪的存在主義上的沉重感。

有時候,麥拉公開演說完之後,會有女性聽眾跑來找她,和她聊聊生了第三或第四個小孩之後,要綜合管理事業與家庭的難處。「我在老么出生之前都沒問題,但孩子一出生後,一切就天翻地覆」是常見的異口同聲說法。有時候,這位女士只是找不到方法,不知道如何替這麼多孩子安排托育和課後活動,同時還要兼顧事業上的要求。有時候,是最小的孩子意外地有一些特殊需求,而媽媽必須離開職場,照料這個最小的和其他幾個大孩子。[46]

如果你已經生了兩個，正在考慮要不要生第三胎，睜大眼睛非常重要。我們有一位受訪者在懷第三胎時意外發現，第三胎事實上是一對雙胞胎。從兩個小孩變成四個小孩，她分享了以下這段經驗：

我認為說得最貼切的是喜劇演員吉姆・加根菲（Jim Gaffigan）：「你知道有老四是怎麼一回事嗎？想像你溺水了，然後有一個人抱一個寶寶給你。」太真實了。有些人說，生了三個以後反正都沒差，因為你早就已經從「單人防守」轉為「區域聯防」……我懷疑他們真的有三個以上的小孩嗎？我發誓，比起四個小孩都在家時，只要有哪一個不在家，可以說是輕鬆了一倍。就連最大的也是。少一個，就少了很多爭鬥、吵鬧、互相慫恿對方去惡作劇。

世界上不乏身處高壓事業、但仍育有兩子以上的女性典範（例如 YouTube 的執行長蘇珊・沃西基〔Susan Wojcicki〕，她生了五個），然而，要把高需求的事業和多個小孩綁在一起，真的非常困難。多數能順利做到的女性，都有經濟能力聘用大量的人手協助，或能向家人求援，或者兩者皆備。[47]

靠自己生小孩

金在 38 歲時決定要靠自己生小孩，使用匿名捐贈者的精子，然後靠人工授精完成。在確認她那已離婚、目前獨居的母親非常開心能成為積極參與的外婆之後，金也搬到洛杉磯落地生根，在距離媽媽幾條街外的房子裡安頓下來。過去 15 年來，她、她的兒子和她的媽媽組成了一個緊密的家庭。她的兒子成長得很好，金覺得她獨立生子的決定，對她來說完全正確。

獨立生子是極為重大的決定。並不是所有的外婆或其他親戚都像金的母親這般熱情、有活力，有些人一開始表現得很熱心，但卻不會或無法持續到底。如果你要獨立生子，務必打造一座穩固的「村子」，找到能幫上忙的照顧者和其他形式的支持。你也要知道的是，很多時候，你真的只有自己一個人。請盡你最大的努力針對這一點做準備，但也一定要好好享受為人父母的美好時光。

購買人壽保險 ～～～

無論你是透過什麼方式為人父母，請考慮購買人壽保險。就連認為人壽保險不是特別出色的投資的財務顧問，都會建議新手父母買壽險。[48] 對於多數新手父母來說，定期壽險（term

> life policy）的保費比較便宜，會比終身壽險（permanent life policy）更適合。但如果你有大筆財富，過世時可能要繳交遺產稅，因此你也許會想考慮終身壽險。[49]

運用 5C 架構：成為父母

要不要爲人父母，是另一項非常個人且情感成分深重的選擇，會對愛情、金錢和生活方式造成長期的漣漪效應。選擇生育，爲一個或多個新生命擔起的全部責任，是一項終身的責任，也是深刻且緊密的愛、充實與喜悅的來源，其重要性與選擇伴侶相比，有過之而無不及。無論你感受到家人、朋友和社會對你有哪些期待，你都要知道沒有所謂對的選擇，也沒有生孩子或收養小孩的完美時機或完美人數。利用我們的 5C 架構，你會覺得比較輕鬆，也會比較有信心，做好準備踏上一段必會改變你和你人生的歷程，而且你也會知道，你做出來的決策根據的是**你**真正的目標和渴望。

➡ 第一步：釐清

你爲何想生小孩？爲何不想生小孩？黛西・道琳（Daisy

Dowling）在《職場父母：取得工作成就、忠於自我、養育快樂小孩的完全指南》（*Workparent: The Complete Guide to Succeeding on the Job, Staying True to Yourself, and Raising Happy Kids*）一書中，列出一張和這個主題相關的正面與反面清單。她建議好好讀完這張清單，看看哪些讓你最有共鳴，藉此來釐清你的思路。[50]

　　許多人在決定要不要生、何時生小孩時，會感受到「要或不要」、「快一點或慢一點」之間的兩難拉鋸；在導引之下進行自我反思，可以幫助你化解這些兩難。有一對女同性戀伴侶就去上了一門課，希望能釐清自己的想法。她們知道這會是一趟很漫長的旅程，也會牽涉到人工生殖，而她們希望在真正開始當媽媽之前，盡可能確認愈多事情愈好。經過數個月的課程、進行深度內省之後，兩人都十分肯定自己確實想要一個孩子。即使沒有參加為期三個月的課程，花點時間自省也很值得，而不是跳過這一步或輕忽這件事。本章結尾的練習意在提供協助，你可以在思考過程中的不同時間點進行。

　　請記住，等你至少生了一個以後再決定要生幾個小孩，或許是最好的辦法。除非你在大家庭裡長大，否則你很有可能會低估養一大群小孩需要耗費多少心力。即便你家本來就是大家庭，你甚至也很難精確描繪出自己成為父母之後，要付出多少時間與精力。另一方面，若你已經相對確定想要兩個孩子以上，你可能會想要在 30 出頭到 34、35 歲時就開始嘗試，以免日後遭遇生育上的難題。

➡ 第二步：溝通

　　一旦你大致釐清之後，若你有伴侶，便要和伴侶開誠布公地談談你們各自想要的是什麼。如果沒有伴侶，就和生活中最重要、最可能扮演育兒角色的人談談，就像金和她媽媽。

　　在你和對方都覺得合適的時間（不太累、不太餓、壓力不太大時），騰出專屬時段來進行這類對話。就像我們在本書中討論過的大多數主題一樣，要不要生以及何時生小孩會令人情緒激動。這是一個重大議題，許多伴侶都需要談過幾次才能做出決定。重複回來討論這個主題大有好處，但也有可能使討論陷入無限輪迴。請記住，生育能力會隨著年紀而下滑。等太久，就等於是讓身體幫你做決定，這可能意味著，當你準備好要生小孩時，已經無法自然懷孕，因而必須仰賴成本通常很高、還不保證成功的持續介入性手段。

找到時間和空間搭上線 ～～～～

　　每一對伴侶自會有談論像生孩子這類緊張話題的最佳時間與空間。離開你們平常的環境、一起去做點什麼事，通常是個好主意。這意味著去健行、前往大自然或海邊慢慢散個步，或者進行輕鬆的野餐等類似的活動。不管是哪一種情境，要確保這是你們雙方都同意談話的時機和場合，不會被其他人或科技所干擾。

　　一般來說，最好避開某些時機，例如，當你們出去尋歡作樂的約會夜，就不要對另一方「彈出」這類對話。讓這些時刻成為你們的專屬時光，享受當下，陪伴彼此。

　　即便已經排定對話時間，也要試著盡量不去預期對話將如何發展。最重要的是，這番討論應該讓雙方有機會省思，公開坦誠地分享想法和感覺，即便會讓另一個人失望也沒關係。

➡ 第三步：考量廣泛的選擇

　　有小孩之後，你要怎麼過生活？如果你沒有小孩，又要怎麼過你的人生？假如你決定自己不生，你會不會幫忙扶養外甥姪女或朋友的小孩？若你一直在等著生小孩，後來需要嘗試人工生殖或收養等替代方案，你會願意和醫師討論並進行其他研究，藉此讓自己深入了解這些選項嗎？你有意參加工作坊以學習新技能，並緩解你和伴侶或配偶之間的關係可能出現的負面影響嗎？

➡ 第四步：聯繫

在聯繫的過程中，請尋找不同年齡層中已經決定生小孩（也許包括你的父母），以及決定不生小孩的人。你對哪一種觀點比較有共鳴？假如你面對特殊的挑戰，比如生育問題或伴侶有疾，請和曾經遭遇類似情境的人談談看，以了解他們有沒有克服問題、如何克服。此外，請花時間單獨和小孩相處，你可以嘗試去當保母、自願帶小孩或透過其他管道。但請記住，當你在照顧別人的小孩時，不可能感受到你對自己的小孩的那種愛。

➡ 第五步：探索可能的後果

你認為小孩會對你們的關係造成什麼影響？對於你、你的事業、你的家庭和你的經濟條件會造成什麼影響？生兒育女是人生中少數幾個不能撤銷的選項，所以，請盡你所能，考慮各種後果。研究指出，人最大的遺憾通常是關乎他們**沒做**的事，因此，你心裡那個拉著你往這裡或那裡去的小小聲音，或許會比一開始想的更重要。[51]

第四章的練習題：

你如何決定要不要以及何時要為人父母？

這份練習的用意，是透過你對於不同情境結果的反應來幫助你釐清你的感覺。根據你心裡最先想到的答案，選擇以下任一選項。找一個人一起完成本項練習。如果你有伴侶，你可能會想要和對方一起做，但你可能也會特意改為和朋友一起做。

情境一： **如果你正在決定要不要為人父母。**

假設你已經決定要生小孩。告訴跟你一起做練習的人，你決定要為人父母的所有理由。你為何感到興奮？你為何覺得鬆了一口氣？你有什麼疑慮？當你站到這個立場上時，注意你的身體有什麼感覺。

現在，假設你決定不要生小孩。告訴跟你一起做練習的人，你決定不要為人父母的所有理由。回答上一段的所有問題。

反思一下剛剛的練習。想一想，當你站到不同立場上時，有什麼感覺？哪一種立場對你來說比較自然？問問和你一起做練習的人，哪一種立場聽起來比較像你的真心。

情境二： **如果你已經知道自己想生養小孩，目前正在想何時是為人父母的最佳時機。**

假設你現在正在期待生小孩。你為何感到興奮？你為何覺得鬆了一口氣？你有什麼疑慮？請注意你在這種情境下有何感受。

　　現在，假設你決定至少三年後才生小孩。回答上一段的所有問題。

　　最後，假設你發現你必須要借助重大的醫學干預手段才能生出小孩。分享一些你願意嘗試的替代方案（收養、寄養父母、人工生殖、動手術、不生小孩）。當你考慮每一個替代方案時，注意你的身體有什麼感覺。

　　反思一下剛剛的練習。想一想，當你站到不同立場上時，有什麼感覺？哪一種立場對你來說比較自然？問問和你一起做練習的人，哪一種立場聽起來比較像你的真心。

來協商吧

家務分工和家庭管理

　　路易斯一下班回家，就決定去做一件他和妻子羅莎結縭 20 年來都沒做過的事。他走進她的工作室，她正在忙著畫畫，他說了他從來沒想過自己會說的話。「我很內疚，」他開口說，「我們結婚這麼多年，我從沒幫忙過家務。既然妳現在找到一份工作了，我也想要彌補過去。我從洗衣服開始怎麼樣？」本來預期妻子會感激涕零的路易斯，卻被她的反應嚇了一跳。「喔，不，」羅莎生氣地回答，「你不能從洗衣服開始。洗衣服是技術活。你要知道如何把有顏色的衣服和白色衣服分開，洗衣機要用什麼水溫，什麼可以烘乾、什麼不可以。如果你想幫忙，就從基本的開始。你可以先開始掃廁所！」

　　路易斯和羅莎就像同世代多數傳統婚姻下的夫婦一樣，運作模式的設定是他的任務是要做到事業有成，她的工作則是管理這間房子跟家庭。路易斯從來不做家務，羅莎也從來沒有表示抗議。現在，比較大的孩子已經進大學了，最小的也念高中了，羅莎找到一份教學工作。路易斯希望表達支持，尤其是她這份收入可以幫忙支付學費。但他不想掃廁所，因此，他幾乎是一提出要幫忙的同時就縮手了。

　　路易斯和羅莎聽起來或許很老派，但這種根據性別來管理家務的方法，造成的連漪效應卻歷久不消。近至 2018 年，研究發現女性仍是「第二輪班」的主要負責人，要烹飪、打掃和育兒；就算她們和先生一樣，也在外面工作忙了一整天賺錢，也免不了。[1]

2020 年，各級學校與辦公室因爲新冠肺炎疫情而關閉，照料小孩與安排教育活動的責任，不成比例地落到媽媽頭上，她們只能用完全離開職場或減少工時來因應。[2] 仍須出門上班的必要人員與在家工作的人當中，約有半數都說他們很難結合工作和家庭。身爲人母的必要人員，發現很難履行家庭責任；在家工作的媽媽則發現很難同時照顧小孩並完成工作。[3]

有多少伴侶仍像路易斯和羅莎這樣，仍在拉扯誰在家要做哪些事？當然，任何一對伴侶都可能面對這種問題，但研究指向異性戀伴侶間家務不平衡的情況最爲普遍。

無論是否基於性別，家務分工不均當然不是無法避免的。這是很單純的常識問題，但也是讓人情緒高漲的問題，同居伴侶和已婚夫婦可以用其他方法來因應。

性別規範以及阻力最小的途徑

就算伴侶兩方都很重視平等，仍會驚訝於原來自己對於家務與照料家人等工作，預設了刻板的性別角色，有一對夫妻就有這樣的經驗：

我們剛結婚時，是聯合承擔管理家庭的責任。無論是理財、打掃或居家整修，我們大部分都一起做，但我們其中一人在某個面向會擔任比較多的主導角色。不過,幾乎是孩子一出生,我們就開始分工以解決問題。我們是用非常專業分工的方式來處理。我吸塵洗碗,我太太洗衣服。我們很少交換。我們之間的分工也愈來愈傾向於傳統的性別導向。我(丈夫)負責理財和大部分的居家維修。我認爲這有一部分是生存導向,有一部分也是落入社會規範。

這種安排不必然是負面的,但理解文化影響力在當中發揮了一定的作用,會很有幫助。2021 年 9 月,幽默網站「麥斯維尼網路趨勢」(McSweeney's Internet Tendency)發表了一篇諷刺文,題爲〈這是您府上小孩就讀學校的來電,雖然緊急連絡人登記的是您丈夫,但我們需要您:媽媽〉(This Is Your Kid's School and Even Though the Emergency Contact Form Lists Your Husband, We Need You, the Mom)。[4] 這篇評論巧妙地凸顯了育兒工作的負擔如何時不時落在母親的肩上,很快就吸引了心有戚戚焉的女性關注。

艾比和羅斯剛成爲新手父母時,他們決定由羅斯負責安排小孩看小兒科醫生和牙醫。他們將羅斯列爲主要聯絡人,以爲這樣就行了,尤其是在像舊金山如此進步的城市。然而,小兒科診所和牙醫診所一次又一次打電話給艾比進行約診,而不是羅斯。她不斷請對方聯繫羅斯,但他們依然故我,總是找她。這種事極爲常見,只不過是傳統性別角色深入文化當中的諸多例子之一。

　　伴侶在家務上經常訴諸性別規範的另一個原因，是有一方堅持要鉅細靡遺地管控另一方如何完成家務，一位男士就發現了這種情況：

　　上完史卓柏教授的課、讀完《達成一半一半》（*Getting to 50/50*）這本書之後，我就非常想要將每件工作都分成一半一半。然而，我的妻子自然而然會想要負責更多事。因為我們「自然而然」選擇了傳統的男性與女性角色，很遺憾地，落在她身上的工作比分給我的多。我們來來回回試過不同的方法，最後妥協出來的模式是，我們各自去做比較想做或做得比較好的事（例如我負責洗碗和報稅，她管理家務外包事宜和社交行事曆）。整體算下來，她還是比我多做很多事（或許是六比四？），尤其是要費心思的工作（也有人稱之為「心智負擔」）；我們正試著扭轉這一點。我們在家事分工上還有另一個重要因素：我的妻子賺的錢通常比我多很多。

　　有意思的是，賺的錢比伴侶更多的女性，**更有可能**負擔大部分的家務與育兒工作。1980 年代，亞莉・霍希爾德（Arlie Hochschild）與許多伴侶進行訪談，發現妻子之所以承擔較多的家務與育兒負擔，是因為她們認為丈夫會因為她們的事業或薪水（或兩者）而感到備受威脅。[5] 霍希爾德也發現，有些時候，妻子會感激丈夫「容許」她去外面工作，因此，她便以容許他少做家務當作回報。霍希爾德稱之爲「感恩經濟學」（economy of gratitude）。[6]

　　同樣的，就算時間與文化浪潮不斷變化，這樣的動態仍大致不動如山。2019 年《大西洋》月刊登了一篇文章，作者是於 2020 年寫出《緊張時刻》（*Crunch Time*）的作者艾莉雅・哈米德・拉奧（Aliya Hamid Rao），她在文中提到，在中上階層的異性戀家庭中，「愈是在經濟上仰賴妻子的男性，他們分擔的家務就愈少」，而且，「即便丈夫無業，妻子花在家務上的時間還是比配偶多出很多。」[7]在充滿壓力的情境下，比如丈夫失業，妻子可能尤其不願意提起會引發爭議的話題，例如討論分擔家務。

　　如果你們要以非傳統的方式分工，請記住，在比較固守傳統的人眼中，你們的安排看來可能非常奇特，甚至讓人困惑，有一位女士和她的丈夫就有這樣的經驗：

　　我在美國中西部長大，那裡的人們一般都認爲丈夫要負責賺麵包，妻子持家。大學畢業之後，我和當時還是男朋友的老公一起搬到加州，他去念研究所，我則進企業工作。結果變成了我在工作，但他沒有。我們之間的情況早就很明顯，我要打拚出一份事業，而他負責持家。

　　我對家務還是有一些貢獻，比如洗衣服和收拾家裡，而他也有在做一份簡單的工作……但整個情況和我一開始想的大不相同。我認為這是因為我根本沒去想……我以前只會看大家都怎麼做，而不是我可以怎麼做。我不敢想像我自己和我未來的家庭要怎麼過不一樣的生活。

然而，事實上，我煮的飯很難吃，我討厭文書工作，也不愛當老師，但這些都是他的長處。由於我們敢於逆轉異性戀伴侶的傳統角色，擁抱真誠充實的生活，這種分工也讓大家都過得比較好（開心一點、健康一點，也穩定一點）。

這讓某些人嚇一跳，尤其是我在印第安納州的親戚，他們沒辦法揣想一個男人不想「養家」是怎麼一回事。但在我們家，養家的意思也代表要弄乾淨每一個人、餵飽每一張嘴和每一次該看醫生就要帶去看。

請記住，你的人生不是由親戚、朋友、鄰居和同事幫你活的。重點是，你和伴侶要滿意你們做的安排。

一個實際又關鍵的議題

1970 年有一篇重要文章〈家務政治學〉（The Politics of Housework），作者派特・麥納蒂（Pat Mainardi）在文中強調，家務看來是一個微不足道的主題，但事實上卻有很深重的心理、政治和經濟意義。發表這篇文章之後又過了很多年，才終於出現許多不同的聲音也呼應這樣的觀點。妻子講出她們的故事，訴說她們要怎麼做，才能讓先生分擔該分擔的工作。有些人則寫文章、發推文和畫漫畫，描寫管理家庭所產生的「心智負擔」和「情緒勞動」；學者更強調了一肩挑起主要家務重擔對於女性的事業的不利影響。

家務很重要、做不完、不受重視、隱而不見，而且通常很無聊。在伴侶之間，家務分工的滿意度通常導向關係的滿意度，還能助長幸福感。[8] 另一方面，若對分工感到不滿，會引發怒氣和憤恨，假如任其滋長，可能會慢慢侵蝕關係，或於突然之間大爆發；路易斯和羅莎的情況就是如此。

你們的金錢預算可以反映出兩人的優先順序，同樣的，你們如何分攤家務也可以反映出兩人的價值觀、關係，以及你們如何看待另一半。說到底，如果伴侶在打掃你們兩人天天使用的廁所時，你通常都在看比賽，那代表你比較重視誰的時間？你自己的還是伴侶的？誰的生活品質對你來說比較重要？你自己的還是伴侶的？在《公平遊戲》（Fair Play）這本書裡，作者伊芙・羅德斯基（Eve Rodsky）探討了伴侶（或同居人、室友）之間如何因為「男人的時間有限，女人的時間無限」這種想法而引發積怨。[9]

研究也支持她的主張。研究發現，同性伴侶的家務分工比異性伴侶更公平。近期一項涵蓋七國的研究也指出，女女伴侶的分工會比男男伴侶更公平；而在性別比較平等的國家，如挪威，男性與女性同性伴侶之間的家務分工差異也比較小。[10]

訴諸以性別爲基礎的家務分工，由女性負擔大部分的工作，有時候會讓人覺得是阻力最小的方法，但這會引發可怕的長期風險。除了可能讓兩人的關係劍拔弩張之外，一直肩負較沉重家務負擔的女性也很有可能過勞，導致壓力相關的健康問題。爲了避免日後面臨更大的挑戰，重點是要及早啟動家務分工的相關對話，即便一開始也許會造成一些摩擦。

美國勞動統計局（US Bureau of Labor Statistics）將家務分成七類：備餐和打掃；清理室內；洗衣；管理家庭；除草與照料庭院；居家室內保養、維修和裝潢；居家室外保養、維修和裝潢。2019 年，女性擔負這七類工作的平均工時是每天 2.16 小時，男性花的時間僅有約三分之二，平均一天爲 1.39 小時。[11] 在新冠疫情爆發之前的五年期間，育有 13 歲以下小孩的職業婦女花在有薪工作上的時間，雖然比父親少了 25%，但花在家務與直接育兒上的時間，約爲育有幼兒父親的兩倍。[12]

疫情凸顯了管理家務會涉及多少工作。一位受訪者就注意到，由於不再出差與外食，「持續不斷的煮食與清理工作讓我們明白一件事，那就是家裡居然有這麼多事要做。」這可能是一線曙光，因爲當愈來愈多人看到這一點，也就相當於開啟了一道門，讓更多人重視家務並帶動更多針對家務分配的溝通。那些有著年紀較大的小孩、較爲積極進取的父母，甚至將這樣的現實變成一種教育機會。

　　當打掃人員再也無法過來打掃房子，我和先生就決定由我們大家來打掃。我先生比我還會打掃，因此我請他提出一套規劃，說明有哪些工作要做，然後我再將工作分配給家裡的四個人（包括兩個 14 歲的孩子）。最讓我訝異的是，每個人都很願意出一分力，接受現在的新慣例。我的孩子通常會推諉新增的家務工作，但這次他們都接受了我們的要求，每週打掃他們負責的區域，不多話也不抱怨。

　　當然，這個故事之所以值得一提，是因爲這是個例外──在分配多出來的家事負擔時，並不是每一次都會這麼順利。

情境認知

　　麥拉在早年的課程中發現，許多學生不太知道需要做多少事才能經營與維持一個家庭。在這些學生成長的過程中，他們的母親是在無形之中打理家務，也因此，有豐富家務經驗的學生少之又少。於是，麥拉提出一套角色扮演練習，讓學生感受看看重要的家務有多少，也讓一些人體驗如何和伴侶協商；她很高興地發現，許多學生認爲這項活動堪稱寓教於樂。本章結尾有一個角色扮演的版本，我們建議你以之作為起點。

　　羅德斯基在《公平遊戲》裡提出了一套一百張的卡片，每一張都列出經常要做的日常家務，比如洗碗，或是其他比較不常需要做的工作，例如規劃假期。在演練的第一步，羅德斯基鼓勵伴侶先判斷自家重視的工作是哪些。伴侶應該放棄他們不重視的卡片（寫感謝便條或替小孩報名課外活動），然後拿剩下的卡片來「協商」，直到大家都覺得公平分配為止。[13] 你可以在這本書的網站上買一套卡片，也可以自己做一套。

　　不過，在你和伴侶討論這個主題之前，請先花點時間想一想你自己的情況。關於家庭分工，你和伴侶可能已經將哪些因素（可以從你的原生家庭、你的文化和你的社經階級來看）內化成自己的一部分了？有一位女士就提到：「來自拉丁裔的傳統家庭會造成很大的影響。從小到大，你看著媽媽一個人做所有事，沒有人多說一句，而這會變成你的潛意識。」她的配偶來自於不同的國家，在他成長的文化中，慣例是將多數家務外包出去；她才發現自己所處的情境和她從小看到大的女性不太相同，但又有點相似。「他習慣不同的生活方式，家裡至少雇用了五個人：司機、園丁、保母、管家和廚師。並不是他不幫忙，而是他根本沒想過自己該幫忙。」找出這些背後的意識或潛意識的影響因素，有助於創造出互相理解的共通基礎。

要誠實：坦誠面對自我

　　家務是一個很有趣的主題，因為有時候會讓人覺得這是一項禁忌。畢竟，我們都是大人了，對吧？為了誰該清地板、誰該買牙膏而吵架，聽起來很瑣碎，也很幼稚。因此，即便是面對自己，許多人也難以承認自己會因為如何、何時以及由何人來做家務而感到非常生氣、忿恨或覺得受夠了。當你對家人朋友坦白你在這個議題上有著滿滿的情緒，若他們認為「這有什麼大不了？」，因而不當一回事，可能會讓你覺得尷尬或心生不滿。假如這些情緒沒有健康的發洩出口，人們可能會默默放在心裡煎熬，直到有一天爆發，就像羅莎一樣，之前壓下去的情緒，忽然之間就炸了開來。更不用說，落入這種模式對於你、你的伴侶和你們的關係無益。

　　如果你對於家中分攤家務的方式感到忿忿不平，請停下來，注意你真正的感受是什麼：不僅要思考家務本身，也要看看目前的分工模式。你有感受到伴侶對你的重視嗎？你是否覺得你的時間和伴侶的時間一樣寶貴？你的伴侶如何回應這些問題？假如目前的分工不公，關係中有沒有其他部分也同樣失衡，還是問題僅限於家務？要如何改變，才有助於你們營造出兩人都覺得受到重視的平等夥伴關係？

　　考慮這些議題時，請記住，過去的經驗可能會影響你在這個主題上感受到的情緒。如果你看著自己的母親一個人忙得團團轉，周而復始，日復一日，那麼當你的伴侶忘了做什麼事時，你可能在潛意識中就會怪罪於他。反之，若在你的成長過程中沒有人要求你做太多，你或許會覺得做家事有失體面，甚至認爲將家務放在一旁、把時間花在做其他看來更重要的事情，是合情合理之舉。無論你的處境是什麼，請誠實面對這個主題在你身上喚醒的情緒以及情緒的強度，然後花點時間釋放這些情緒，理想上來說，在和伴侶討論之前就要先放下。

你們是在談判，還是在討論？

　　有些伴侶不喜歡將兩人之間的討論稱為談判，他們說：「我會和主管談判，但我和伴侶是討論。」你高興怎麼稱呼這類對話就怎麼稱呼，現實情況是，你和伴侶需要做出很多決策，才能決定誰該做什麼事，並想辦法化解你們之間的歧見。

如何分工

　　分工的方法有很多種。首先，決定是要**由上而下**，還是要**由下而上**。如果是由上而下法，你們首先要達成協議的是整體家務分工的比例（一半一半，還是八二分？），然後才是劃分個別工作。如果是由下而上法，就是先分配工作，然後看看這

樣得出的分配結果適不適合。不管是哪一種方法，都要回答三
個問題：

1. 有哪些工作要做？每一項工作要由誰做？
2. 整體的分工比例是否符合你們想要經營的關係？
3. 你們雙方認為整體的分工公平嗎？

當你開始啟動這個流程，先不要假設你要找的是永久解決
方案。劃分與管理家務是持續性的行為，隨著你們重新定義公
平、隨著你們的工作和家庭變動、隨著生活中發生大大小小的
事件，你們可能會重新定義重大決策不下百次，有一對伴侶便
有這樣的體驗：

我（生完小孩）回去工作後，我們每年都列出一張我們要
一起做的工作清單，從烹飪、打掃、洗衣等例行公事，到居家
維護或保養汽車等持續性工作，再到一次性的任務與情緒勞動
工作，像是記住與準備節慶和家庭活動，接著再把工作分配給
彼此。隨著我懷孕和餵哺兩個孩子，我們會隨時調整兩個人的
工作。在育兒工作緊鑼密鼓的時期，我先生會承擔遠高於一半
的家務。

以第一輪來說，要聚焦於針對最初的分配達成協議，然後

試行。請記住，不管你們要努力經營的是什麼樣的關係，分配家務都是不可逃避的實務面向。如果你們希望的關係是兩方都以事業爲依歸，那麼家中的勞務分配必須要能促成這一點。倘若你們想要的是平等擔負育兒任務的關係，而你們有一方要經常出差，那你們在劃分育兒任務時就必須有點創意（愈來愈多工作可以在任何地方從線上操作，例如，任何人都可以在早上九點整時登入網站，替小孩報名夏令營）。

最容易的分工方法，是告訴伴侶你喜歡做什麼事，並聽取對方的偏好。有一對伴侶就說，他們分工的原則採行「蒙特梭利風格，觀察對方在管理家庭這方面展現的傾向是什麼。」舉例來說，假如你們兩人都喜歡煮飯，就可以輪流煮。然而，若有一項工作是你們兩人都不想做，或是一個人說自己想煮飯、但另一方對其煮出來的食物卻不敢恭維，那該怎麼辦？本章稍後會討論到，外包與請小孩幫忙家務是可行的選項，但現在讓我們先這樣想：想辦法改善一方的烹飪技巧（或其他技巧），或者就直接接受伴侶準備的食物；這就是你和某個人共度人生必須持續經歷的部分。

在此同時，我們也要明白一件事，那就是大分類可能會造成誤導。比方說，「備餐」這個類別裡至少就包括三項個別任務：思考要煮什麼、採購和烹飪。每一項都各異其趣，有各自必須具備的技能組合，也都可以再細分或搭配其他相關工作，比如清洗。烹飪包括烹煮每日餐點、週末餐點、假日餐點、烘焙，諸如此類，每一項都可以用日、週、月或季來劃分（例如「暑假時我負責週末的餐點，那時我可以使用戶外燒烤，但我們輪流做小孩上學時帶的便當」）。其他每一項工作都能用類似方法再細分，比方說，協助小孩做功課時，可以根據科目訂比例，不喜歡數學的那一方就不要負責檢查數學作業。

在《公平遊戲》一書中，羅德斯基指出多數的工作都有三個要項：**概念認知、規劃和執行**。當這些要項彼此脫鉤，而且在分配工作時沒有考慮到脈絡，就會出問題。艾比的弟媳曾經請先生買食譜上要用的蝦子，而他從店裡買回來的是開胃菜的鮮蝦雞尾酒拼盤（shrimp cocktail），這對他來講很合理，因為他只買過這種蝦，但她沒辦法用來煮鮮蝦義大利麵。羅德斯基建議，可行的話，把同一項工作的概念認知、規劃和執行部分都綁在一起，以避免鬧出這類大笑話。

另外，還有第四個要項：**決策**。決策可以很簡單，就看伴侶及其特質傾向而定，有一位受訪者說：「我不喜歡為了流程而對話，因此，當我負責某件事，這表示我可以全權做決定並執行決策，不需要任何參考意見。」某些類別的工作可以這樣做，比如簽學校表單，但是有些工作，像是紀律獎懲和螢幕設備使用時間限制，即便實際上是由某一方負責，但也可能需要在做出決定之前經常討論並達成協議。

不只是誰做什麼，還有怎麼做與何時做

　　分配工作時，對於何時與如何做家務，要釐清你們是否有任何較強烈的偏好。舉例來說：「我喜歡在用完餐後馬上把碗盤放進洗碗機裡清洗。我進廚房時若看到滿滿一水槽的髒碗盤，我會被逼瘋。輪到你洗碗的晚上，你可以在餐後馬上洗碗嗎？」

　　請注意，這種偏好說明要以「我」作為開頭：「我喜歡……」因為這句話的意思並不是指「洗碗只有這種方法，請用這種方式洗碗」。雪倫・米爾絲（Sharon Meers）和喬安娜・史卓柏（Joanna Strober；她是麥拉的兒媳）在她們合寫的《達成一半一半》裡提到，和伴侶討論家務分工時要直接，但不可以下指令。[14] 你不需要說其他做法是錯誤的，只需要表達你個人並不喜歡這種做法。講話的方式（在這方面與其他面向）和你說的內容一樣重要，甚至有過之而無不及。沒有人會喜歡被人頤指氣使或是被無窮無盡地挑剔。

　　順利分工、摩擦最少、不討價還價的伴侶，多半認同不在其位的一方不應該大大小小都要管另一方怎麼做事。但是，通常要經過多番討論與至少一定程度的嘗試錯誤，這條規則才能真正發揮用處。舉例來說，對家務標準比較高的人會多做一點，另一方就負責載小孩去參加活動和趕赴相關聚會。或者，看不到麵包屑的人需要有人幫忙多指幾遍，他們才會開始看

到。在《公平遊戲》中，羅德斯基認爲雙方對於每一項工作的
「最低努力標準」達成協議是至關重要的。同意負責的人要在
下一頓飯之前將洗碗機清空，碗盤才不會一直堆在水槽裡，這
是避免後續爭論的好方法。有時候，降低最低努力標準的門檻
也會有幫助。艾比還記得，當她的朋友聽到小兒科醫師說自家
幼兒不用天天洗澡，一星期兩次就夠了，這位朋友可是大大鬆
了一口氣。

　　說到底，重點就是自在地接受伴侶做家務的方法。如果對
方負責採購，而你不喜歡他買回來的東西，你可以考慮週末時
去你最喜歡的市場買你想要的東西，而不是批評伴侶的選擇。

檢視你們的分工

　　許多伴侶每一季或至少每半年會檢視與修正家務分工。
有些人之所以進行檢視，是因爲原本的分配行不通。比方說，
你們當中可能會有一方覺得和孩子的醫師討論時被排除在外，
而且又是很嚴重的健康問題時，更會覺得不是滋味。有些時
候，你可能已經不想負責某項工作，想要休息一下；艾比監督
孩子撰寫感謝便條多年之後，就有這種感覺。人生的變化也會
促使你重新檢視分工，例如當孩子經歷困境、你們當中有人換
工作，或是爲了朋友家人而接下更多責任。在重新協商的過程

中，請記得要有彈性。你們之前的分配並非神聖不可侵犯的，此外，你可能也需要伴侶有彈性，才能進行下一回合。

艾比和羅斯定期使用一張他們在網站上找到的查核表來檢視分工，上面列出了大約 50 項工作。他們以 1 分到 5 分為標準，各自評估自己對各項家務的滿意度，然後比較雙方的列表。1 分代表：「我們討論過這個問題，也針對應該由誰做這件事，達成了令人安心的決定。」2 分代表：「我們已經將之變成例行公事，而我可以接受。」3 分代表：「我們已經將之變成例行公事，但我不能接受。」4 分代表：「我們正在想辦法解決這件事。」5 分代表：「我們正在為了這個問題爭吵。」列表的明確指向，有助於伴侶檢視自己各有多少 3 分、4 分與 5 分，並試著透過對話來改變。[15] 艾比和羅斯向來會清楚告知對方自己的喜好，並做出改變以因應認知上的失衡，多年下來，他們的總分不斷下降（代表滿意度變高）。

如果要的話，你應該把多少家務外包？

有些伴侶有能力負擔，便會把某些家務外包，比如清潔室內、除草與其他家務。請別人來做這些家事的成本差異很大，取決於你居住在哪裡。[16] 純就經濟觀點來看，如果你負擔得起，就可以聘請清潔人員、園藝人員或類似的人員來幫忙；你知道你不必把時間花在這些家務上，而是拿來賺錢。倘若你把空出來的時間用來從事休閒娛樂活動，或是和朋友家人聚聚，基本上，這代表你決定了你的生活品質和幸福比外包成本更重要。

這聽起來很直截了當，但我們在前幾章也看過，如果牽涉到愛，看似與錢有關係的決策也會變得很複雜。麥拉的課堂邀請過一位客座講師來演講，她會在星期六早上請孩子一起打掃房子。她和丈夫對於這些打掃活動所傳承下來的價值觀和技能感到很自豪。「我不希望孩子在擁有第一間房子之後，卻不懂打掃廁所或清理窗戶的基本功。如果發生這種事，我會認為是我沒教好他們。」

與家庭相關的研究也支持此一觀點。人類學家溫蒂·克萊（Wendy Klein）和瑪喬莉·哈內斯·古德溫（Marjorie Harness Goodwin）針對要求小孩做家務的價值進行研究，她們在摘要中寫道「持續努力讓小孩參與家務，對於他們的生活技能、獨立性和責任感發展而言，非常重要。」[17]

麥拉很早就開始要孩子做家務，冰箱上也會貼著家務表，小孩做完之後就可以劃掉。她有一個朋友看到這張表，就問如果小孩不做家務會怎麼樣。麥拉開玩笑說：「不做家務，沒有食物。」她的孩子們大笑，但他們確實都有做。

成人伴侶必須清楚知道要做哪些家務，以及何時、如何去做，這很重要；分配小孩做家務時，讓每個人都知道自己要做

什麼、何時要做與該如何做，也同樣重要。麥拉冰箱上的家務
表能夠順利發揮功能，是因爲上頭非常明確地列出工作項目和
時間點，小孩可以輕鬆地看懂要做什麼。他們也喜歡每天都能
劃掉某些工作項目的感覺。「怎麼做」是家務中比較困難的部
分，通常需要教好幾次，而且計畫不見得能順利運作。然而，
一旦順利成功，也沒有人多說什麼、沒有人爭執，這件事本身
就是一大勝利。

外包時的倫理

　　每一年，麥拉班上總有一兩位學生強烈反對付錢請人打
掃家裡或做其他家務，他們主張這就是一種壓迫。但其他人也
同樣強烈主張，如果你支付適當的薪資、公平尊重地對待外包
人員，那麼將打掃和其他家務外包沒有任何問題。假如你有小
孩，你會希望（透過適合他們年齡的方式）幫助小孩理解，爲
何有這麼多從事打掃工作的人都是有色人種。

　　比起將打掃工作外包，更常見的是把煮飯工作外包：叫外
送，或去餐廳外食。[18]《華盛頓郵報》有一篇文章〈自家烹調
餐點逐漸消失〉（The Slow Death of the Home-Cooked Meal）報
導，2014年時，在家吃的餐點當中，實際上不到60％是眞正
在家裡煮的；許多人都很擔心吃進非自家準備的餐點會造成健

康方面的問題，尤其是速食。[19]

　　烹飪是一種須傳授給小孩的重要技能。如果平日的時間很趕，可以考慮週末時和小孩一起下廚。若你自己也沒有廚藝，就試著跟小孩一起學幾道菜。全家人一起學習烹飪，是令人享受、心滿意足的事。

使用 5C 架構：家務與照護分工

　　當你透過這套架構做家務分工時，請記住，每次新的協議基本上都是暫時的，會隨著生活不同面向的高低起伏而變化。同樣也要記住的是，儘管這個主題很乏味，但也不用一直覺得很嚴肅。當關係中的雙方都覺得受到重視，就有可能讓心情放輕鬆。我們認識一位痛恨替先生的白襪子配對的太太，她之所以那麼討厭這件工作，有一部分理由就像她自己說的：「他有一百萬雙白襪！」她不只一次為了不想再替襪子配對而生氣，於是改成舉辦一場襪子殊死戰。這或許不是有效率地完成任務的方法，卻可以替原先枯燥乏味的任務增添一點笑鬧和樂趣。

➡ 第一步：釐清

　　在討論和分配工作之前，先花點時間釐清你們覺得哪些工作很重要，以及如何分配才公平，以減少對於你們的關係、生活與行程所造成的干擾。一旦你們做到一定程度的釐清，就可以繼續往前進。

➡️ 第二步：溝通

再次強調，在啟動討論之前，先想一下要如何進行對話。有時候，解釋你為何想要討論（或是想要再度討論）這個議題，可能會很有幫助。當路易斯走進羅莎的工作室提議分擔家務時，羅莎完全不知道路易斯和同事麥拉談過幾次，而他思考這件事情已經有一段時間了。假如羅莎理解他們**為何會在現在**開始對話，他們針對該主題進行的第一次對話，結果或許會好一點。

有些人想要用事先預約的方式來討論：「最近感覺又更忙了。我們要不要找個時間來討論一下如何分工？」可以的話，找一個時間，讓你和伴侶都覺得準備好要投入專注的討論。尼爾‧哈勒維（Nir Halevy）所做的研究則建議，在可能發生衝突的情境中，最好以電子郵件開始溝通。用電子郵件和配偶或伴侶討論私人問題，聽起來或許很奇怪，但這會讓你們雙方都有時間仔細思考自己講的話與做出的回應，再按下「傳送」。[20]

說了這麼多，重點是，安排時間和伴侶或配偶討論家務時，請不要搞得太嚴厲或是像在交易一樣，反之，請努力營造有愛且輕鬆的氣氛（就算你們兩個觀點不同），試著達成一種成果，以強化你們理解彼此觀點的能力。這樣一來，不論結果如何，你們之間的夥伴關係都會更加強韌。

　　理想上來說，你們應該冷靜地進行對話，因為只要雙方都不覺得沮喪、疲倦、飢餓或分心，通常就比較容易直話直說。如果有一方覺得沮喪，請避免攻擊對方。[21] 就像所有艱難的對話一樣，請以「我」作為開頭：「我覺得很沮喪，因為每一頓飯都要我煮。」然後提出解決方案：「如果我們可以更平均地分配煮飯的工作，我會很感激。」

　　長期下來，你們其中一人、甚至雙方都可能對於整體分工感到不滿，你們也許必須花個一週左右的時間，以書面來追蹤誰做了什麼事。研究顯示，人們通常會記得自己做了什麼，並忽略伴侶做了什麼。如果你覺得你「全包了」，而你的伴侶「什麼都沒做」，就需要更多溝通。你的伴侶是真的懶散，還是有其他事情讓你承受不住，但完全和家務無關？或者，你們的整體工作分配需要重新協商？當然，當生活出現一些基本面的變化時，重新協商是好事，免得像以下這位受訪者產生了一些不好的感受：

　　搬去和伴侶同住之前，我們開誠布公地談過家務分工，其中一項是洗衣。他問我會不會幫他洗衣服，我直接拒絕了。

事情後來進展得很順利；有時候我們輪流洗碗（但我認為比較常是我洗），他去倒垃圾；因為我們負擔得起，於是雇用一位管家幫我們維持居家生活的其他面向。但我必須說，生了小孩之後，我認為我要擔負更多打理家務的責任。我們還是各自洗各自的衣服，但現在我也要洗小孩的衣服。而且要洗的碗更多了，還要收玩具。我覺得有更多工作都落在我肩上。

　　為了因應家務與育兒分工經常且必然的變化，有些伴侶，如艾比和羅斯，每個週末會一起檢視他們接下來的行事曆，這讓他們可以預測下一週可能會有哪些難關。也有些伴侶喜歡每天下午互相傳訊息，談一談要如何因應手邊的事。《紐約時報》報導過一個使用這種方法的家庭，「順帶」做出家務決策。[22] 當他們意識到這種隨意的方法對他們的關係造成壓力之後，便採用辦公室管理工具，有助於規範他們的互動方式和決策；其中一些工具，如星期天「週會」、週間「傾倒想法」和一些電腦平台，則幫助他們記錄與追蹤。無論你從企業界借用了哪些策略，請記住，劃分並完成育兒與家務工作，是為了要營造相親相愛、運作順暢的家庭與居家生活。要達到這項目標，重點是在對話中灌注相互的理解和欣賞。

➡ 第三步：考量廣泛的選擇

完成初步討論、決定整體的家務分配之後，接著試行計畫一到兩週，之後你們可能會想要精修你們的安排。你們兩人對於整體的分配感到滿意嗎？你對於你要負責的部分感到滿意嗎？你對於伴侶的貢獻感到滿意嗎？

幾乎不可能讓每一件事都如你所願。可以肯定的是，這需要不斷討論並調整。

初始對話的用意是決定你們各自要做**什麼**，但很有可能會在**何時做**與**如何做**這兩個面向上出現僵局。負責清理浴室的人或許覺得一個月刷一次就夠了，但另一方卻認為應該更經常且密集地刷洗。又或者，不負責吸塵的人被餐桌下散落滿地的麵包屑弄得很沮喪，但伴侶卻根本沒看見。這些波瀾都可以撫平。有些工作需要再細分（例如煮飯可以分為規劃餐點、採買雜貨與烹調），有些則要重新分配。家務分工有很多種不同方法，請用開闊的心胸來看待，以新方法解決老問題。

➡ 第四步：聯繫

如同其他涉及愛情與金錢的議題一樣，聯繫朋友同事談談家務與家庭責任分工，也很有幫助。他們是如何決定誰做什麼事？他們滿意他們的決定嗎？當情況不順利時，他們如何重新協商？他們有了小孩之後，情況有何變化？你可以從他們的經驗中學到什麼？艾比在小組聚會中聽過一對伴侶談完他們的年度回顧流程之後，她和羅斯也執行了年度查核，與以下這位受訪者描述的十分類似：

剛結婚時，我們設立了一套流程來評估決策與暢談重要議題。我們每年會有一兩次靜修，我們會在靜修期間討論：

自上一次審視以來，發生了哪些變化？

以我們目前的生活而言，有哪些事是對的？

我們的共同目標是什麼？

有哪些事該列入我們的禁忌清單？

我們把哪些新的事情做得很好？

我們也要查核目標、婚姻、小孩、法律事務（遺囑、監護）、居家管理，以及財務。

特地前往舒服怡然的地方共度美好時光（遠離日常的洗衣洗碗工作），可以幫助伴侶在更深刻的層次重新搭上線。這段離家的時光，能讓你們聚焦於享受彼此的陪伴，提醒你們兩人一開始為何會在一起，以及如何在制式成分少一點、親密程度高一點的狀況下與彼此相處。當中的祕訣是，返家之後，面對日常困境時，請想起你們那時候湧出的正面感受。

➡ 第五步：探索可能的後果

　　現代育有小孩的家庭必須把自己當成小企業一樣「經營」，這樣的概念愈來愈流行。我們在第三章引用了蘿蕊‧葛利布的想法，她說結婚生子就像是經營一家「很小、很庸俗、通常還很無趣的非營利事業。」有這種想法的不只她一人；艾蜜莉‧奧斯特（Emily Oster）寫過一本幼兒教養書，英文書名正是《家庭公司》（*The Family Firm*）＊。

　　即便管理家庭生活和管理小型企業再怎麼相像，你的家終究不是企業，效率也不是你要達成的主要目標。愛、連結、充實、教育、享受、沒有刻意安排的時光，以及其他事等等，對於為你自己和家人創造令人滿足的生活來說，非常重要。有些人為求創造充實、有意義的家庭生活，甚至可能需要有意地放棄在學校或職場上的有效行事方法。

　　以帶著六歲的孩子一起煮飯為例。如果你主要在意的是省時、有效率，你就不會帶著六歲的小孩一起煮飯。和小孩一起烹飪，時間要拉長，要做的清理工作也會倍增，而且得到的結果可能是品質不佳的餐食。但這不是重點。你和小孩一起煮

＊　編注：繁體中文版書名為《機智教養生活：經濟學教授媽媽教你做出最佳教養決策》。

飯，兩人共同度過了優質的親子時光，也但願你教會了他某些技能。

在討論如何分擔家計與照料家人的責任時，也要想到這些警語。不管你們用什麼方法進行分配，永遠會有需要面對的**後果**。短期來說，高薪的人負責賺錢，比較有烹飪經驗的人負責備餐，可能是效率最高的方法。然而，有時候，短期的效率長期下來可能會導致不滿，傷害到關係的本意；關係，本是為了讓雙方獲益。當你在協調（或重新協調）家庭勞務分工時，請考慮到這些可能的後果。

家務分工議題極具挑戰性，但要知道，分工是可以改變的。路易斯和羅莎經歷過最初的緊張對話，提出他想幫忙洗衣服之後，便善用麥拉提供的練習題來分工，以打破僵局。這打開了路易斯的眼界，他非常訝異地發現，即便小孩已經長大了，家裡還是有這麼多工作要做。家務對話接著引發的就是和金錢有關的對話。他們發現可以利用羅莎一部分的薪水來打掃家裡，於是把清潔的工作外包。羅莎後來也教路易斯如何洗衣服，路易斯也慢慢開始培養出烹飪技能。令他非常意外（也讓羅莎很開心）的是，現在他一個星期可以煮好幾頓晚餐了。

第五章的練習題：

如何分擔家務和家庭管理的工作？

　接下來的練習將會幫助你釐清你想要什麼並檢視你有哪些選擇，你可以用兩種方法來完成（如果你要和伴侶一起做，這也是一種溝通方式）。

方法一：　如果你有伴侶、小孩或兩者皆有，你們可以討論目前誰負責以下各項家務，以及與小孩有關的工作（如果你選擇「外包」，一定要註明是誰負責督導）。務必確保你們不僅談過如何劃分工作，也談過你們對於這樣的安排是否滿意。如果失衡，導致一方或兩方都不滿意，你們要如何重新分配工作以因應這種情況？

方法二：　如果你沒有伴侶或小孩，可以與朋友或室友討論這份練習題，或是獨立完成，當作一次理論上的演練。若是後者，就思考你希望如何和伴侶分工，以確保你們可以接受分工的安排。

家務項目	你	伴侶	外包（你或伴侶負責督導）
採買食物			

烹飪			
餐後清理			
洗衣			
打掃（吸塵、清理浴室）			
園藝			
居家維修			
理財			
管理社交行事曆			
跑腿（送乾洗衣物、去藥房）			
汽車保養維修			
支付帳單			
管理協助維持家居的生活人員（清潔人員等）			
整體			

與小孩有關的工作	你	伴侶	外包（你或伴侶負責督導）
小孩的飲食			
帶小孩去公園、一起玩耍			
開車接送			
看醫生			
生病時的照護			
親師會談			

協助做功課			
採買衣服玩具			
協調玩樂約會／社交活動			
管理小孩的照護			
整體			

當你完成練習後，要考慮以下問題：

收入是否對於家務的劃分造成影響？影響幅度多大？

_____

對你來說，伴侶做了多少比例的家務會讓你覺得可接受、不至於忿忿不平？

_____

你希望多常重新審視分工清單，以確定你可以接受你們的工作分配？

_____

沒有地方比得上家

決定居住地點和搬家時間

美國作家安妮・迪拉德（Annie Dillard）提醒我們，一個
人如何花時間度過每一天，就代表了如何度過人生。要在**哪裡**
過日子，某種程度上也是在追問我們要如何過人生。居住地點
對很多人來說都是重大的問題，尤其是現在我們面對不斷演變
的疫情和疫情對文化造成的衝擊，需要從個人和整體的角度來
重新評估人生的優先要務。以接受我們調查的受訪者來說，決
定居住地點和搬家時間的主題，比任何其他主題都更能讓他們
滔滔不絕。

居住地點會受到許多其他選擇所影響：經濟上的選擇、人
的選擇、生活方式的選擇，以及實際面的選擇。我們要在居住
成本上花多少錢？我們要和哪些人經常見面？我們要花多少時
間通勤？我們要讓小孩讀多好的學校？住家附近環境要多適合
步行？這些問題的答案會形塑我們的生活方式、生活品質與社
交互動。和本書中討論的其他問題不同的是，居住地點是我們
在人生不同階段需要多次面對的問題。本章將檢視如何決定要
住在哪裡、要選擇哪一種住宅，以及何時要搬家。

要住在哪裡：愛情與金錢都有其扮演的角色

皮尤研究中心（Pew Research Center）在疫情爆發前做了

一項調查，指出搬家的第一個原因是工作或事業機會，緊接在後的則是教育機會。[1]事實上，比起僅有高中畢業的人，大學畢業或是擁有專業學位的人，更有可能選擇遠離父母的地方居住。[2]當人們在分析居住地點以及是否要搬家時，能否負擔居住成本、所得和房地產稅率等經濟議題，傳統上來說，也是大家會考慮的重要因素。

　　這些都是很重要的考量，但接受我們調查的受訪者說得很清楚，決定要住在哪裡雖然和金錢有關，但同樣也關乎認同、文化和生活方式（包括氣候）。在此同時，由於科技和疫情，讓我們在如何工作與上學、要在哪裡工作與上學這些問題上有了新選項。決定居住地點時，通勤時間和大眾交通運輸系統的影響力是否會愈來低，有待後續觀察。對很多人來說，過去從沒考慮過的地點，現在也變成實際可行的選擇了。

附近有家人

　　許多人為了求學和就業而遠走他鄉，後來發現要在附近沒有家人支援的條件下養小孩很辛苦。我們常會忽略「養小孩需要一個村落」（it takes a village）這個道理，直到自己亟需這座村落才能領會。艾比的父親在紐約市得到一個很好的升遷機會，艾比的雙親在她出生前幾個月離開威斯康辛，搬到紐澤西。家裡樂見他事業有成，但他的新工作需要經常出差。艾比的媽媽是一位自由派人士，她決定於艾比出生後在家當全職媽媽，但她低估了身爲遠離家鄉千里的新手媽媽可能會感受到的寂寞與疏離。艾比自己成爲母親之後（她住的地方距離父母3,000英里），她問媽媽是如何和新生兒在新城市裡一起度過第一個冬天。「那時我常哭。」她媽媽回答。艾比的媽媽最後打造出了新的人脈網絡，但這需要時間，而且她常常必須付錢請人照顧艾比，這方面的支出很快就變得十分昂貴。

　　父母不需要其他照顧者幫忙就可以（也應該）滿足孩子的所有需求，是一個不切實際的概念，而且根本辦不到。人類學家都認同，假如沒有共有的照護網絡（稱爲「異親撫育」，alloparent），人類這個物種就無法存活下來。[3] 接受我們調查的受訪者爲人父母之後決定要在哪裡安頓下來時，某些人的反應就直指他們理解這一點。

　　我們決定從（舊金山）灣區搬到科羅拉多，離我家人近一點。這是一個很有挑戰性的決定，因爲我和我先生在灣區都有比較好的就業機會。我們花了很多時間思考如何量化我們搬家的得失，我們發現，離開家人十餘年、一直將我們的事業發展當成首要之務，便很難思考如何衡量距離家族近一點（尤其是還帶著一個幼子）有什麼好處，但最後，這麼做還是很有用的。

有時候，若要搬得離家人近一點，會牽涉到重大的取捨，有一對夫妻就是如此：

我和我先生……前兩年在國外扶養我們的大兒子，距離兩邊的父母都很遠。迎來老二時，我們很清楚自己不希望再離得這麼遠了。重點不是遠距離實際上會遭遇哪些難題，因為我們所在的國家可以提供充分的協助，也有豐富且平價的托育服務；我們比較在乎的是孩子們在情感上的幸福感和社群感。我們認為，距離祖父母近一點，他們能享有更圓滿的人生。搬家的決定來得很突然，對我們兩人的事業都造成了長期影響，尤其是我先生。他在那家公司待了八年，最後放棄了這份高薪、高成長的工作，而他在祖國再也找不到類似的事業發展機會。更讓我訝異的是，每當我們重新審視這個決策時，我提到要再一次遷往遠地，以便讓他有更好的事業發展機會，但最後我們都決定放棄。不知何故，工作已經不像我們有小孩之前那麼重要了。

在這些例子中，靠近家人的重要性高於生活中的其他面向，包括事業發展前景。這種情況在疫情期間愈來愈常見，很多人搬家的主要因素，都是因為想要和家人住得近一點。皮尤研究中心於 2020 年 11 月做了一項調查，在美國，每 20 位成人中就有一位（5%）說他們因為疫情爆發而永久或暫時搬

家。[4] 在這些搬家的人當中，有 17% 說他們會搬家，是因為要
離家人近一點；真實的比例可能更高，因為另外有 14% 的人
是因為大學校園關閉而搬家（可能回去和父母一起住），還
有 33% 的人是因為經濟理由而搬家（可能搬回家和家人一起
住）。[5] 當中有些人最後或許還是會搬回原居地，但也有很多
人享受與家人住得近的好處，並且留了下來。

認同與地點

　　身分認同也會影響我們選擇的居住地。種族和族裔、性
傾向、宗教和其他因素，都可能成為排除某些地點與凸顯其他
地點選項的原因。有一位受訪者告訴我們：「身為 LGBTQ 人
士，我的（居住地點）選項在人生早期的時候就已經縮得很
窄了。非營利組織『為美國而教』（Teach for America，簡稱
TFA）來到我就讀的大學招募，我本來計畫要應徵，然而，之
後他們對我說，雖然應徵的人可以註明自己喜歡的城市，但
TFA 最終有權決定誰去哪裡。我最後沒有應徵，因為我知道我
在鄉下地方遇見靈魂伴侶（的機率）微乎其微。」

　　另一位受訪者（她是菲律賓裔女性，和黑人男性結婚）說
明了他們夫婦的身分認同是如何影響其決策：「很長一段時間
以來，我的目標是要住在奧克蘭（自大學以後）……奧克蘭是

跨種族家庭的聖城，那裡很舒服，我的孩子會看到其他黑人與
菲律賓裔的夫妻檔。我們非常刻意地挑選了這個地方，這裡對
我來說很有價值。」

　　對其他人而言，他們從哪裡來和他們這個人之間基本上是
密不可分的，以下這位女士第一次和當時的男朋友、後來的先
生約會時，就體會到這種心情：

　　我先生來自夏威夷，這是他的身分認同中很強烈的一部
　　分。我們第一次約會結束時，他告訴我，他未來會回夏威夷，
　　如果這對我來說會有問題，那我們就不要再約第二次了。我們
　　念完大學之後住過華府、北卡羅來納（我們協調好，要在那裡
　　一起讀研究所），去了夏威夷一年，之後又回到華府；我們
　　事先講好要在這裡住五年，認為這樣對兩人的事業都好。現在
　　（我們）住在夏威夷，在這裡住了 11 年，扶養我們的孩子。
　　每一次搬家都是我們兩個人一起做決定，考慮什麼對我們的工
　　作和家庭最好。我們會定期檢視目前住在夏威夷的決定，以確
　　定對我們兩人來說這仍是最好的地方。

文化、心態和氛圍的角色

　　各個地區通常會有占大宗的產業，形塑了當地的生活輪

廓。經濟地理學家理查・佛羅里達（Richard L. Florida）在
《誰是你的城市？創意經濟如何將居住地點變成你人生中最
重要的決策》（*Who's Your City? How the Creative Economy Is
Making Where to Live the Most Important Decision of Your Life*）
書中進一步指出，地理區域與生活在當中的人的主要人格特質
大有關聯。在一群人完成性格特質調查之後，佛羅里達根據
他們的郵遞區號，勾勒出性格特質的「五大」（Big Five）面向
──經驗開放性、盡責性、外向性、親和性、神經質──並且
將不同的城市地區拿來比對。他的著作裡有一系列的地圖，比
方說，其中一份顯示紐約都會區和中西部中心地帶有很多神經
質的人，東部的太陽帶（Sun Belt）則匯聚了具有親和性與盡
責性的人。[6] 他的重點是：「地區就像人一樣，有截然不同的
特質」，而且「多數人在符合自身特質的地方會過得比較開心
且充實。」[7]

　　艾比和羅斯念商學院的第二年，談過幾次要去哪裡找工
作。以他們倆有興趣的領域（在企業中管理財務、具有社會影
響力的角色）來說，紐約市是合情合理的選項。然而，艾比念
史丹佛商學院之前曾經住在紐約市，親身經歷過當地全心投入
的工作文化，她對羅斯說：「當然，我們可以找到好工作，但
我們就永遠看不見彼此了。」他也同意，於是他們決定把各自
搜尋的範圍限縮在舊金山灣區。他們之前都住過灣區，也在這
裡工作過，十分看重這裡強調工作以外的人生的價值觀，而且

附近也有很多健行路線。雖然這個決定可能會讓他們找工作的範圍變得狹隘，但這是他們願意做的取捨。

桑妮塔和丈夫自大學畢業以來就住在華府，結婚的最初幾年也住在這裡。他們雖然在這裡住得很開心，但看到這裡有許多人的人生與對話都圍繞著政治及政策打轉。他們兩人都不打算從政，因此開始思考這個城市適不適合他們以及他們的人生目標。他們都是印度移民的小孩，正在準備生兒育女，希望在一個有著大型印度族群的城市裡養育小孩。透過各種不同的理由，排除一個又一個大城市之後，他們開始考慮達拉斯－沃斯堡（Dallas–Fort Worth）。作為美國航空（American Airlines）最大的中心站是此地的額外優勢，以她丈夫的顧問工作來說，這是加分項目。搬到這裡之後，他們很開心能與大學同學重新搭上線，也很高興地發現，這些同學的興趣不只有政治。

你應該住進哪一種住宅？

當然，挑選地點只是搬家決策中的一個部分，接下來，你要決定想住進哪一種住宅。從很多方面來說，這是一種會發生鬼打牆現象的對話，因為生活和居住成本與薪水有關，不同地點的成本和薪資又大不相同。《紐約時報》房地產版每週的專欄版面「你能得到的」（What You Get），會列出某個金額（例如 50 萬美元）可以讓你在美國三個不同地方買到什麼樣的房子。物件的差異很大，導致艾比和羅斯常常在想自己幹嘛要選擇在舊金山灣區定居。

你在住屋上要花多少錢，會大大影響你的生活方式與其他選擇。有一位受訪者就提到：「我得到的最重要的建議是，當別人都在為了升級而升級時，千萬不要跟著做。當別人都在搬進大房子時，想辦法壓低你的成本，這樣你和伴侶在工作上才能保有彈性。」另一位受訪者則是這樣總結：「要住在哪間房子、選擇學校、選擇伴侶、選擇汽車等等，這些選項彼此緊密相連，然後也將我綁在特定的工作選項裡。假如變更前幾項選擇的性質，後面的選擇（也會）跟著改變。」居住成本通常是最大的一筆費用，當你在尋找與選擇住所時，多問幾個問題是很值得的。

➡ 你需要多少空間？

講到房屋，美國主流的說法是愈大愈好（看看 1980 年代的「偽豪宅」〔McMansion〕風就明白了），而疫情顯然更助長了這種說法。2021 年 1 月有一項調查，發現近六成的家庭中有必須遠距上課的小孩，約有半數家庭中至少有一個人在家工作（但疫情前不在家工作）。[8]當家裡忽然之間要變成學校、辦公室、健身房、餐廳和電影院，而且是要一次全部到位，也難怪同一項調查判斷「新冠肺炎疫情放大了住家扮演的庇護所角色。」[9] 而誰不想要大一點的庇護所？

《紐約時報》理財專欄作家朗恩‧利柏（Ron Lieber）於 2020 年 10 月寫了一篇文章，標題極具爭議性：〈把你的第一棟房子變成最後一棟：不換大房子的理由〉（Make Your First Home Your Last: The Case for Not Moving Up）。[10] 目前市郊獨棟房屋的房價仍高，他鼓勵讀者不要換大房子，想想看其他為了換房多存下來的錢還可以花在哪裡（例如，放到退休金儲蓄帳戶或教育基金儲蓄方案裡、拿出來捐掉、用來旅遊，或是買一棟度假小屋）。他也很審慎地反對將房屋視為投資工具，他提到，我們很難知道「擁有額外的空間可以在精神上帶來多高的滿足感」，如果你從來沒住過大房子的話，更是難以得知。

《環境心理學期刊》（*Journal of Environmental Psychology*）有一份研究，檢視有幼兒的家庭中，每人能分到的空間（該指標稱為密度），接著調查受試者自認為家中有多擁擠或多寬敞，以及家人之間的相處情形。有趣的是，研究發現「個人對於居家環境的認知，比實際的居家環境特性對於家庭的運作順暢度影響更大。」[11] 也就是說，人們對空間的想法，比每個人實際上能分到的空間更重要。每一個人都擁有足夠的空間，雖有助於家人之間和諧相處（才不會經常發生五個人爭用一間廁所的事），但報酬會遞減，而且，如果認為與家中其他人距離太遠，事實上反而會讓一家人覺得彼此沒什麼連結、沒那麼親密（有男孩的家庭尤其明顯）。

考慮空間需求時，也要想一想除了自家人之外，是否還會有別人使用這個空間。如果你很重視要有一間獨立套房（in-law unit），以供到府服務的照顧者居住，或是讓來訪的親戚留宿，那麼預先投資這個附帶空間，當成協助你的家庭運作的重要因素，就很有道理。有一位受訪者說，這類考量在她的居家願望清單上名列前茅：

> 我在歐洲出生，我的家人仍住在歐洲。我和妻子在選擇住房時，想到了我的家人可能不時會過來住幾個星期。我很高興我們事先想到這件事。有了獨立的空間，家人過來時可以減少摩擦，因為我們彼此的生活不會重疊在一起。他們平常住得這麼遠，我們的孩子能與爺爺奶奶密集地相處一段時間，一整天隨時都能看得到人，是很美好的事。

不見得每個人都負擔得起額外的空間，但人人都可以認真檢視自己如何運用現有空間。雜亂會讓空間顯得更狹小。2021 年的一項調查發現，與疫情爆發前相比，人們在疫情期間最流行的活動就是「居家清理與整頓」。46％的受訪者說他們更常整理家裡，相比之下，38％的人說他們用餐的次數增加了，30％的人說他們運動的次數增加了，25％的人則說他們的工作增加了。[12] 最後我們發現，以美國整體社會來說，人們之所以渴望擁有更大的空間，是因為大家不會斷捨離；當你擁有的空間愈大，拿回來堆的東西就愈多，就需要花更多時間整理。

日本品牌無印良品（MUJI）的設計哲學可以提供一些參考意見，幫助你決定自己需要多少空間，以及要如何安排空間。「MUJI」是日語「無印良品」的縮寫，無印良品指的是「不主打品牌的優質商品」。[13] 無印良品的商品設計理念只求能發揮功用，別的都不需要。該品牌明白宣示的目標是讓顧客看到產品時說：「這樣就好。」無印良品的態度和瑞典的那格家居（lagom）概念相仿，也就是「足夠就好」。與其購買可以滿足所有可能用途的品項，應該轉而聚焦於大部分時候夠用就好。舉例來說，不必為了讓整個家族都能坐著共進感恩節晚餐而買一張大餐桌，而是買一張經常可用的小餐桌，感恩節的時候再架設臨時的加大餐桌面。

建築師莎拉・蘇珊卡（Sarah Susanka）在《房子不必大》（The Not So Big House）一書裡十分支持為了日常用途而設計的概念。她的基本原則是設計出小一點的房子（比客戶的原始目標小了約三分之一），盡量避免為了其他目的而設計空間（例如很少使用的正式客廳與晚宴空間），將預算挪去為客戶的日常生活量身打造空間，並審慎地設計出讓空間感更開闊的相關細節。雖然多數人都沒有從零開始打造夢想之家的餘裕，但我們建議任何正在思考自己需要多大空間的人去讀讀蘇珊卡的書。

➡ 你應該買房子還是租房子？

決定要租屋或買房，跟負不負擔得起有關，也關乎其他因素，比如穩定性，但這通常是一個非常私人、情感成分很高的決策。實務面問題（負擔能力、穩定性等）的答案，不見得能匹配感覺面問題的答案，比方說，租屋聽起來可能讓人覺得「失敗」，因此，把實務面和個人層面的問題分開來，會很有幫助。

先來看看一些實務問題，例如以下這些面向：想到租金會愈來愈高，或者，在更糟糕的情況下，你的房東要收回自住，導致你必須搬家，會不會讓你覺得壓力很大？你有沒有自信不用仰賴房東重新修繕房子或修理損壞的家具設備，自己來就可以？雖然無法預測未來，但你有打算住在此地超過五年嗎（五年是一般性的原則，住五年以上才能回收和買屋有關的交易成本）？你覺得你的工作穩定、相對確定未來的所得會維持在目前水準或者更高嗎？如果你重視有彈性，買房造成的效果會恰恰相反。有一位受訪者是首購族，他說：「為了買房而支付了高額頭期款，再加上之後每月大筆的房貸，我覺得自己顯然長期都要綁在這份工作上了！」

　　租屋或買房的決策中較為私人、情感成分高的面向，部分是出自於美國社會一般將擁有房子視為美國夢的精髓，買房是重要的成就表徵。不過，一定要有房的壓力如今已逐漸消退，尤其是年輕的一代，他們不但要背負卡債和學貸，要面對停滯不動的薪資，還要因應就業不足與失業的問題。35 歲以下的年輕人比任何一個年齡層都更有可能決定租屋就好，其中有三分之二的人賃屋而居，相比之下，35 到 44 歲的租屋者比例為42％，45 到 54 歲的人則為 32％。[14] 是否有房子，也會因為種族和族裔而大不相同。在戶長為非西班牙裔白人成人的家庭中，有四分之一是租屋，相比之下，戶長為黑人成人的家庭則有 58％租屋，西班牙裔或拉丁裔戶長家庭則有近 52％，戶長為亞洲人的家庭則不到 40％。[15] 要不要買房也和所得水準有關，但某些根本性的歧視，例如紅線制度（redlining）＊，也導致非白人族群擁有房屋的比率偏低。

　　近期則出現專門為了出租而興建的只租不售房（built-to-rent home），這些獨棟房屋讓許多人覺得租屋更有吸引力。這類房屋的地點通常位於美國「二線城市」的邊緣，從 2019 年到 2020 年，數量成長了三成，預料未來將會繼續成長。[16] 就

＊　譯注：1930 年代美國經濟蕭條，承作房貸的公司為了精準評估房貸風險，根據各個因素劃分住宅區並以顏色標示風險。紅線區為危險區，難以申請房貸，而當時以黑人為主的地區幾乎均為紅線區。

某方面來說，這類租房為租客提供了兩邊的好處：能享受新成屋的品質、住進獨棟房屋的隱私，又享有租屋的彈性，還能消除維修自有房屋的壓力。一項調查指出，租屋者對社區的滿意度稍高於有房人士。[17] 遠距工作讓愈來愈多知識工作者可以享有居住地區上的彈性，因此，人們會不會繼續認為買房是人生頭等大事，有待觀察。

➡ 你應該重新裝修現在的住處還是搬家？

搬家和重新裝潢都很累人，在接受調查的人當中，有77％說他們寧願重新裝修，也不想搬進新房子。[18] 有大量的網路資源可以幫助你判別，算算看是重新裝修現有住處比較划算，還是乾脆搬進一棟比較大的房子裡。你甚至可以找到一些問卷和流程圖，幫助你評估回答這個問題時會涉及的非財務考量，比方說你對當地社群的情感依戀，以及你對於住在施工區的耐受度。[19]

啟動整修工作之前，要先想一想你是一個「什麼都要的人」（maximizer），還是一個「容易滿足的人」（satisficer）。發明「容易滿足的人」一詞的是經濟學家司馬賀（Herb Simon），他專門研究組織決策，1978 年獲頒諾貝爾獎。他在 1947 年出版的《管理行為》（*Administrative Behavior*）書中用「容易滿足的人」來描述那些接受還可以的選項、不再積極追求最佳解決方案的人。心理學家貝瑞・史瓦茲（Barry Schwartz）在一篇 2002 年的文章中將這個概念發揚光大，他與其他研究人員在文中指稱，「什麼都要的人」（這類人汲汲營營尋找最佳解決方案）通常不如「容易滿足的人」快樂。[20]

當你要重新裝修家裡，就算是規模相對小的工程，比如升級浴室，要做的決策都多如牛毛。要決定整體的設計與配置，接下來還要做各式各樣的產品決策（磁磚的花色、形狀和大小，五金件，固定設備等等）。若你傾向於找到「最佳」選項，請想一想你是不是真的樂於去尋覓那麼多選項。艾比和羅斯兩人都有「什麼都要」的傾向，他們發現裝修浴室很累人。羅斯的姊妹則是容易滿足的人，她在老二出生前負責管理重新裝修整棟房子，基本上她什麼都不擔心。知道自己在「什麼都要」與「容易滿足」這兩個極端之間處於哪個位置，有助於你決定要裝修還是要搬家。

➡ 你應該住在市郊還是市中心？

同樣地，這個問題也和優先考量有關。你愈清楚自己在乎什麼，就愈容易回答這個問題，以下這位受訪者就有這種經驗：

我的首要考量是住在好學區，而且通勤時間要短，以免我因爲任何緊急情況需要迅速返家。關於居住地點的所有決策，都是以這些條件爲準。我一直都在租房子，以便能滿足這兩個條件。新冠肺炎疫情爆發後，通勤時間的要求突然消失了，而我們各自都需要更多空間，四個人才能同時視訊。我最近在比較遠的市郊買了一間房子……學區很好，我希望未來我每週只需要通勤往返辦公室幾次就好。過去我的規劃是等孩子大一點就要做出這樣的改變，但疫情加快了我們的腳步。我的父母幫我付了一些頭期款，我才能做到。

許多人在成爲父母之後，選擇將學校作爲優先考慮的因素，以下這位受訪者及其伴侶則是採取積極主動的方法：

我們懷第一胎時住在舊金山。我的妻子在市郊工作，這裡有很好的學校，而她也想在小孩出生後繼續工作。我們決定，首要考量是要讓她的職場生涯盡可能輕鬆，這樣才能長久。我當時在舊金山工作，但我決定，以我們兩個人來說，由我通勤比較好。因此，我們在第一個小孩出生前就搬到市郊，買了一間房子和一輛多功能休旅車（反正我們也需要另一輛車），安居了下來。我們很高興自己這麼做，這讓我們（成爲新手父母的）前幾年輕鬆很多。

另一對夫婦也做了類似的遷居決定，但結局大不相同：

2015 年，我們在第一個孩子出生沒多久之後就決定搬到市郊。我們覺得住在市中心的空間很狹隘，我也想要住在一個能讓孩子好好成長的社區。我真希望我們能在市中心留久一點。我還是很想念都市，而且因為我們選擇的學校的關係，大女兒在社區裡交不到朋友，要等到好幾年後、她上了小學才好轉。

就算尚未做出任何重大的人生改變，育兒本身也會對你的身分認同造成很大的影響。因此，在成為新手父母之後，很快就搬到沒有強韌社群連結的市郊，可能會讓你覺得疏離。如果你考慮搬到市郊，要先明智地自問你實際上要解決的是什麼問題，以釐清你走這一步棋的得失。請記住，這是一個可以取消重來的決策。艾比認識一對夫妻，他們在市郊一直住到小孩長大離家，之後很快就搬回市中心，自此之後再也不回頭。

你應該何時搬家？

這是一個沒有明確答案的棘手問題。搬家所費不貲，耗時費心，如果沒有透過特殊的動力來決定搬家的時機（比如到另一個城市工作），很多人都會向慣性低頭，但也有些人十分積極進取：

在紐約市住了快十年，我決定獨自搬到科羅拉多州的丹佛市。我一直以爲我會因爲伴侶或工作而離開紐約市，但到頭來，這幾年我已經準備好改變步調，僅根據我自己的渴望決定搬家。雖然35歲左右才要開始新生活、在新城市裡打造全新的社群有點可怕，也有點讓人不知所措，但這百分之百是正確的行動。

如果伴侶其中一方在不同的城市有工作機會，便應該考慮對另一方的事業可能造成什麼影響。跳過這個步驟會造成長期的衝擊，就像以下這一對夫妻：

決定要從舊金山搬到奧斯汀（Austin）時，我們做決定的重點是我先生的工作⋯⋯我當時並不了解，我在奧斯汀沒有專業的信譽，會導致我很難建立網絡、找工作，也很難順利轉移我所從事的替非營利機構募資的事業。現在講起來顯而易見，但這次搬家確實讓我的事業遭遇意外的衝擊。後來我算是靠著遠端作業與出差，繼續做灣區的顧問工作，過了三年才將我的事業移轉到奧斯汀，到現在已經過了八年，我在職業上與灣區的關係還是比與奧斯汀緊密。遷居絕對是一個重大的人生決策，如果我們能從頭來過，我一定會做出不同的決定！

有些異性戀的女性感到猶疑，不知道該不該把自己的事業看得比伴侶的更重要；假如她們成長於重視男性事業高於一切的文化裡，更是如此。這樣的不舒服不會輕易消失，一位女士就體悟到這一點：

　　我尋求專業諮商，想要理解我的緊繃感覺；當我主張自己的事業抱負比男人的更重要時，就會有這種感覺。這種主張基本上牴觸了從小塑造我的一切教養。

　　有些伴侶輪流選擇地點，藉此解決「誰的工作比較優先」這個問題，例如以下這一對：

　　我和伴侶都念了研究所；他比我大兩歲，所以比我早進職場。他在波士頓找到工作，這是他所屬產業的中心地。雖然我比較想搬到另一座城市，但我決定在這裡找工作，這樣我們就能在一起（這違反了我內心深處的女性主義本能！），前提是，他承諾等我們下一次換工作時，就輪到我主導。三年後，我們搬進了紐約的新家（這是我的選擇）。

　　不管以誰的事業為主，兩邊都需要刻意努力並許下承諾，以確保搬家不會損害另一方的事業。團隊合作、將相關決策視為共同的決定，這麼做的伴侶能得出最好的結果：

　　我和我先生都很投入事業。以我們選擇的產業來說，他賺的比較多，但我們在做任何變動時，會考慮兩人的事業與未來升遷發展。結婚 14 年，我們搬了四次家，除了第一次以外，我們認爲後面三次都是天搖地動的大變化。我們其中一人得到一個很好的機會，而另一方必須善用同一個區域的機會，才可以讓前者有可能接受這個機會。爲了讓婚姻和家庭能順利運作，我們必須協調很多因素，我們採取團隊合作，在最適合的時機推進我們的事業。

　　如果你有小孩，尤其是已經交到朋友的、年紀較大的小孩，有一個要考慮的重點是搬家對他們的影響。沒錯，你的小孩有韌性，但是搬家會讓每個人都受苦。有一位受訪者的孩子們現在都已經長大，但她省思了橫越全美搬家對當時還在念小學的孩子們造成的影響。

　　我們帶著兩個孩子搬回來（加州），那時她們一個要讀二年級、一個要讀四年級。小女兒（當年七歲）拒絕將鬧鐘調到美國西岸時間，因爲她認爲那不是「眞實的時間」。大女兒（當年九歲）看起來似乎很適應搬家，但之後我們才發現她非常難受。

　　有小孩並不是**不**搬家的理由，但要思考對他們來說會造成什麼結果，並盡你所能，減緩對於他們以及對你自己人生造成的干擾。

如何在你選擇的地方過得更幸福？

　　有時候，雖然搬家在一開始會讓人覺得興奮，也但願能讓你更接近目標，但思考看看你要如何在目前選定的地方過得更幸福，是一種寶貴的人生技能。搬家的成本很高，而且通常讓人覺得壓力很大，這並不是每當你覺得人生開始變無聊時、就想要做的事。

　　儘管我們可能會很享受搬家帶來的新氣息，但新鮮感所能提升的幸福感，維持的時間相對較短。人類是一種適應力極強的生物，長期下來，不管處在什麼樣的環境，我們的幸福感通常會回到自然水準（或稱為「設定點」〔set point〕）。一項研究發現，贏得樂透頭獎 18 個月後，得主並沒有比沒中獎的人更快樂。[21] 同樣的，人們可能高估了搬進大房子或搬進美食餐廳林立的新城市，所能提升的長期幸福感。心理學家稱之為「享樂適應」（hedonic adaptation）或「享樂跑步機」（hedonic treadmill）效應。當然，一開始搬進大房子會讓你覺得幸福陶醉，但時間一久，新鮮感會消失，你再也不會注意到空間變大了，也不會再在意了。

　　但我們也有好消息：有辦法化解享樂適應的問題。一項研究指出，利用變化和欣賞，或許有助於長期維持所提升的幸福感。[22] 透過改變體驗事物的方式，你可以愚弄大腦，長久維持新鮮感。不時變換家具的位置，強迫自己用不同的方式使用空間，可以幫助你繼續感受到新家中額外空間的價值。這個概念能夠廣泛應用到每一件事上，比方說，如果你用心地散步，好好運用你的五感，真正投入環境中的每一個小細節，你可能會對附近地區有新的感受。你家中或附近地區有哪些面向是你已經習慣（因此視而不見）、但能助長你的幸福感的嗎？

使用 5C 架構：決定居住地點和搬家時間

　　居住地點的決策牽涉到很多取捨，沒有哪裡是最完美的選擇。當中的訣竅是，要確定你很清楚住在某個地方（包括城鄉大環境和你的住處）對你來說最重要的是什麼，這樣你才能捨棄你不在乎的，爭取到更多你想要的。使用 5C 架構可以幫助你做到這一點。

➡ 第一步：釐清

　　你想住在離親人很近的地方嗎？你有打算過著某種特定

地區才有的生活方式嗎（例如，便於衝浪或溜冰的地區）？你的健康問題會在某些氣候條件下得以改善嗎？你需要更大的空間養寵物嗎？（艾比和羅斯有朋友為了狗狗從加州搬到蒙大拿。）你對這些問題的答案，可以為決策流程定錨。

專欄作家朗恩・利柏建議，針對可能的居住地點做一次「價值觀稽查」，以便「理解某個社群的立場是什麼，以及你想不想和住在那裡的任何人結為好友。」[23] 利柏表示，「價值觀稽查」包括參與小孩的足球比賽時，在邊線上聽聽大家聊什麼，同時看看當地圖書館有哪些藏書。但是，在你判定某個社區是否符合你的價值觀之前，你要先判定**自己的**價值觀是什麼。

有些人認為，製作評分表，列出自己看重的價值觀和地區特質，然後逐一評分或排序，會很有幫助。你的評分表可以很簡單，也可以很詳細。媒體創新者暨創業家亞萊希絲・葛蘭特（Alexis Grant）和丈夫製作了一張精密的試算表，以決定他們目前的居住地。這張表裡包括 12 項因素，每一種各有不同的評分標準（她的丈夫是程式開發人員，專長就是 Google 表單）。[24] 對我們多數人來說，簡單的方法最有效。一開始先把本章結尾的練習題當成起點，如果你想要的話，之後可以再回來琢磨。

一旦你清楚哪些地方（無論是住所類型、鄰里地區、城市或區域）最契合你的價值觀，你可以去當地看看。親自評估每一個在你的評分表上排名很前面的地區,最終會帶給你最寶貴的「數據」,讓你知道要搬到哪裡、何時搬家,以及到底要不要搬。每一個地方有多符合你最看重的價值觀和特質?請記住,評分表只是指引,你的直覺到最後會是你最好的資源。葛蘭特說得好:「試算表可以提供洞見,但讓我覺得『這就對了』,勝過所有數字。」

➡ 第二步:溝通

如果搬家的決定會影響到別人(你的伴侶、你要搬到他們附近或是搬離他們的親朋好友),務必和他們溝通。他們覺得這個選擇怎麼樣?若你正在考慮搬回故鄉,請父母幫忙育兒,那他們是計畫繼續住在原本的地方,還是他們也在考慮搬家?如果你要搬走,你摯愛的人要如何面對你不在身邊的事實?

居住地點和搬家時間的問題,是你可以不時回來檢視的決策,但是,持續不斷問這些問題可能會把你逼瘋。伴侶們會發現,定期安排時間或在年度靜修時談這些問題是很有價值的,有一位男士及其妻子就是這麼做:

我們隱隱約約覺得,希望有一天能回到我成長的溫哥華過生活。我們兩人的事業在舊金山發展得很好,因此,我們覺得這個「有一天」是在很遙遠的未來。但……一起思考和作夢,確實幫助我們找到這麼做的勇氣。我們每年都會安排夫妻靜修的活動，在此時評估幾個方面的幸福感。我們會分析搬到溫哥華的最糟情境與最佳情境，長期下來，我們設定的時間點愈來愈近，直到我們領悟到自己是真心想這麼做。唯一讓我們留在舊金山的是事業和金錢，除此之外，舊金山的一切都不如溫哥華。一旦我們決定之後，雖然訂出的計畫要耗時兩年（包括：與一位高階主管教練合作兩年、等妻子取得長期居留權、替兩個孩子登記雙重國籍、我取得美國公民身分、稅務規劃、妻子離職、我和我的事業夥伴結清關係、在另一個國家買一間房子），但我們終於在去年 11 月完成了。這是我們做過最可怕、但也最美好的決定。

➡ 第三步：考量廣泛的選擇

科技進步和疫情強迫我們改變了生活方式，在許多方面都重寫了遊戲規則，也許會替你要不要搬家（或留下來）這件事創造出可行的新選項。如果你正在考慮為了事業而搬家（例如要不要接下某一份工作），你可能會想先問問未來的雇主是否一定要搬家。許多公司過去會要求新進人員駐守在某個地區，但現在都重新思考這項要求。若你打算搬進更大的房子，先思考看看你能否在不搬家的條件下獲得更多空間。假如你現在是在臨時的居家辦公室工作，正考慮要換到更大的地方，你或許應該先在附近租下另一處公寓或辦公空間。如果你擁有的是獨棟房屋，你也許可以在自家房子旁興建附屬居住單位（accessory dwelling unit，簡稱 ADU；獨立於主要生活空間的額外增建空間）。

➡ 第四步：聯繫

　　你是否認識任何人住在你考慮搬過去的地方？你能不能和最近剛從你住的地方搬走的人聯絡看看？如果可以的話，他們的經驗是什麼？有沒有其他人同樣也考慮過搬家，但最後留下來了？和擁有不同搬家經驗的人聊聊，可以讓你用開放的心胸面對新選項，並幫助你調整預期。後面這一點非常重要，因為預期對於經驗的影響非常大。一位受訪者說，她十分後悔沒有在做出重大的搬家決策前，多花點時間和更多人聊聊。她得到一份在中西部城市的工作，那時她兒子九個月大。搬到一個全家人不認識任何人的新城市，事實上比她想像的更緊張。接下來三年，她和家人努力適應不同的氣候、文化和社區，整個過渡期非常辛苦。後來，她得到一份美國西岸城市的工作，這是他們以前居住的地方，她馬上善用這個機會搬了回來。她說：

　　我不會說我希望我們沒這麼做過，因為我們也得到很多收穫，但代價太高了。這次的經驗讓我非常遲疑，不確定未來要不要讓大家再經歷一遍。關於我們要不要再次搬家，我訂下了更嚴格的標準。我感受到搬家決策的衝擊以及我們一起經歷的極端狀況，這是讓我感到猶豫的理由。說到搬家這件事，我不認識有誰會和別人討論要不要搬，但我在想，如果我有這麼做的話，說不定能幫助我設定期望。

➡️ 第五步：探索可能的後果

　　判定搬家可能會造成的後果，是很有挑戰性的，因為人不見得能預見過程會如何發展。有機會的話，你可以嘗試在即將移居的新地點住上一週，或者可能的話，先住一兩個月。以下這個家庭就用了一個夏天試行搬家，後來發現這麼做很有幫助：

　　幾年前，因為不斷出現一些有意思的機會，於是我們重新考慮搬回美國，我們決定在加州度過一整個暑假，藉此實現這個概念的「原型」。事情出現很有意思的轉折，我們家的老么（當時三歲）出現嚴重的健康問題（她現在沒事了），這個經驗說服我們，我們待在目前這個國家非常幸福。如今（我們在疫情期間的經驗）再度驗證這是一個正確的決定。

　　不管你的決定是什麼，當你在考慮做出改變時，就算你痛恨這麼做，但多給自己一點時間會很有幫助（可能需要一兩年）。艾比有一個朋友主動把整個家從市中心搬到市郊，但她說她至少有半年是「處於震驚當中」。最後，她的震驚消退了，才開始享受她的新家。

　　在新地方扎根需要時間，也需要刻意的關注。請試著加入不同的當地組織，認識在地的人們。如果你之後要撤回搬家的決定，你也知道自己曾經給過新家抗辯的機會。

第六章的練習題：

你要如何決定在哪裡安家？

　　本項練習聚焦於潛在的選項有多契合你的優先考量（附注：要了解這些，涉及我們 5C 架構中的釐清步驟）。請和可能會與你同住新家的人一同完成本項練習（你可以決定要不要讓小孩加入；我們建議僅限成人參與）。

你對於潛在的住家（可能是特定城市、鄰里或住宅）最看重的是什麼？根據對你而言的重要性順序列出這些項目。

1.

2.

3.

4. _____

_____

5. _____

_____

經過篩選之後，你最終清單上排名前面的潛在住家是哪些（例如，以城市、鄰里、住宅來說）？

_____

_____

_____

　　於下表中的第一列寫出你的優先考量因素，第一欄列出你的潛在住家。如果你想要的話，可以調整評分標準。之後，根據每一處潛在住家是否滿足你的標準來評分。加總分數，得出總分。你覺得結果如何（你感到鬆了一口氣，還是很失望）？你的「直覺」認同得分最高的優勝者嗎？

	優先考量因素 1：_____	優先考量因素 2：_____	優先考量因素 3：_____	優先考量因素 4：_____	優先考量因素 5：_____	總分
評分標準	高＝3 中＝2 低＝1	高＝3 中＝2 低＝1	高＝3 中＝2 低＝1	高＝3 中＝2 低＝1	高＝3 中＝2 低＝1	
潛在住家 A：_____						
潛在住家 B：_____						
潛在住家 C：_____						
潛在住家 D：_____						
潛在住家 E：_____						

兩不誤

結合事業與家庭

　　找到方法結合有薪工作與育兒，是人們需要做的、最複雜的錢與愛決策之一。這個主題有很多不斷變動的部分，對雙薪家庭來說尤其如此；而且，這個主題牽涉到的利害關係非常重大，必須持續關注。此外，衍生出的問題看起來可能永遠沒完沒了。雙方都要繼續做全職工作嗎？伴侶當中有一人要完全退出職場嗎？其中一人或兩人要從事兼職，或者去找比較有彈性的工作嗎？哪一種育兒方法是最好的？加進育兒責任之後，家務分工如何運作下去？

　　你如何回答這些問題，會關乎個人與經濟，也關乎理性與感性。此外，你做的決定影響至廣，幾乎牽連事業上與家庭生活的每一個面向，也會決定你如何分配每一種資源，包括金錢、時間、精力和注意力。好消息是，如果事先籌劃、多做一點考量，你會覺得做選擇上的取捨是有意義的，而且會讓你感到滿意。

三種伴侶類型

　　說到生完小孩之後要不要返回工作崗位，伴侶之間的反應通常會是以下三種之一。第一類伴侶全心投入工作，想盡辦法在育兒的同時努力經營事業。尼爾和培瑞莎就是這一類人的最佳典範，培瑞莎一懷孕，他們就去托育中心排隊。尼爾說：

　　我們想要做到超額準備。培瑞莎有企管碩士學位，她熱愛她的事業，我媽媽一直都是職業婦女，因此我完全支持她希望一放完產假就回去工作的心願。

　　他們住的地方生活成本頗高，他們很清楚需要兩份收入才能平衡預算、滿足需求。他們十分擔心離開職場幾個月，可能招致財務上的懲罰，尤其是對培瑞莎而言。他們的憂慮很有道理：根據疫情之前蒐集到的資料來看，女性若短期離開職場，等她們再找到新工作，通常要面對薪水比較低的懲罰，幅度約為 4％；如果離開職場超過一年以上，懲罰的幅度會加倍，達到 7.3％。[1]

　　在第一類伴侶之中，有些人是出於自己無法掌控的因素而被迫必須維持事業，以下這一對夫婦就是如此，他們的孩子被診斷出罹患重大疾病：

　　我們的醫生花了好幾個月，才確定我們的兒子罹患罕見的威廉氏症，這種病會有醫療上與發展上的問題，包括心臟疾病和學習方面的困難。我延長產假以便照顧他，但我和先生很清楚，我們兩個都沒辦法長期不工作，需要兩份薪水才能在紐約市活下去。我們也沒辦法搬家，因為我們的工作和這座城市綁在一起。

　　我們兩邊的家人都不在附近，無法幫忙照顧小孩，因此我利用延長的產假去搜尋各種方案，看看我們可以申請哪些協助來照顧兒子。他一歲時，我回去工作；過去十年來，我們一週五天都能享有很好的照護。早上會有一位護理師來接他，帶他搭地鐵去一所離我們的公寓很遠的特殊學校，下午再帶他回家。如果我或先生退出職場全職照顧兒子，也無法為他提供專業人士給我們的協助，他們知道他有哪些發展上的需要。我和先生每天都很辛苦，兒子也遭遇很多挫折，但如今他很好，我們的婚姻和工作也維持得很好。

　　第二種類型的伴侶，是已經準備好要靠一份薪水生活，就像阿曼達和克里斯多福，他們知道一旦有小孩之後，阿曼達就會成為全職母親。阿曼達表示：

　　我知道等我們有了小孩之後，我就不想再做全職的工作。我媽媽是職業婦女，我總是希望她多注意我一點，而當我生病、需要請假在家時，我總是很愧疚帶給她不便。克里斯多福認同我的想法。他很高興自己的成長過程中媽媽一直待在家裡，他希望我們的小孩也是。

全職爸爸興起 ←〜〜〜─

以異性戀伴侶來說，留在家裡的幾乎絕大多數都是女性，但近年來全職爸爸的人數也在增加；2016 年，全職家長中，爸爸占了 17%。[2] 對某些人來說，家裡有個大人在，會讓人覺得比較安心，像是以下這位女性：

老大出生後的前十年，我是家裡負責賺錢的人。我在企業界有一份全職工作，我丈夫則從事比較有彈性的兼職。在我們家老大出生、我回去工作後的第一年，由他負責照顧孩子。回想當時，我根本不敢想像把四個月大的小孩帶去托嬰中心或是留給新聘的不熟保母會如何。我覺得很幸運，他可以和愛他的爸爸一起留在家裡。

第三類伴侶通常沒有決定好要如何結合工作和家庭，比如潔思敏和米亞：

老大出生時，潔思敏不確定要不要留在原本的公司。她沒有得到應得的升遷，她的主管在她懷孕很辛苦時，也沒有讓她好過一點。我認為，就算發生這些事，潔思敏還是應該回去工作，但我們在找托育的人時遇到一些問題。我媽媽本來要過來幫忙照顧寶寶，但我爸生病了，忽然之間，她必須全職照顧他。我們花了很長一段時間才決定該怎麼辦。

　　像潔思敏和米亞這類伴侶，優先考量的事項有比較多變動之處，許多外部因素會對她們生了小孩之後要不要繼續工作造成重大影響，比方說各自家庭的觀點，以及她們能否找到負擔得起的優質托育。這無關乎好或壞，但要知道的是，別人的優先考量不見得能配合你們家的需求與目標。

錯開的排程

　　有些伴侶希望有兩份收入，但又希望親自照顧小孩，因此錯開排程，以便達成雙重目標。以下這對伴侶就創造出一套混合式解決方案，家裡隨時有一個家長照顧小孩：

　　我們討論如何扶養小孩時，也談到不要把他們送去日間托育中心。我的父母自願幫我照顧老大，讓我可以回去工作，但可惜的是，我兒子出生三個星期之後，我爸媽都被診斷出罹患癌症，沒辦法照顧他了。我們的決定是我離職。我去找雇主談，他希望我留下來，於是我們商討出兼職安排，而我丈夫則改成輪第二班，這樣他就可以在家陪兒子。第一年很辛苦，我爸媽都病了，也過世了，而我還要回去工作。之後我們又生了兩個，我和先生錯開輪班，一直到小孩長大為止。快轉到今天，我們很高興當初做了這樣的決定。這讓我們可以保有事業並養活一家人。輪不同的班並不輕鬆，但這樣做是值得的！我們發現，孩子們會記住我們共度的優質親子時光。

　　我們不確定到底有多少伴侶使用這類策略。（2004 年，據估計有 11％的員工上非標準輪班，但到了 2014 年，據估計有 25％的員工上夜班。）[3] 多年來，學者主張，如果家長輪的是非標準班，可能對小孩有壞處，在單親與低收入家庭中尤其如此。[4] 然而，近期一項針對雙親家庭輪班狀況的調查發現，複雜的工作模式雖會讓某些小孩出現行為上的問題，卻也會讓一些小孩獲得行為上的益處。[5] 請記住，最好的解決方案可能不是完全滿足每個人的所有需求，而是滿足所有相關人士的多數基本需求，包括小孩與父母親，**以及**彼此之間的關係，如此一來，能讓全家人長期受益。

當計畫趕不上變化　←〰〰〰

　　即便伴侶已經就如何結合工作與家庭達成協議，外部環境與個人喜好還是可能出現意外的變化。經濟環境可能會惡化，工作滿意度可能有所改變，父母之一可能生病、失能，或是在照顧小孩當中得到比想像中更多的樂趣。或者，某天我們一覺醒來，發現百年一遇的全球性疫情如火如荼地延燒。這種突如其來的意外會讓人不安，但意外所引發的干擾，有時候也可能帶來正面結果。當你的家庭生活出現之前沒有預想到的障礙，請當成是老天的提示，要檢視你們作為伴侶與作為一家人的優先考量事項。本章結尾的練習題或許可以幫助你（如果你有伴侶的話，也可能幫助對方）重新評估工作與家庭計畫。

決定暫停有薪工作

有些伴侶會決定由一方全職留守家中，理由之一是這麼做可以減輕家庭的壓力，正如這位女士所說：

雖然我們兩人在家庭之外的工作上都有一席之地，也都有賺錢，但我覺得我們愈來愈常用高度專業化的外包服務來「補償」這個家。我的先生出去工作，我則是負責基本上的一切事物，我們的錢足以支應基本成本，我們把我放棄掉的所得當成是「購買」其他我們也很看重的東西，例如彈性、減少壓力、更多自由時光、更少磨擦、更不用去協商「誰做什麼」。我們定期、非正式地重新審視這樣的安排；身為這個「家庭公司」獨有的營運者與顧客，這種安排能讓我們持續獲得最大效益。

　　金錢（或者說沒錢）是另一個重要因素，使家庭決定由誰去工作。能夠選擇靠一份薪水生活，是一種奢侈。提高所得的方法之一是節流，因此，有些家庭想要讓父母其中一方在家陪小孩卻又無法負擔的話，便會考慮搬到生活成本比較低的地方。凱斯和艾莉絲就走這條路，從紐約市搬到愛達荷州博伊西市（Boise），這裡的生活成本比較低，讓他們家可以僅靠一份薪水活下去。後來，小孩長大之後，艾莉絲回去做以前的顧問工作，幫忙存小孩的大學教育基金。

　　有時候，離開有薪工作的選擇比較像是霍布森的選擇（Hobson's choice）——別無選擇。疫情發生的第一年，托育中心與學校暫不開放，迫使小孩回家，這也導致女性離職的人數多於男性，因為她們發現根本不可能在有薪工作和照顧小孩、幫忙他們管理遠距教學之間求得平衡。由於多數女性的所得低於丈夫（異性戀夫婦中，僅有三成的妻子收入高於丈夫），在大部分的雙薪家庭中，媽媽離職而不是爸爸，從經濟上來說是很有道理的。[6] 社會上也比較能接受媽媽離職在家照顧小孩，比較不認同父親這麼做。以下這位受訪者的經驗和一般人不太一樣，但這是因為她的決定不會為家庭增添財務壓力：

　　疫情來襲時，我的工作沒了。剛好我先生的小企業發展得很好，因此我們決定這是我離職的最佳時機，把重點放在孩子身上，以熬過遠距教學與在家上學的挑戰。我覺得我們很幸運有能力這麼做，在這段期間將孩子擺在第一優先位置。

　　在疫情爆發前的 2019 年，育有 18 歲以下小孩的媽媽當中，超過七成都有在工作。以媽媽的就業率來說，這是引人注目的成長。40 年前，僅有 56％的母親有在工作。[7] 疫情把一大部分的成長幅度吃掉了，目前尚不清楚媽媽的勞動參與率何時、甚至會不會回到疫情前的水準。

　　其他外部因素也會迫使人們決定離職，以下這家人就面臨了這類問題：

　　我們在二女兒夏拉大約兩歲時發現她有自閉症類群障礙。當時我太太的律師事業已經很成功，但她判斷，她無法一邊給予夏拉所需要的關注、一邊繼續她高壓的工作。我們注意到夏拉的發展比我們記憶中大女兒的早期發展慢很多，我的妻子想用她能做到的任何方式，花時間幫助夏拉。

　　她成為協助自閉症兒童的專家，16 年來都致力於此。少了她這一份收入，對我們打擊很大。我們搬到比較小的房子，盡量在每一方面都力求經濟簡約。我們知道我們做了正確的決定。

　　一個孩子被診斷出疾病，對婚姻來說會很辛苦，但我們的經驗並非如此。多年來，當我看著妻子協助夏拉，並從她身上學到我也可以幫忙，這讓我們之間比過去更加親密。夏拉在高中的表現很好，最近錄取了她的第一志願大學。我的妻子現在正在規劃她的第二事業，可能和協助自閉症的兒童有關。

哪些因素會影響生小孩之後回歸職場的決策 ←~~~~

　　女性的教育程度愈高，愈有可能在生了小孩之後回歸職場。2019 年時，在過去一年內生了小孩、且擁有大學或專業學位的女性中，有七成會返回工作崗位，但是，大學肄業或僅擁有副學士學位的新手媽媽僅有五成會回去工作，高中畢業或以下的媽媽則僅有四成會繼續工作。[8] 這在經濟上很有道理。教育程度愈高的女性通常賺得愈多，她們留在家中的機會成本也比較高。

　　同樣的，以可以靠一份薪水活下去的伴侶來說，薪資較高的一方通常會迴避問題，說完全由另一方決定要不要退出職場：「你決定就好，寶貝。」這是短視的做法。如果伴侶中有一方無法返回工作崗位，家裡便失去了另一人也能賺錢的緩衝，較高薪的人可能就要面對更大的壓力。這就好比飛機。從技術上來說，飛機可以只靠一部引擎飛行，但這樣的話，那一部引擎要承擔很大的壓力，不可發生任何故障。正如一位受訪者所說：「兩個人都在工作，是很好的保險，也是面對人生中無可避免的高低起伏的好方法。通常來說，一個家不會有兩人同時換工作，或兩人在工作上同時都順得不得了，又或是同時跌落谷底，而這是好事！」

　　對某些家庭來說，決定要去工作還是留在家裡無償付出，可以有很大的彈性，父母任何一方都可以離開職場後再回去，而且不只一次。有些人在生了第一個孩子之後回去工作，等到生了第二個（或第三個）時會再度暫時離職。或者，他們會持續工作，直到他們覺得育兒的重擔與時間已經來到最大極限（例如小孩進入青春期，或是小孩被診斷出罹病），就會決定離開職場或放下事業一段時間。

　　雖然爲人父母者要去工作還是留在家裡，常被認爲是新手父母才有的問題，但是，等到孩子進入青春期時，家庭也可能會重新審視之前的決定。史黛拉就是如此。兒子出生之前，史黛拉是職業音樂家，也兼任音樂老師。成爲母親之後，她繼續從事私人教學，工作時間多半安排在放學之後和星期六。兒子12歲時，她發現，她工作的時間正好是兒子最需要她關心的時候。她想爲他提供一些課外活動方案，讓他在放學後不用自己找事做，於是她後來停止教學，一直等到他離家上大學。

如果媽媽去工作，小孩會受苦嗎？

　　有些父母好奇，假如沒有其中一方全職在家，不知道自家小孩會不會受什麼苦？我們有好消息要說給這類父母聽。近期一項研究針對29國、超過10萬名父母進行調查，發現在成長過程中，如果媽媽是職業婦女，女兒長大成人以後，和由全職媽媽帶大的女兒一樣幸福快樂。但是，職業婦女的女兒在職場上的表現優於全職媽媽的女兒。研究結論中也提到，職業婦女的兒子較可能抱持性別平等的態度，也比較可能和結婚後仍繼續工作的女性結婚，甚至比較可能在成人之後自組的家庭裡付出更多時間做家務。[9]

女性離開職場所引發的漣漪效應

離開職場是一種私人的決定，主要影響的對象是離職的女性及其家庭（我們把重點放在女性身上，因為她們在成為母親之後，比男性更有可能離開有薪工作）。然而，當一位成功的女性離開職場，也會對整個組織掀起漣漪效應。如果身邊的資深女性變少了，資淺的女性能拿來作為角色典範、學習如何成功結合職場與家庭的對象也就變少了。當她們看到組織裡少有資深女性，可能會得出一種結論，認為自己也必須在工作和小孩之間做選擇。此外，資深女性離職時，資淺女性能求教的人生導師也會變少，而自從 #MeToo 運動之後，許多資深男性不願意指導資淺女性，因此，缺少資深女性扮演人生導師角色這件事，就更加值得憂心。對組織來說，想辦法留住資深女性至關重要。

　　德勤（Deloitte）是最早體認到女性在成為母親之後選擇退出職場有其成本的公司之一。該公司提出一套方案，員工可以暫時離職或是轉調到要求較低的工作，（接下來是重點）等到她們準備好之後，便能重返原本的職場發展軌道。德勤的做法實際上擺脫了所謂的「媽媽軌道」（mommy track）；採行「媽媽軌道」態度的公司，在女性復職或是尋求轉換要求較低的職務時，只會提供次級的待遇——她們未來在這家公司的事業發展薪資比較低，升遷的機會也減少。德勤的做法叫做「德勤彈性制」（Deloitte Flex），多年下來運作順暢。該公司不走線性式，改用點陣式來談事業發展路線。[10] 博思艾倫漢密爾頓控股公司（Booz Allen Hamilton）和安永（Ernst & Young）也是先驅企業，提供了職場發展的彈性，以及經濟學家希薇亞・惠勒（Sylvia Hewlett）所說的「入口匝道」（on-ramps），幫助女性員工重返職場。其他專業性組織也從這些企業身上學習，思考如何為女性提供機會，讓她們可以結合工作與家庭，而不用面對懲罰。

不同的專業狀況如何？ ～～～

　　如今，在擁有學士學位、碩士學位和博士學位的美國人口中，女性占了一半以上，因此，忙於育兒的職業婦女沒有後援，會是一個愈來愈嚴重的問題。[11] 以醫學博士來說，女性占比稍高於一半；[12] 以法學博士來說，女性則有 54%。[13] 在《美國新聞與世界報導》（*U.S. News & World Report*）排出的前 20 名法學院當中，有 13 所的大部分學生都是女性。[14]

醫師與外科醫生 ⟿

近年來，在完成六年住院醫師訓練的人當中，約有 23％的女性醫師是兼職，[15] 約有 17％完全離開醫學界。[16] 雖然會因為內外專科不同而有差異，但普遍來說，訓練一位醫師約需 11 至 15 年，成本更是超過 100 萬美元。[17] 女性離開醫界，雖有部分原因是出於性騷擾、薪酬與升遷上的性別歧視，但最主要還是工作與家庭之間的衝突。密西根大學醫學院的研究人員艾琳娜・法蘭克（Elena Frank）主張：「醫療機構若無全面性的改革，無法在女性同時扮演母親和醫師時給予更多支持，醫師明顯的性別差異……將持續存在。」[18] 外科醫師的住院醫師訓練時間非常長，工作排程上的要求也很高，身為母親的女性外科醫師面對的難題尤其棘手。[19]

律師 ⟿

美國律師協會（American Bar Association，簡稱 ABA）的近期研究發現，58％有經驗的女性律師說育兒是她們離開事務所的理由，46％則說離職的理由是難以平衡工作與家庭。[20] 研究報告指出：「當資深女性律師離開事務所，事務所和她們留下來的客戶之間的關係會受到衝擊，能提供給客戶的法律人才範圍會縮減，公司發展穩健客戶關係的基礎會變弱，事務所更沒有能力招募與留住具備技能的各級女律師，最終會對事務所未來的成長和營收帶來嚴重挑戰。顯然，目前的政策與實務做法並不足以縮小這種性別造成的落差。」[21]

回覆美國律師協會調查的女性律師，希望看到的是正式的在家工作政策、有薪育嬰假、正式的合夥人兼職政策，以及明確且一致的有股權合夥人升遷標準。美國律師協會的研究報告結論是：「讓資深女性律師裹足不前的，並不是她們沒有毅力或不願意承諾、無法自我推銷或不願意努力工作或做出重大犧牲。簡單來說，女性律師已經夠『挺身而進』（lean in），不需要再做更多了。需要修正的是事務所的架構和文化，以期更能滿足女性律師的需求，才不枉招募與留住這些人才。」

這份報告也指出，制定書面政策只是一部分的解決方案。確保經理人受到適當的訓練，知道如何支持有意尋求彈性選項的員工，也有其必要。提供誘因，鼓勵低階經理人落實政策，亦非常重要。

學術界

在學術界，基本上沒聽說過終身職的發展軌道上有任何兼職職務，而且，除了極少數的例外，為了育兒而離職的教職員，基本上再也無望重回追求終身職的軌道。學界有很多兼職職務，但都是附屬性質，低薪、暫時性、每年都要重新訂定工作契約，通常也沒有福利或升遷機會。女性比男性更有可能接受附屬性的職位。[22]

找到就業上的彈性

➡ 兼職工作

乍聽之下，兼職工作是結合工作與家庭的理想方法。皮尤研究中心於 2012 年發現，育有 18 歲以下小孩的母親當中，53％的已婚母親和 36％的未婚母親說她們比較喜歡兼職工作，勝過全職工作或完全退出職場。[23] 但是，兼職工作有很多缺點，特別是對於知識型工作者而言。多數雇主不會雇用兼職的知識型員工，因此，合意的兼職工作很難找。一般來說，雇主也認為兼職員工「不投入」，所以，就算順利找到兼職的知識型工作，工時也可能遠高於合約（通常沒有額外的補償），更不太可能分到好工作或得到升遷機會。

　　兼職員工的時薪也低於全職員工。有一項研究蒐集 2003 至 2018 年的薪資數據，發現兼職員工的時薪比人口特性與教育水準類似的全職員工低了 23.9%。[24] 控制產業與職務的差異之後，薪資懲罰仍達 19.8%。從性別和種族來剖析數據，顯示白人男性面對的薪資懲罰最高（高達 28.1%），接著是黑人男性（24.6%）。黑人女性、白人女性、西班牙裔男性和女性面對的薪資懲罰介於 17.2% 到 12.3% 之間（數據中未納入亞裔男性與女性）。研究指出，「兼職薪資懲罰中出現的種族落差，可能反映出白人在全職工作上享有薪資優勢，以及他們從事兼職工作時也會面臨的不利。」薪資懲罰長期下來有提高的趨勢（2005 年有一項研究使用 1992 至 2002 年的數據，指出女性要面對 6% 的薪資懲罰，男性則為 4%）。無論從哪個角度分析，兼職工作對員工來說成本都很高。

　　蜜雪兒・歐巴馬（Michelle Obama）在回憶錄《成為這樣的我》（*Becoming*）裡，憶起她身為育有幼兒的兼職律師時遭遇的一些難題。如何讓兼職工作順利？她提供的祕訣包括：從一開始就要明確協商，確認有哪些工作是你要做的、哪些不是你要做的；安排你的時程，某些時候你就是不能來上班；最後，留下（書面）紀錄，記載你的工時。[25]

　　殘酷的事實是，你通常必須先以全職員工的身分來證明自己，才有可能找到兼職的專業性工作。潔妲在一家聲譽卓著的律師事務所成為合夥人後，沒多久就懷上第三胎。她利用自己的新地位，要求一星期上四天班、領五分之四的薪水，董事合夥人核可了她的要求。她解釋：「我星期五必須休息，這樣才能跟上我的生活步調。」這種安排可行，但不完美。隨著時間過去，她在某些星期五還是會工作，通常是每四個星期五就有一次要去上班。由於事務所給了她自由，這是她願意接受的現實。「沒人期待我星期五會出現在辦公室。如果我在，別人會把我當成講究團隊合作的人，這是加分。倘若我沒去，沒有人會抱怨。對我來說，少領一點薪水的取捨非常值得。」對於能夠協商出兼職工作的幸運兒來說，這種情境並不罕見，另一位兼職員工也出聲響應：

　　總是有人問我：「只上 80％ 工時的班，不就代表你做同樣的工作量，但領比較低的薪水嗎？」我的回答是：「我有時星期五要上班嗎？對。我是否只上 80％ 的班，卻要完成用 100％ 工時做完的工作？這也對。」如果我星期五上半天班，晚上或週末就不太需要工作，這樣比較能長久。我向來會選擇充滿驚喜的高需求工作，不想做一般的朝九晚五工作。花 80％ 工時上班去做一份工時很長的工作，是一種能讓我持續做我喜歡的工作的方法。

　　然而，就算你已經向雇主證明了自己，也不保證一定找得到兼職工作，以下這位女性就發現了這一點：

　　雖然我和我丈夫初見時，我賺的錢比他多兩倍，但我懷孕時（薪資）下滑了，因此，兒子出生時，我是賺得比較少的那一方。我任職於知名的大型餐飲公司，我向公司詢問放完產假之後能否轉為兼職，答案是斷然且輕蔑的「不行」。因此我離職了，接下來的 12 年到處接專案，並取得碩士學位。看到我的朋友必須聘用以工換宿的交換學生，或是把新生兒放在日間托育中心直到晚上六點，而我可以自製寶寶副食品，並在星期二早上十點去上幼兒律動課，我就覺得很滿足。但是，我們家的小孩現在已經上小學和中學了，我那些在小孩嬰兒時期與學齡前維持全職工作的朋友們，如今都擁有了蓬勃發展的事業，以領域專家的姿態接受新聞節目訪問，或是擁有掛上自己姓名的律師事務所，而我現在只能回去做偏勞力性的工作，與我的年齡和生活經驗不大匹配。如果當時主管願意讓我轉為兼職工作，如今的情況會大不相同。我知道我可以辦到。

　　從這個故事可以看出，整個社會都需要一起努力，才有誘因同意可信任的員工從事兼職。做出這些決定的通常是員工的直屬主管，因此高階管理人員要負責營造環境，讓同意員工兼職的主管會因為留住人才而得到獎勵。經濟上的理由很有說服力：公司內部提供兼職機會，不僅不用付出成本去尋找遞補人選，也能讓公司享有優勢立場，成功招募出色女性。不僅是女性，願意在孩子生命中扮演重要角色的有能力男性，以及要扮演手足或長輩照護者的人，都在尋覓享有女性友善名聲的優良職場環境。

不懲罰員工的兼職工作機會，對於正處於育兒階段、同時想經營具挑戰性事業的家庭來說，非常理想。人口學家預估的人類預期壽命不斷延長，長期下來，退休的年紀可能會接近80歲。人在職場上的時間會多出很多，而容許員工在緊鑼密鼓的育兒階段從事兼職工作，是很合理的做法。

其他尋求就業彈性的方法

➡ 轉調比較輕鬆的工作

轉調比較輕鬆的工作，比如減少出差或成為個人貢獻者（或是管理較少員工人數的主管），是在職場上營造出較大彈性的另類方法。然而，決定少做一點，可能意味著被別人判定為較不願意投入組織，或是比較沒有能力同時管理各個不斷變動的面向。如果你得到許可，能在職場中減速，你可能必須更認真工作，以證明你有心投入，也有能力。

➡ 成為自雇者

　　另一種爭取彈性的方法，是自行創業或從事顧問工作，成為自雇者。在女性自雇者中，幾乎有三分之一都是兼職。[26] 麥拉有幾個以前的學生就走這條路。有些人發現，他們可以控制自己的工時，不需要對任何人解釋他們只做兼職。正如這位人士所言：「我的客戶都不知道我到底還有多少客戶。我壓力很大時，就少接一點案子，或是接下工作內容較不複雜的案子。誰也不知道實際的狀況。」

　　然而，自雇也有附帶的風險，需要投入時間與精力。你可能無法得到你需要的業務量，或者，也可能在某個時候要做更多工作，超過你所能從容處理的量（這就是自雇的特性，要不飽死，要不餓死）。雖然自雇的成功機會很大，但身為自雇者的你要完全負責自己的稅金和福利，包括存自己的退休金。

　　有些人會自行假設自雇代表「你想工作時才工作、不用管老闆」，因此選擇自雇，但他們會失望地發現自雇工作有多繁重。現實中，你的日常有可能會緊湊得不得了，有時候甚至會延續很長一段時間，還有，可能會有一些客戶自以為是你的老闆。決定走這條路之前，請先善用 5C 架構，務必和資淺與資深的自雇人士聊聊，研究一下當中的優缺點。看看他們喜歡與痛恨的自雇面向、他們必須克服哪些挑戰，以及如何做到。

➡ 追隨單一雇主

還有一種方法可以降低工作上的要求，讓你更輕鬆結合工作與家庭，那就是追隨單一雇主，不要爲了推進事業而不斷跳槽。如果你已經是一位重要的員工，當你需要照料家庭事務時，管理團隊和同事比較有可能給你一些彈性。但你可能要捨棄其他福利，像是加薪；研究發現，整體來說，女性在換工作時得到的加薪幅度多半高於男性。[27]

我 28 歲時從商學院畢業，找到新東家後開始工作。之後，從 30 歲到 35 歲之間，我生了三個孩子。有幾次，我都很認眞思考要不要離職，換工作當然可以拓展我的經歷並讓我加薪。但因爲我的雇主提供絕佳的附屬日托中心，所以這些年我一直待在同一家公司，只是換了幾次職務（我現在還在這裡，距離我從商學院畢業已經超過十年）。

到頭來，認眞工作、好運加上機會，讓我在職場上表現得很好，我認爲可能比我換公司更好。公司裡有很多人來來去去，留下來的我成爲經驗豐富、有能力監督並完成專案與活動的人，也因此，我得以步步高升。我的結論是，在小孩年紀尚幼那幾年，想要「站穩腳步」而不是「挺身而進」的父母（尤其是媽媽），在事業上維持穩定，對家庭和工作來說都是好事。我想，我的事業發展路徑和一般管理碩士出校門之後尋求的「快速高升」路徑不同，反而比較像是滴水穿石的累積，在早期（小孩還小的時候）累積經驗和力量，等時間到了，就能做好準備，快速升遷。

　　艾比在小孩「幼年時期」於服飾零售商 Gap 工作了近十年，她的經驗也呼應了上述這位受訪者的觀點。要找到一位雇主，他不會在一開始就因為你為人父母的身分而有微詞，仍願意讓你推動事業發展，這非常重要。以艾比而言，能夠在穩定且提供支持的環境下工作，因此需要暫時放棄在組織內快速高升的夢想，是值得付出的成本。

尋找托育服務

➡ 有名額、付得起、品質好

　　無論你是全職工作、兼職工作、自雇還是受雇，假如在小孩年幼時還要工作，一定要去找有名額、付得起且品質好的托育服務。長久以來，這都是難以覓得的夢幻組合，當疫情來襲，很多日托中心被迫關門，更是愈來愈困難。隨著時間過去，這種情形可能會改變，但無論如何，尋找你需要的托兒安排都是很費心力的任務，而且，隨著小孩逐漸成長與其他環境因素改變，可能要重複尋找很多次。

　　雖然日托中心是托育五歲以下小孩最常見的方法（約有35％的幼兒和16％的嬰兒都送日托照顧），但這並非唯一可行的選項。美國普查局（US Census Bureau）最近針對「托兒安排」蒐集數據，指出由祖父母照顧是第二常見的做法，照料了32％的孩子（嬰兒的比率還更高一點）。居家式日托則照料了不到8％的五歲以下小孩與幾乎達10％的嬰兒。[28] 聘用臨時或專職保母到府照料小孩，比較方便、但成本很高，只有5％的孩子接受這一類托育。

　　不管選擇哪種托育安排，總會有需要備援方案的時候。如果小孩病了，就不能送到日托中心或居家式日托（現在，小孩病癒要送回去托育，可能需要證明新冠肺炎陰性才行）。假如照顧小孩的祖父母或保母生病、要去看醫生或是去旅遊，就不能幫你照顧小孩了。因此，在規劃常態托育方案時，也要考慮第一備援和第二備援方案比較好。艾比認識的一對夫婦進行每週的規劃時，都會討論要由誰「輪值」充當托育備援。這種策略化的做法，在某天孩子起床發高燒時，會大大減少混亂。

　　培瑞莎和尼爾也分享了他們在尋找托育時的細節。就像很多夫婦一樣，他們驚訝地發現這個流程居然非常複雜：

　　尼爾的母親在他小時候長期經營居家式托育服務，而我們

也決定要成為「日托顧客」，不管是日托中心或帶到鄰居家托育，我們都能接受。懷孕十週時，我們就去登記候補了。預產期是 7 月底，我計畫 10 月回去工作。一開始我們得到消息，日托中心從 11 月開始有空位（這是我們的第二選擇），因此我們請兩邊的媽媽 10 月過來幫忙。

我媽可以待到 10 月中，之後我們發現，我們心中排名第二的日托中心 11 月時沒有位置，但第一名的地方在 1 月時可能會有位置空出來。因此，我最後把兒子交給一位從居家式日托（我朋友的小孩就送到這裡）退休的女士，她願意一個星期幫我們帶四天。星期五時，我想辦法在兒子睡覺時工作，尼爾的表親（在附近的大學讀書）會過來幫忙幾個小時。

到了 12 月時，這樣的安排顯然行不通。寶寶常哭，尼爾的表親也不想照顧一個愛哭的寶寶。隨著 12 月漸漸過去，1 月時空缺開不出來的可能性也愈來愈高。然而，我們首選的日托中心老闆的女兒聯繫我們，她想自己出來開日托中心，問問看我們有沒有興趣過去。她在房價很競爭的時期找到了一處地方，備齊所有備品，也取得執照，而且都是在年末假期過後不到一個月的時間內完成，因此我們心存懷疑。她說，在實際營運之前會先當我們的保母，但她不想做全職，因此會和教會的朋友分攤時數。

到最後，新的日托中心顯然根本無法開張，他們也不想長期當保母，因此，六週後，我們終於找到共享的保母。我們又等了六個月，直到日托中心開出名額爲止，這時候兒子都已經 13 個月大了。我們在候補清單上排了 19 個月。總共算起來，我兒子在前六個月內換了五個照護者。生老二時，我們第一年直接聘請全職保母（並非共享），他 11 個月大時，我們等到了日托中心開出名額，那時我們已經候補了五個月（而且還是因爲手足優先條款才排到的！）。

　　培瑞莎和尼爾的搜尋之路十分艱辛，但他們也很幸運，負擔得起品質好的托育服務。此外，美國有51%的居民身在「托育沙漠」（定義爲：一個人口普查區中有超過 50 名五歲以下的小孩，沒有任何托育供應商，或者小孩的人數是有執照托育中心開出名額的三倍），[29]而他們也不住在這些地方。說起來，培瑞莎和尼爾能得到的托育選項，遠比試著結合工作與家庭的幾百萬名美國人要豐富多了。

　　由於托育名額短缺，再加上托育中心的品質和可靠度的問題，家長通常需要多重托育選項才能滿足需求，以下這個家庭就發現了這一點：

　　兒子剛出生時，我父母搬過來跟我們住了將近一年，之後我們找來保母，幸運的是後來都能請她幫忙（那是在新冠肺炎疫情之前）。因爲工作之故，我一年裡要在國際間出差四次，國內也要出差好幾次，而我太太要跟著東岸的市場開盤時間工

作，因此，每次我出差，我們就需要能從清晨五點半開始的
托育服務。我們的保母不見得想這麼早就過來，這對她來說一
天的工作時間太長了。我們之所以能想辦法撐過去，是因為我
們找到一些高中生來打工，還有希望能增加工時的保母，幫了
我們一把。

　　有些夫婦則是把跟托育無關的工作外包出去，以填補
落差：

　　在史卓柏教授的課堂上，我們可以和校友對談，有些伴
侶是雙方都選擇高要求的工作，便必須把所有家務外包出去。
我跟太太說了這件事，我們也跟著照做。我們把居家清潔、園
藝、家庭修繕等等的工作都外包出去。我們有些朋友在週末還
會請保母，但我們想辦法保留週末，和兩個小男孩共享天倫。

　　這些家庭無疑很幸運，能得到多數家庭在經濟上不可得的
選項。托育是一個重大議題，需要且值得關注並投入資源。唯
有讓更多父母知道自家小孩安全無虞、受到良好照顧，他們才
能安心回去工作。

➡ 回歸有薪工作

　　經濟學家希薇亞·惠勒做了兩項全國性研究，對象是爲了全職育兒而離開職場的女性。她發現，多數人都會在某個時候想要回去工作，也順利回歸了。約有九成的女性想要回去工作，其中有四分之三都成功了。[30] 在這些重返工作崗位的女性中，有四成是全職工作，約四分之一是兼職，約一成則是成爲自雇者（近年來自雇的人數可能又增加了）。[31] 帕梅拉·史東（Pamela Stone）和梅格·拉芙蕎（Meg Lovejoy）近期做了一項較小型的深度縱向研究，對象是 43 名離職後想要回歸職場的中上階級專業女性，她們後來的成就還高於之前事業暫停時。[32]

　　回歸有薪工作的理由有很多。小孩年幼時，父母其中一方在家確實大有幫助，但這樣的安排也會帶來壓力，像是以下這位女士所說：

　　我在疫情期間決定接下一份全職工作，自我生下老大、從事兼職工作以來，已經過了 12 年。不管是薪水還是職務，新工作沒有特別讓人豔羨的。我接下這份工作是爲了支援我先生，以防萬一他失業。他所處的產業普遍正在減薪裁員，我丈夫在徵人廣告上找工作，身爲家庭主婦的我只能穿著圍裙焦急地絞著手，光想像就很可怕。我也想給我丈夫離職的自由，他已經養家 12 年了，如果他想要的話，可以另覓新職或開創新事業。接下新工作後，我才發現自己在這段期間仍感到一絲絲愧疚，因為我幾乎算是要求丈夫一肩挑起一家五口的生計。他從沒抱怨過，但我知道這讓他背負著很大的壓力。

　　在惠勒的初始研究中，約有六成想要重返職場的人，抱持的都是經濟理由：他們懷念擁有獨立收入來源的日子，認為自己的家庭少了這一份收入之後需要面對經濟上的壓力，或是兩者皆有。許多人也很想念經營職涯本身帶來的滿足感。

　　在惠勒的研究中尋求重返職場的女性，幾乎有四分之一都是以利他為出發點，希望自己能透過工作回饋社會。工作讓她們的生活更充實、更有意義，也能在過程中留下一些印記。很多時候，這意味著，退出職場前、從事以男性為主的工作的女性，等到重返職場時會去找女性為主的職務。女性為主的職務薪水比較低，薪資懲罰幅度約為 18 至 38％，[33] 但會有一些特別的福利，包括工作排程上較有利於照顧家庭。這股轉向以女性為主的工作的趨勢，某種程度上可以提供部分解釋，說明為了育兒而暫時退出職場的女性於多年後回歸職場時，所遭遇的薪資懲罰是從何而來。

可以善加利用的回歸職場好資源 ←〜〜〜—

近年來，許多企業開始協助女性回歸職場，例如：愛再出發（iRelaunch）與媽媽專案（The Mom Project）。他們協助女性培養新技能，尤其是科技方面；他們提供同儕團體，讓其他想要重回職場的人能聚在一起；他們也刻意地強化女性的自信。有些企業還發展出網絡，讓有職缺的公司加入。除了幫助女性做好準備在工作面試中求得好表現，他們也幫助女性求職者媒合可能的雇主。

如果你想要重返職場，請記住，成功率很高，請保有自信。要找到你喜歡的工作需要一點時間，但你已經跨出了讓人興奮的腳步。將這件事想成是開啟人生全新篇章的起頭。

照顧好自己

一邊照顧家庭、一邊工作賺錢，就沒什麼時間去做別的事了。若要確保不會忽略掉工作和育兒以外的重要事項，方法就是把這些事排進行事曆裡，就像排定會議和約診一樣。務必要規律運動、和朋友聚聚、與伴侶約會，挪點時間從事一些可以滋養你的創意活動；請把這些事和工作上的會議都納入行事曆裡。

　　你可能會好奇，到底要怎麼做才能真正落實。這不容易，但若講到如何找時間做自己想做的事，我們鼓勵你多一點創意。在上學時間或日托時間和伴侶來個午餐約會；利用週末的托育時間，兩人一起去做體能活動；安排時間和朋友出門辦事，順便聚會聊天。

　　在這方面，我們本來也應該鼓勵你安排適當的睡眠時間，因為早就有很多證據證明，睡眠長期遭到剝奪，會導致長短期的不良後果。[34] 但我們也要務實。我們知道，要兼顧有薪工作和照護任務的人，很少會覺得自己有睡飽（沒錯，這是一大問題）。科技在這方面造成極大影響，奉行「永遠開機」文化的職場太多了。試著善用科技，幫助你多睡一點：關掉 Netflix「自動撥放下一集」的功能；設定 Wi-Fi 路由器的關機時間；買一個只有基本功能的鬧鐘，不要把手機帶進房間。

使用 5C 架構：結合工作與家庭（尤其是在暫別職場之後）

　　暫別職場之後，要找新工作是勞心勞力的；假如離開的時間很長，那更是辛苦。請放心，如果願意堅持，你的勝算很大。使用 5C 架構，你可以建構出讓自己和家庭都更輕鬆愜意的決策與流程。

➡ 第一步：釐清

決定重返職場之前，先回答下列兩個問題以釐清目標：你為何想回去？你想做哪一種工作？

請記住，釐清你想要什麼，是一個持續性的過程。當整體經濟或社會環境、產業或工作要求出現變化，都會導致你需要重新評估自己想要什麼。在你不斷向前邁進的同時，請不斷自問這些問題。也請記住，改變心意是流程中正常的一部分。

➡ 第二步：溝通

如果有伴侶或配偶，和對方聊聊，談談你想要什麼。假設你出去工作，你的家庭和家人要如何以不同的方式運作？你在找工作時又會有哪些疑慮？在雙薪家庭中，就算兩個人目前都在職，任一人的決定還是會影響到對方。舉例來說，如果父母其中一方考量要不要接受升遷，但條件是工時更長或出差機會更多，請和對方談談，看看對方能不能打理家庭。如果你回去工作，課後托育方案又沒有名額容納你的小孩，那你要怎麼處理這幾個小時的空檔？假如你的小孩痛恨去年的夏令營，你是應該看看夏天時能否協調減少工時，還是問問看你住在另一個城市的父母今年夏天能不能過來照料孫子？倘若小孩年齡稍長，而你打算回去工作，他們會有什麼感受？請記住，為人父

母，你要堅持自己的決定，但同時也要處理其他人可能會有的
疑慮。說出你的心裡話，並傾聽你愛的人有什麼要說的，是達
成健全平衡溝通的要件。

➜ 第三步：考量廣泛的選擇

　　無論你過去的職場生活如何，請對不同的新選項抱持開放
的態度。舉例來說，如果你從沒想過自雇，請記住，即便是找
到全職工作，也難免有風險。有些人順利將自己最熱衷的閒暇
嗜好變成事業，或許你也可以。

　　找工作的過程也需要一些有創意的機動做法。假如傳統途
徑無法替你引起雇主的注意，就要考慮其他方法，提高自己應
徵成功的機會，比方說，某些志工職務可能會有幫助。喬登過
去從事財務工作，離開職場的期間，她在所在的城市當志工，
幫忙規劃新大樓。當她準備好重返職場，便四處宣傳她的期
望。她要找工作的事傳到一家非營利組織的董事耳裡，該機構
正在尋找一位執行董事。這位董事對於她在財務方面提供的志
工服務印象深刻，於是幫忙拉線、促成面談，她也得到了這份
工作。她在非營利組織的新職位賺到的錢，比之前的財務工作
少很多，但她熱愛新工作，而且「非常樂於接受」減薪一事。

　　有創意的團隊合作，有時候會讓你美夢成真。離開職場
12 年後，伊希塔覺得自己準備好回去工作了，但她只想做兼

職。她和每個她見到的人談她的期望，期間便遇到一位也想要回去做兼職工作的女性。她們組成一個團隊，尋找願意同時聘請她們兩人的雇主，由她們分擔同一份工作。她們花了兩年的時間，但最終找到了夢幻工作。

➡ 第四步：聯繫

你可以跟誰聯繫，談談你想重回職場的打算？人脈可以幫助你判斷是否需要找有薪工作；如果需要的話，又要如何找到一份你想要的工作。去找找你感興趣的產業的專家；與你的人脈網絡聊聊他們的工作，聽他們如何結合工作與家庭；和鄰居、小孩朋友的家長、你去敬拜的地方或課外活動團體裡的人聊聊。問問題，跟他們講講你在找什麼樣的工作，以開放的心態接納建議。

當你考慮要改變結合工作和家庭的方法，在徵詢他人時，通常也需要抱持這種開放的態度。麥拉的孫子讀小學時碰上了閱讀障礙的問題，她的媳婦喬安娜說，當時她曾考慮離職以全力協助兒子，但喬安娜的母親提出不同的觀點。她問：「妳在家要怎麼幫助他？妳為何不繼續工作，拿一部分的薪水聘用一位專業陪讀家教來教他？」喬安娜領會到她母親想法中蘊藏的智慧，於是照做。和母親聊聊，對她做決策而言很重要。

➡ 第五步：探索可能的後果

　　關於如何順利應對工作和家庭，你可能需要持續做許多決定，請試著預測你做出的不同選擇會造成哪些後果。舉例來說，假設你因為小孩痛恨夏令營而決定把小孩送去祖父母家，整體來說，這對你和父母或公婆（或岳父母）之間的關係有何意義？如果你聽到一些話讓你很困擾，例如小孩吃得很少，或是小孩根本沒有學到基本禮貌，你會覺得被別人批判嗎？還是說，無論別人怎麼講，只要有人幫忙，你就很感激？這樣的經驗會讓你的家族更親密嗎？你或許不確定答案是什麼，但可以根據你知道的好好猜一猜。

　　但願你的生活與事業都能長長久久。如果你發現自己不喜歡現在結合工作與家庭的方法，請記住，你有動力做出改變。這個世界上沒有什麼是一定不能改的。

第七章的練習題：

你要如何結合事業與育兒？

　　本項練習的重點是 5C 架構中的釐清與溝通步驟。請針對以下的問題自省，如果你有伴侶的話，請和伴侶討論。

1. 你有多確定你有了小孩之後還想做全職工作？以下三段敘述中，哪一段最適合你？為什麼？

　　A. 我打從心底知道，我成為父母之後還是想要做全職工作。專業上的身分認同對我來說很重要，我會盡全力確保這一點。

　　B. 我明白成為父母之後繼續做全職工作的好處，但也看到一些缺點。如果天時地利人和，讓我可以繼續從事全職工作，那很好，但我不會做任何承諾。

　　C. 事業對我來說很重要，但小孩更重要。我想要暫停工作或放慢速度，多花一點時間陪小孩，至少會暫時這麼做。

2. 下列哪一種和育兒有關的說法最適合你？為什麼？

A. 只要小孩很安全並交由具備適當技能的照護人員照料，我
　可以放心交給非家庭成員的外人照顧。

B. 我認為把小孩交給家人照顧是有益處的，但若能找到適合
　的照護人員或托育中心，我也相信這種安排對我們家來說
　可以接受。

C. 對我來說，小孩由家人全職照料很重要，最理想的人選是
　父母。

3. 你認為你對上述問題的答案會隨著時間而改變嗎？會如何改
　變呢？

**　如果你有伴侶，請和他分享你前三題的答案，說明你為何會
選這些答案。在伴侶向你解釋他的答案時，也要積極傾聽他的
說法。**

4. 伴侶的答案是否讓你感到意外？你們兩人關於事業和照料家
　庭的綜合答案，對你們的家而言隱含了哪些意義？

---

5. 假設你們兩個在第 1 題都選 A，請討論一下你們如何決定誰的事業發展比較優先。長期下來，這會改變嗎？如果會，那會如何改變？

---

6. 如果你們兩個在第 1 題都選 C，討論一下你們是否真的決定是這個先後順序，以及你們是如何決定的。對你們家的經濟來說，你們預期要如何安排才行得通？你們需要改變生活方式或居住地點嗎？

---

7. 如果你和伴侶在第 2 題的答案不同，你們要如何化解歧見？

潮起潮落

面對關係中的挑戰
（以及如何優雅地結束一段婚姻）

在一班從紐約飛往加州的班機上，麥拉的第一任丈夫山姆對她說，他對這段婚姻很不滿。這句話令人震驚；他們結婚18年，他從沒說過這種話。麥拉嚇了一跳，建議做伴侶諮商，但山姆說他想自己去找治療師。一個月後，他要求嘗試分居，並搬了出去。沒多久，他就提了離婚。

離婚當然不是關係出現挑戰時必然會發生的結果，但留心蛛絲馬跡、預測並因應關係中的障礙，對於任何伴侶關係都大有益處。知道如何強化與伴侶之間的連結並熬過艱難處境，可以增進你們的關係。如果有一天你真的離婚了，這些技能也可以讓你們在盡可能和平友好的局面之下分手。

並非所有溝通都是均衡的

多數人都知道，溝通在任何健全關係中都是主幹，但是，少有人具體實際地去處理核心問題：**什麼是良好的溝通？**麥拉在殘酷現實的調教之下，學到良好溝通的重要性。她和山姆經常聊天，很少吵架。他們的對話聊的是政治、工作和小孩，經常分享工作上的細節，兩人看似有共通的興趣，也相互尊重。

很多年過去了，麥拉才開始明白為何他們之間溝通不足。她的第二任丈夫傑是精神科醫師，他向她說了一個概念：**親密**溝通才能滋養婚姻。他定義的親密，是「走進我的內心瞧瞧」。要和伴侶進行親密溝通，你必須讓伴侶**在當下**進入你的感受，包括你對於你們的婚姻有什麼感覺。重點在於，要信任你的伴侶並傳達這些感受，不要擔心伴侶會因為你有這些感覺而離開你。矛盾的是，當你在伴侶面前顯現出自己脆弱的一面，反而能保住你的婚姻，還能讓婚姻更添韌性。

雖然吵架通常被視為負面的（如果被誤用，當然就是壞事），但對關係來說，有建設性的爭吵勝於不當的溝通。約翰・高特曼和妻子茱莉・高特曼都是專攻伴侶溝通議題的專家，他發現，為了解決問題而爭吵的伴侶比較容易常伴左右，好過為了證明伴侶錯了、為了羞辱伴侶或為了妨礙對方表達意見而吵架的伴侶。[1]

當然，溝通是雙向的，除了談談你自己的感受之外，你也必須成為關懷對方的傾聽者。事實上，好的傾聽（特徵是同理與同情，而**不是**提議解決方案）在良好的溝通當中占了一半以上的比重。當我們覺得對方有聽到自己的心聲，才比較可能繼續分享感受。好好溝通，代表要聚精會神並相信伴侶的說法（不要假設你的伴侶是想要改變你的觀點）；你要相信，你們是伴侶，終究會達成協議。

婚姻若要幸福美滿，兩人都必須覺得自己做出的妥協是公平的。通常不太可能在每一個議題上都讓兩人完全滿意，但整體來說，長期下來，必須讓兩邊都覺得很公平。如果傳達差異的過程讓人感覺不公，溝通的橋梁最後就會搖搖欲墜，從而削弱關係的基礎，有礙未來的發展。

保有浪漫與身體上的親密

　　若要讓兩人之間多年下來還能保有浪漫的火花、禁得起人生的起起落落，需要耗費時間和心力。如果生活中還要加入事業、育兒、家族親人及更多其他因素，就難以挪出這些時間和心力。這可能導致浪漫與性親密度明顯地、甚至嚴重不足。肢體上不再接觸，有時可能導致不忠，但不忠通常還有其他肇因。性方面的興趣會隨著時間與年齡而下降，然而，就算性愛減少了，也不見得代表一切都沒了；溫柔、愛意和熱情，很多時候都可以成為重要的替代物。

　　許多伴侶會安排固定的約會之夜，在日常的交流之外維繫彼此的關係。很多人也會在情況許可時，安排週末外出。但如果這些「伴侶時間」沒有貫徹到日常互動，約會之夜與偶一為之的週末外出益處，並不足以讓婚姻維持幾十年。某種程度上，雙方都要記得自己為何要和對方結婚，要努力重燃小小的火光，使其搖曳不滅。愛的凝視、觸碰、真正的親吻（不只是碰臉頰而已），以及私密的暢談與歡笑時間，都是必要的。

　　非營利組織美國退休者協會（AARP）調查 50 歲以上的夫婦，發現最幸福的夫婦有多種方法維持婚姻中的浪漫與親密。[2]

根據受訪者的答案，三位專家發表了評論，並提出建議。有些建議很簡單：不要怯於在大庭廣眾之下牽手或親吻；讓伴侶知道你認爲他很棒，每天一定都要說愛對方；有時候，就算你當下沒有那個心情，也可以來點性愛；每星期至少熱吻一次，每個月至少有兩個晚上和伴侶約會。然而，就算這些建議再怎麼簡單，當小孩年紀尚小或是你們正經歷壓力很大的時期（比如全球性的疫情），聽起來都很難做到。因此，如果你有一陣子都無法安排約會之夜，或者你的性生活正在經歷乾枯期，也不要驚慌。你的目標是不管世事如何變化，都要認眞經營雙方的關係，讓親密關係成爲支持的力道，而不是增加你的壓力。

重點不只是性愛（差多了）

生活中有多少性與愛，關乎關係中的其他事情。若要有性和愛，你就必須和伴侶滋養出更深刻的連結，包括支持對方的夢想與渴望。要確保兩邊都覺得對方看到、聽到自己並提供了支持，關係中的性與愛才能長久不衰。這也呼應了研究結果：彼此平分家務的伴侶，比較常有性愛。[3] 當兩方都覺得受重視，就比較容易會有親密、笑聲和歡愉。

埃絲特・沛瑞爾（Esther Perel）是伴侶關係治療師、作家暨 Podcast 主持人，她說，人在一對一的關係中，既想要冒險

也想要安穩，這是一種矛盾。[4]她也提到，要同時享有情慾（情
慾會因神祕而熱烈）與親密（親密需要的是坦誠，跟神祕剛好
相反），有其難度。若要同時在同一個人身上找到這些元素，
是強人所難，尤其是現代人的預期壽命比過去長得多，性愛也
不再只是為了傳宗接代。

　　沛瑞爾說，已經在一起一段時間的伴侶，不應期待性愛會
自然而然發生，反之，她建議要特別安排。她也建議伴侶要做
好準備迎接排好時程的性愛，要改變心態，包括加入想像力、
換個心情輕鬆享受。當伴侶將重點放在生兒育女、經營事業、
管理居家與社交生活，以及維持財務健全度，便可能無暇醞釀
新鮮感與玩心，但沛瑞爾主張，這些特質正是美好性愛的重點。

關於不忠 ←〰〰〰

　　討論性愛與婚姻，不免會談到不忠。根據 2010 年到 2016 年
的美國一般社會調查（General Social Survey），20%的男性和
13%的女性說自己曾在婚姻中與配偶之外的人發生性關係。[5]
其他研究估計，婚外情的普遍程度大約為 20 至 40%。[6]

　　有些人確實能努力克服不忠的問題（在受過訓練的專業人士
協助下，尤其有效），但伴侶治療師認為婚外情是「伴侶面
對的問題中殺傷力最大的問題之一，也是最難處理的問題之
一。」[7]

當金錢議題導致不信任

　　哈娜的外婆過世時，她繼承了一大筆遺產，哈娜的母親對她說，這筆錢全都是她的，而非夫妻共有財產。然而，哈娜要照料三個幼兒，再加上她說自己「沒有數學頭腦」，於是請丈夫尚恩替她管理這筆錢。他們從沒討論過尚恩如何投資這筆遺產，幾年後，這些錢顯然就這樣不見了。尚恩在一樁失敗的房地產「交易」裡虧光了所有的錢。哈娜對於丈夫的信任煙消雲散，很快地，她就提出離婚。

　　金錢上的歧異，是婚姻失和與離婚的主因，如果再加上整體的溝通不良，更是雪上加霜。哈娜與尚恩的問題雖然特別戲劇化，但是，即便牽涉到的金額比較低，引發的也只是三不五時出現的日常摩擦，因財務而起的爭執仍是強悍的婚姻殺手。有些人愛存錢，有些人愛花錢。有些人靠借貸買東西，有些人希望手上的錢夠了之後再花大錢。有些人想要豪宅，根本不在乎預算帶來的壓力，有些人則比較想住得簡單，享有財務上的緩衝，讓自己在夜裡睡得安穩一點。如果配偶理財的方式與你南轅北轍，就需要多花一點時間和精力來處理這些差異。

　　伴侶之間可用一種方法來因應南轅北轍的理財哲學，那就是維持財務獨立。你們可以將自己的錢拿一部分出來當成共有資金，同時保有自己的獨立帳戶。美國銀行（Bank of America）近期做了一項調查，指出保有獨立銀行帳戶的伴侶

比過去更多了。他們發現，在千禧世代伴侶中，有 29％保有
獨立的銀行帳戶，相比之下，嬰兒潮世代的伴侶僅有 13％。[8]

　　就算伴侶之間的財務哲學類似，就像我們在第二章中討論
過的，他們也會樂於同時擁有聯合帳戶與獨立帳戶。艾比和羅
斯在研究所時期同居之後，就採用這種方法。儘管他們提撥到
共有帳戶的所得比例隨著時間過去而提高，但各自擁有個人帳
戶，使得兩人都有簡單且無須內疚的方法來支付所需，例如週
末和朋友去旅行或買禮物。

當改變造成了衝擊

　　在婚姻中，兩方的想法、目標、觀點等必定會改變，而且
有些改變會同時發生，惟速度不同，方向各異。當相伴多年的
夫妻接受訪談，聊到他們的婚姻為什麼可以順利走下去時，他
們通常會提到，針對變動做協調是很重要的事。許多人說，轉
捩點也可以成為他們關係中的關鍵時刻。有些人會帶著驕傲，
說到自己或對方如何努力接納、妥協或重新學習，以回應伴侶
的變化。

　　改變可能會很可怕，但如果伴侶經常聊天、認真傾聽並相
信另一方所說的話，兩人終究會培養出更多信心，相信有能力
管理自身、彼此以及關係上的變化。只要過去曾經成功過，就

不會如此害怕改變。至於相伴沒那麼久的伴侶，要面對的挑戰之一，就是不要因為害怕改變而壓抑自己想要和對方交流的意願，而是要努力找出究竟是什麼事情有所改變，以及改變如何衝擊了關係和生活。

在《雙薪家庭進化論：打造神隊友，成就彼此的愛情與事業》（*Couples That Work: How Dual-Career Couples Can Thrive in Love and Work*）裡，作者珍妮佛・彼崔格里利（Jennifer Petriglieri）定義了伴侶在工作／生活旅程中的三次轉變。[9] 順利度過轉變，可以營造出更深刻的親密感；做不到的話，就會惹來不滿或離婚。

若要順利走過婚姻的第一階段，需要夫妻釐清如何結合雙方忙碌的生活，而且通常還要加上年幼的孩子。兩人需要在工作上累積個人成就，在家中則必須合作，成功經營起一個家。

隨著時間過去，夫妻一方或雙方可能會開始思考，要不要繼續經營已經開拓出來的路徑。「我真正想要的是什麼？」這個問題會開始有新意，這對伴侶可能會出現所謂的中年危機。用雙方都能感到滿足的方式度過這場危機非常重要，如此才能讓婚姻成功維持下去。

瑪格麗特和伊凡在大學時相遇，畢業沒多久後結婚。伊凡在大學畢業後進了法學院，瑪格莉特擔任祕書、工作了幾年，之後就把心力放在養育小孩和持家上。家裡的老么進高中後，瑪格莉特發現自己想去念商學院，因為她想要有一些挑戰，也因為她希望在財務上有一些貢獻。伊凡知道這個夢想對妻子來說很重要，便鼓勵她去申請，並向她保證自己會承擔一半的育兒與持家的責任。他履行了承諾，瑪格麗特最後也成為一家大型非營利組織的執行長。他們最近歡度了結婚 60 周年。

　　彼崔格里利提到的第三期轉變，會到人生比較後期才出現，可能是 60、70 歲時，也可能是 80 歲時。這種時候，夫妻通常會問：「如今的我們是什麼樣的人？」此時，兩人都已經歷了明顯的生理變化，早已不是當年深深吸引對方的模樣。如果有小孩的話，小孩也已經或差不多獨立了。工作也不再是他們身分認同的中心，而他們的父母可能需要照顧或已經過世。他們的朋友、甚至他們自己，也許會開始生重病。或許有一些密友已經離世。「所以現在呢？」他們會這樣自問。

　　伊凡和瑪格麗特在經歷第三次轉變時，比第二次要辛苦得多。瑪格麗特準備要退休時，伊凡已經退休很多年。伊凡想要去那些一直想去卻沒成行的國家，瑪格麗特卻在此時變得更忙，因為她在寫書。他們決定去找伴侶關係治療師。幸運的是，他們多年來溝通良好、彼此包容，因此設計出一套兩人都同意的旅遊計畫，以及他們可以一起做的志工：督導高中學生。兩人都沒有完全得到自己想要的，但都獲得了最想要的：經常作伴的親密關係。

　　瑪格麗特和伊凡發現了一件事，那就是中立的第三方（以他們來說，這個人是治療師）可以發揮很大的作用，有助於解決我們提到的所有可能讓關係脫軌的問題。如果你的伴侶提議去找治療師、但你不認同，請答應對方，試試看。這可能會是一個令人驚喜的絕佳決定，正如以下這位女士的經驗：

我們一直都維持財務獨立，然後平均分攤費用，直到我的公司在 2020 年倒閉為止（當時我們正在談離婚）。我鼓起很大的勇氣，才請我先生提供經濟支援，一開始他很猶豫。但我們的婚姻諮商師對他說，支持是婚姻的一部分，而他給過我（現在也仍然給我）這份沒有條件的支持，正是修補婚姻的主要動力之一。

假如雙方都願意敞開心胸、增進溝通、主動因應問題，伴侶關係治療師就能在危機期間幫上忙，也有助於建立關係。有經驗的伴侶關係治療師，看著雙方對話的方式就能找出模式，並在「當下」提出建議，指出該如何改變。伴侶關係治療師凡妮莎・卡絲（Vanessa Katz）將她和伴侶之間的合作比喻為「上健身房」，差別在於鍛鍊的是情緒肌肉。[10]

儘管諮商大有益處，但費用昂貴，而且會因為治療師的所在地區、經驗、學歷和聲譽不同而有很大的差異。目前美國聯邦法律規定，多數保險方案中必須納入個人治療，但伴侶關係治療不同，通常不在保險範圍內。你也可以選擇一些成本較低的替代方案，包括和神職人員聊聊，或閱讀和伴侶關係有關

的書、彼此討論，甚至也能去找免費或低成本的十二步驟計畫
（聚焦於協助伴侶克服成癮或其他議題）。無論採行哪種管
道，若想要順利度過艱難時刻，關鍵是要確認你和伴侶都願
意進入探索的過程，把目標放在修復與強化你們兩人之間的
連結。

決定離婚

有一次，麥拉在一場全國性的研討會上演講，有一位研
究生伊莉娜於演講結束後過來找她，問她有沒有時間一起喝杯
咖啡。她們找了一張幽靜的桌子安坐下來，伊莉娜說起自己的
事。伊莉娜和丈夫列昂尼德都來自於俄羅斯，兩人都在美國長
大，並在新英格蘭念研究所時相遇。結婚三年後，他為了寫論
文做研究，去了俄羅斯的一處鄉下，那裡沒有網路，電話也時
有時無。雖然他們承諾每星期都要寫信給對方，但兩人都沒有
貫徹，如今已經兩個月沒消息了。在此同時，伊莉娜和研究所
學程裡的一位男士更常在一起，並發現自己愈來愈喜歡對方。
「妳覺得我應該寫信給我先生，跟他說我想離婚嗎？」她問。

「慢一點。」麥拉說，「妳太快說到離婚了。妳剛剛說妳
沒多久前才結婚，你們兩個在一起的這幾年都很幸福。在妳考
慮離婚之前，你們兩個一定還有很多話可聊。還有，在和他聊

之前，妳要好好反思一下自己。」

　　麥拉問伊莉娜還想不想要這段婚姻，伊莉娜說她認為自己還想要。她內心深處還愛著列昂尼德，但她生他的氣，因為他選擇去幾乎沒有網路和電話服務的俄羅斯鄉下做博士研究，而且他沒有定期寫信給她。她認為，對他說她要離婚，或許能讓他更愛寫信。還有，她也真的喜歡同班的那位男子。

　　麥拉不是婚姻諮商師，也不是精神科醫師，但她敦促伊莉娜將對先生的怒氣和她想要留住婚姻的渴望分開。還有，她也建議伊莉娜仔細考慮她是不是想要採取任何行動以保住婚姻，這也意味著，在她弄清楚自己想從列昂尼德身上得到什麼之前，和另一名男子只能維持友誼關係。

　　許多伴侶都有過這種時候，其中一方、甚至雙方必須決定要不要中止兩人之間的關係。有這種想法本身並不是惡兆，但確實代表需要探索兩人心裡和關係當中到底發生了什麼事。雖然有些伴侶在這麼做之後得到了很好的效果，繼續長相廝守，但也有人分道揚鑣。然而，就算要經歷如此辛苦的離婚過程，長遠來說，分手仍會讓某些人更快樂、更健康。不管你處於什麼狀況，你都要知道這些艱難時刻可以、且到頭來經常證明大有益處。

　　麥拉在 1980 年代初離婚，當時離婚率正處於高峰，之後就開始下跌，到目前為止，千禧世代仍延續這樣的趨勢，他們的離婚率已經低於前幾代人了。但根據估計，目前的婚姻約有

40 至 50%是以離婚告終。[11] 近年來，50 歲以上的夫妻離婚率出現攀高的現象。有趣的是，當麥拉問學生覺得自己目前或未來的婚姻會不會以離婚收場時，每個人都說不會。從某些方面來說，這是好現象，代表了人們仍樂觀看待婚姻，但從其他方面來說，或許會助長自滿與否認的情緒。此外，覺得自己不會離婚，可能會讓人不去思考什麼叫做「好的」離婚，包括如何管理任何複雜情緒與財務決定（終結伴侶共同生活時必會發生的事）。

離婚對小孩的影響

每年，美國約有 150 萬名小孩要面對父母離婚。研究指出，多數小孩在父母離婚當時或後來長大成人之後都沒有什麼重大問題，但也有 15%飽受痛苦。[12] 有一個指標可以預測小孩會不會出現嚴重問題，那就是父母雙方在離婚期間或之後是不是一直很痛苦。但就算沒離婚，充滿火藥味的婚姻也會對小孩造成不當影響，因為留在糟糕婚姻裡的父母不必然能幫助小孩。[13] 說到底，對小孩來說，最麻煩的問題是父母不和，而不僅是他們到底是留在婚姻當中、還是離了婚。

有時候，離婚對家庭造成的破壞力量，並不像父母想得這麼嚴重，正如下列這位女士所說：

我之前就想過要離婚，但我一直在找理由，告訴自己這段婚姻還行，事情沒有這麼嚴重。我很擔心，不知道該拿小孩和財務怎麼辦。想到要成為單親媽媽，就算能取得共同監護權，都讓我覺得承受不了⋯⋯我留在婚姻裡很久，因為想到可能要把小孩交給前夫照顧就讓我坐立難安。但到最後，我根本不用跟他對抗，就擁有了共同監護權。到頭來，結果比我想像中還要好。

有些人或有些伴侶決定，要等到家裡的老么離家上大學後才離婚；他們認為小孩長大了，不再一直住在家裡，可能比較容易接受父母離婚。然而，文獻指出，離婚造成的立即效應，對年紀大的小孩來說可能會不同，但他們不必然比較能調適；他們也和年幼的小孩一樣，需要父母的協助才能順利適應新的家庭狀況。[14]

分財產

分產通常是離婚時主要的爭議點，可能導致長期的痛苦。九成的離婚案都在法庭外和解，但萬一要上法庭，多半都和金錢有關：撫育孩子、分產和贍養費。某些時候，也會上演爭奪孩子的監護權。[15] 不管是奉行共同財產制、還是公平分配制的州，財產通常會平均分給兩人，不一定要提起訴訟。

　　麥拉曾在四場引人注目的離婚案中擔任專家證人，在這些時候，如何公平分配財產是一個重要問題。在每一場離婚案中，問題都是如何評估妻子的無償勞動；這些妻子在長年的婚姻中，大部分時候都是全職操持家務的人。麥拉的結論是，不管是用統計方法來找出持家活動的相當市價，還是臆測持家的人若從事有薪工作可以賺多少錢，都錯得離譜。她建議，與其爭論無償勞動的價值或用錯誤的方法來估計，不如將長年的婚姻視爲以雙方合意條件爲基礎的一半一半合夥事業。[16] 透過這種角度，從經濟觀點來看，正要離婚的夫妻就是一種投資單位，在整段婚姻期間投資自己與伴侶：全職持家的人煮食、打掃和採買雜貨，負責賺錢的人離開家去工作，兩邊各司其職，支撐起共同的生活。因此，到了要離婚的時候，財產想當然應該平均分配。平均分配不應視爲是贈與賺得比較少的伴侶，也和經濟需求無關，反之，應該視之爲兩方在婚姻當中賺得的投資報酬。

注意你的稅單 ←〜〜〜

　　即便是相對平和且直截了當的離婚案，我們也建議要尋求稅務律師的建議，因為稅法經常變動，假如忽略稅務造成的問題，可能會讓雙方在財務上承受嚴重的後果。如果離婚的狀況更複雜一些，就需要諮詢更多專家。

　　分產時，要考慮的稅務負擔可能會變得很複雜。舉例來說，就算兩棟房子目前的價值都相同，但若是購入的時間點不同、稅基不同，在支付應付稅額之後的價值可能就不同。還有，一定要記住，如果配偶其中一人正在領取退休金（或是部分的退休金），此人就要支付這方面的稅金。雖然本書不會談到稅賦主題，但請記住，育有小孩的夫婦要離婚時，在報稅時需要就如何申報育兒抵稅額達成協議。

贍養費、監護權和撫育小孩

　　贍養費、監護權與撫育小孩是離婚夫婦之間的其他熱議話題。假如能針對這些議題達成協議，你就不用上法庭，也能讓你和小孩更輕鬆快速地在新生活中安頓下來。請找調解人，不要找互相對立的兩造律師，或許有助於你們在不需過度對抗的條件下達成協議，以下這對夫婦便是如此：

　　我們兩人做得很好的一點是，我們將小孩放在第一位。可以的話，請盡量做到這一點。我們的調解人對我們說，離婚總是有人挑起的，這個人要敏感一些，對另一方要展現同情與同

理。我是挑起離婚的人，但願我當時更敏感一點，也更同情、
同理一點。

➡ 小孩的監護權

小孩的監護權安排有兩個面向：**法定監護權**（legal
custody）決定誰負責小孩的福祉，包括小孩的健康與教育問
題；**生活監護權**（physical custody）規定小孩住在哪裡。

在美國多數的州，父母在離婚之後都享有**共同法定監護
權**。假設要上法院離婚，法官通常會判**共同生活監護權**，讓小
孩可以固定跟父母雙方聯繫。[17] 無須多說，如果父母之間的衝
突相對不嚴重，共同監護權會比較好。

雖然法庭通常都將小孩的生活監護權全部判給媽媽，尤其
是五歲以下的小孩，但這一點正在改變。在父親權益組織的倡
導之下，加上愈來愈多由父親執行親職的情況，法庭愈來愈有
可能判共同監護，或是讓父親至少能享有大量的探視權，[18] 我
們有一位受訪者就是如此：

一開始，我們以為可以找到調解人，共同享有雙胞胎的監
護權並快速分產，趕快了事。但我們發現，不管是在情感上或
財務上，事情都比我們想像中的更加困難。我以為我可以保住
房子，而且兩個女兒大部分時間可以跟我在一起，因為我是主

要照顧者，但現在已成前夫的他說他想要房子，還要共享一半監護權，這讓我感到很意外。

　　共同生活監護權對年齡稍長的小孩和青少年來說可能會很困難，他們也許會很叛逆，不願意分配時間在兩個家之間奔波。大部分時間和一方相處、暑假和假期時換成另一方，有時候可以化解這些議題。然而，很多時候，小孩只想待在朋友所在的地方。

　　當凱倫和前夫傑若米離婚時，他們假設可以享有兒子的共同生活監護權，但 13 歲的愛德華拒絕，他想住在原本的房子裡，附近就有朋友。凱倫和傑若米分產時，本來打算把房子留給凱倫，但在愛德華拒絕搬來搬去之後，凱倫做出了一個艱難的決定。她向傑若米提議，分產時讓傑若米留下房子，愛德華可以跟他住。不能每天和兒子在一起讓她非常難受，但就像她說的：「如果傑若米擁有主要的生活監護權，我一週會去看愛德華好幾次……但如果是**我**有主要監護權，傑若米就不太會來了。我希望愛德華也能和他父親維持關係，這是最重要的。」

　　凱倫找到了新的地方，過了好幾個月，終於習慣了監護權的安排。愛德華和爸爸相處融洽，學烹飪讓他們的關係更加緊密。30 年後，凱倫十分滿意她送給兒子的禮物，但當她想到她大約錯過了五年能和他每天住在一起的時光，仍忍不住落淚。

　　有些父母在解決問題時更有創意，把問題反向拆解，讓孩子固定住在某一處，由父母輪流在孩子住的地方和他們各自的公寓之間來回。要維持三個住處需要很有辦法，但如果你辦得到，這種解決方案可以讓孩子更安穩，將他們需要面對的生活轉變問題減到最少。若要做這樣的安排，也需要父母雙方同意家務的分工、如何做和何時做。然而，當兩邊劍拔弩張時，這些額外的討論可能只會讓已經白熱化的爭論又增添了不必要的壓力。

➡ 撫育小孩與贍養費

撫育費通常要付到小孩 18 歲為止，目的是讓小孩享有父母離婚之前同等的經濟生活。夫妻可能也會同意支付孩子的撫育費，直到小孩大學畢業為止，然而，是否一定要支援小孩接受高等教育，各州的規定不同。[19]

如果父母其中一方擁有完全的生活監護權，便有權利要求沒有監護權的另一方支付孩子的扶養費。但就算是共同生活監護權，收入較低的一方也可以拿到子女扶養費。除了所得的差異之外，影響子女扶養費金額的因素，還有父母各自和小孩相處的時間、維持一個家所需的費用、小孩的人數和年齡、教育和育兒成本，以及小孩可能會有的特殊需求。[20]

有權收取子女扶養費，並不表示對方會支付全額，甚至連會不會支付都不一定。美國普查局於 2018 年提報，在有權收取子女扶養費的擁有監護權父母當中，僅有三分之二收到無監護權父母支付的子女扶養費，而且僅有 44％收到全額。[21]

　　贍養費的用意則完全不同。如今，贍養費已經不再被視為讓較不富裕的一方得以維持過去生活方式的長期支付款；現代贍養費的用意是作為中期費用，讓所得較低的另一方有時間去做必要的事（例如接受更多教育、找新工作），以達成自立。贍養費的金額，取決於幾個因素：高所得配偶的薪資水準、低所得配偶提出要做的方案、婚姻存續期間、配偶各自的年齡和健康狀況、兩人各自對婚姻所做的經濟面與非經濟面貢獻、高所得配偶是否大方，以及配偶兩方的談判技巧。[22] 如果配偶雙方無法自行達成協議，就由裁決離婚案的法官喜好來決定。

在充滿變動的時代離婚

　　新冠肺炎疫情期間，人們的壓力來到最高點，離婚率也隨之攀高。更大的壓力導致更多夫妻走向離婚，這並不讓人意外，重點是要看這股趨勢是否會延續下去。同樣的，長期來說，隨著預估的預期壽命延長，離婚率可能會再度提高。《百歲人生》（*The 100-Year Life*）的幾位作者也同意這樣的觀點，他們指出「當你 70 歲時覺得婚姻不幸福、而你預期自己會活到 100 歲，比起當你 70 歲時覺得婚姻不幸福、但預期只會活到 75 歲，兩者情況大不相同。」[23]

使用 5C 架構：管理關係中的艱困時刻 （以及在必要時結束關係）

　　關係一定會有高低起伏。當關係進入低潮時，如果結束關係或婚姻是你需要考慮的選項，那麼，第一件事就是先慢下來。在這些時候，很容易因為想到另一種人生或另一個伴侶而沖昏了頭，但這些通常都是幻想；在不確定或脆弱時看到的出口，會比實際上更具吸引力。不要急著衝向新事物，請慢下來，好好想一想結束關係對你來說是否真的是正確解方。如果關係或婚姻中的一方（或雙方）不幸福，可行的話，請尋求專業人士協助。重點是，在解除你們的關係之前，請盡你所能，讓你自己看得清楚透澈，因為這個決定會造成非常深遠的後果。

➡ 第一步：釐清

　　結束一段關係會影響到生活中的許多面向，一次僅考慮一個不同的元素，會有幫助。首先，你可能會想要先確認關係當中愛的部分，自問以下這些問題：

　　我有多不快樂？不快樂的只有我嗎？我想不想找別的伴？打破我曾許下的終身相伴的承諾，我會有什麼感覺？我仍關心我的配偶，我的決定對他會造成什麼影響？我的伴侶如果和別人談戀愛或再婚，我會有什麼感覺？我們如何分配監護權？離婚對小孩可能造成什麼影響？假如我不能全天候和他們生活在一起，我的生活會變成什麼樣子？

關於金錢，請想想以下的問題：

我們是否負擔得起維持兩個家？我的配偶最後能不能自立？從財務觀點來說，我們的離婚協議會是如何？對於要放棄目前擁有的一半資產，我有什麼感覺？我對於支付（或收到）子女撫育費有什麼感覺？我認為配偶會履行子女撫育費的協議嗎？

決定是否要結束你們之間的關係或要不要離婚，只是須討論議題當中的一部分，重要的是，在流程早期就要投入相當的時間與精力，釐清你想要什麼、你需要什麼，以及你願意忍受和犧牲什麼。

如果你們之間看來確實要結束了，就看看要如何將離婚的火藥味降到最低，同時以公平的方法分產。葛妮絲・派特洛（Gwyneth Paltrow）和克里斯・馬汀（Chris Martin）在 2016年離婚，他們選擇和婚姻與家庭關係治療師暨《紐約時報》暢銷書《親愛的，分手不是你的錯：五步驟好好說分手，找回愛

情的自由》（*Conscious Uncoupling*）的作者凱瑟琳・伍沃德・
湯瑪斯（Katherine Woodward Thomas）合作。這類流程通常可
以打下基礎，讓無緣的夫妻在未來維持友好關係，這對於他們
本人、孩子以及未來的孫子都有好處。

　　無須專業人士協助，你也可以靠自己營造這種和平的環
境，但流程會長一點。麥拉和傑結婚時，傑建議邀請他們以前
的配偶過來共享感恩節大餐。麥拉樂見家人在人更多的新家庭
中齊聚一堂所帶來的益處，但她還沒準備好要聚首。「五年後
再問我。」當時她這麼回答。五年後，他又提出建議，麥拉同
意了。到了這時，她的前夫山姆也已經再婚，山姆的新任妻子
與小孩都來了，傑的前妻也到場。25 年來，這幾個家庭都一
起歡慶佳節；麥拉和傑的孫子也只知道這種過節的方法。

➡ 第二步：溝通

　　我們已經強調過良好的溝通在婚姻中的重要性；要解除婚
姻時，溝通更是重要。請確保你很清楚你要如何與何時溝通。
設定何時該打電話、傳訊息或是親自溝通，會有幫助。也要注
意何時**不可**溝通；很多時候，硬生生咬住舌頭、什麼都不說，
可能是比較好的選擇。當中的巧妙之處在於，開口之前先好好
想一下。請記住，你不能收回講出去的話。一般來說（雖然不
見得一定可以），就算你某個時間點保持沉默，日後還是有機

會回來談這個問題。

➡ 第三步：考量廣泛的選擇

　　我們提過，決定要不要離婚涉及很多選擇，包括如何分產、如何共同持有小孩的監護權。當你在考慮這些選擇時，請記住你的打算。即便已經想得很清楚了，要分道揚鑣時總是會牽涉到許多選擇。在最好的情況下，人們尚可勉爲其難地接受；在最糟糕的情況下，可能會讓人覺得忿忿不平、甚至造成傷害。進入離婚的流程時，如果你總是把優先考量放在心上，將有助於緩和每一項個別選項所引發的刺痛。

　　有時候，考慮離婚的人會決定先試試看分居，體會一下自己生活的感覺，也因此擴大了他們選擇的範疇。[24] 但嘗試分居不太可能修復已經問題重重的婚姻，據估計，約有八成的試行分居，接著而來的就是離婚。[25]

➡ 第四步：聯繫

　　在你回不了頭之前，先和其他經歷過離婚的人聊聊，問問看他們從中學得什麼，會很有幫助。他們的觀點可能會讓你訝異，使你從不同的角度思考和離婚有關的決定所造成的結果。你可能也會想和密友或可信任的人聯繫，不僅是問問看他們的觀點，更因爲他們是你的支持系統中的重要成員，你在離婚期間與之後都會需要他們。

➡ 第五步：探索可能的後果

做決策時，請好好想一想「分開」和「在一起」的長短期結果。不管是哪一種，都會發生許多涉及金錢、愛、幸福、生活方式和小孩（如果你們有的話）的結果。慢慢來。請仔細透澈地想過一遍。當你愼思熟慮地做出離婚的決定，或許就能將憤恨降到最低，進而站上更好的立場，繼續向前邁進。

有時候，看起來很糟糕的結果卻蘊藏著希望。麥拉的前夫山姆離去時，他對她說，有一天她或許會覺得他是在幫她忙。她整個人心煩意亂，完全不認同，她覺得這一天永遠不會來臨。但一年之內，麥拉就請山姆吃午餐，並感謝他。「你確實是幫了我一個忙。」她這樣對他說。之後，等到她再婚，她又請他吃午餐。她的第二春比第一次時幸福多了！

第八章的練習題：

你要如何強化兩人之間的關係？

　　這份練習某種程度上是一種（和自己的）聯繫：在此時針對你的親密關係做一次自我評估。選擇一個分數，說明你有多同意或多不同意以下的說法。在每一題下方寫出分數，再將十個數字加起來得出總分。如果要繼續做下去（並加入溝通步驟），可以考慮請伴侶用他的觀點來完成這份練習，然後比對分數。

非常不同意 1—2—3—4—5—6—7 非常同意

溝通

1. 我們爭吵是為了解決問題，而不是為了證明對方是錯的或羞辱彼此。

2. 我們經常討論我們的關係處於什麼狀態，誠實地分享我們的感受。

3. 我們積極傾聽對方，展現同理心與同情心，而不是互相批評
   或直接跳到提供解決方案。

愛與性

1. 我們有約會之夜，會保留只有兩人共處的優質時間。

---

2. 我們兩人都對性生活很滿意。

---

3. 我們會向對方說愛並持續展現情感。

金錢

1. 我們有兩人都能接受的辦法來結合（或不結合）我們的財
   務。

---

2. 說到花費和儲蓄習慣，我們的態度一致，或者我們也有讓雙
   方都滿意的化解歧見的方法。

改變

1. 我們承諾支持彼此，就算我們其中一人改變想法、意見或目標也一樣。

2. 我們過去曾經成功度過轉變或是順利經歷前景的變化。

評分：加總分數。我們鼓勵你和伴侶討論答案。

得分 10 到 29 分：每一段關係都會經歷艱難的時刻，就算這次只是短期的，你可能也會想要考慮接受伴侶關係治療。如果你們已經接受治療，我們鼓勵你和伴侶與治療師討論這份練習題。

得分 30 到 49 分：你們的關係在某些面向很強韌，某些面向很脆弱。你得分最低的是哪些問題？你要如何將這些面向當成首先要改變的部分？

得分 50 到 70 分：恭喜，你們很努力維持強健的關係。關係需要持續養護，你們未來想要把重點放在哪裡？

熟齡之年

照顧長輩

十月某個星期四的早上十點，艾比和羅斯剛剛簽下合約買了第一間房子。他們走出代書辦公室，在明亮的陽光下瞇著眼睛，因爲興奮以及感受到各種可能性而有點頭昏眼花。艾比低頭看手機，發現她漏接了一通爸爸打來的電話。她聽了語音留言，預期會聽到爸爸對她說恭喜。然而，一開始播放留言，她就呆住了。爸爸說的事讓她非常難以消化，因此她聽了兩遍，才確定她第一次就聽懂爸爸說了什麼。

「嗨，艾比，我們出了一點意外。妳媽媽今天早上出門時在階梯上跌倒了，撞到了頭。我們現在在醫院，他們覺得她的頭顱骨折了。請回電。」

艾比很快就知道媽媽進了加護病房，大腦腫脹出血，病況很不穩定。艾比的心思馬上變了，她不再想著要煮什麼大餐和羅斯一起慶祝，而是思考要打包哪些行李，她要趕赴爸媽住的紐澤西州。她不確定自己要面對什麼狀況，還在行李裡放了一件黑色洋裝，以防她要出席媽媽的喪禮。

雖然她那趟旅程最終並沒有穿到那件洋裝，但這場意外將她丟進了另一個不同的世界，談話和決策的內容都是如何照料她的父母，這是她一直以來都沒有預期到的情況。這件事來得突然，許多人都經歷過同樣的事，他們摯愛的人也是忽然之間就出了意外或生了重病。如果事前沒有規劃，我們在遭遇摯愛之人的行動能力、活動能力和認知能力突然出現變化時，不管是在個人面或財務面都會覺得非常震驚，超過實際應有的程度。在本章中，我們要來看看如何預測一些必然會發生的狀況，當摯愛之人健康狀況走下坡時，如何盡量將挑戰減到最少。

新的「混合式」退休

　　艾比的媽媽跌倒那天，她 68 歲，正準備去上最後一天班，隔天她就要揮別學校圖書館員的身分、正式退休。退休是決策中涉及錢與愛的典型範例：決定何時要退休、要在哪裡退休，以及如何支應退休後的經濟。當你的父母和其他摯愛的人離退休年齡愈來愈近時，你會想要和他們談談這個決定。（退休年齡是可以調整的，但為了便於討論，且讓我們假設他們在 60 歲時開始討論。）為了便於此處的討論，我們假設你的父母、公婆（岳父母）或生活中其他長輩很快就要做出退休的決定，而如果是你自己離退休年齡愈來愈近，你也該替自己想想這件事。

　　假如你覺得想拖一下，再和父母或其他至親談論退休議題（或者，甚至是替你自己考量這個問題），你並不孤單。退休是一個很敏感的話題，正如麥拉的一位學生所說：「我很難跟我爸爸談退休，我覺得，一旦他退休，彷彿也代表了他即將結束。我所認識、我所愛的父親，是一個熱愛工作的人，他一退休，這樣的爸爸就沒了。」麥拉敦促她克服自己的反感，啟動對話：「妳的父親有的，不只是對工作的熱愛。我想，當妳和他談時，會發現一切比妳一開始想得更加複雜。事實上，退休之後，他還可以過上許多年的豐盈人生。」

　　如果你的父母還沒退休，當你和他們談到這個話題，重點是要理解如今退休階段和幾十年前非常不一樣。過去，退休是一種全有或全無的提案：你要不然就退休，要不然就是繼續工作。退休就像是電燈開關，你一次只能按開（工作）或關（退休），但最近已經改觀了。若要描述現在的退休狀態，更好的比喻是調光式開關，可以調高或調低，隨著時間不同而有不同的活動程度。

　　隨著平均預期壽命延長（從 1960 年到 2015 年之間就增加了十年），需要靠存款來支應生活的年數也隨之增加。[1] 在此同時，享有確定提撥（defined benefit）退休金、保證每年都能領到一定金額收益的人，也愈來愈少了。也因此，潛在的退休人士或許想減少工作時數，但他們的經濟實力還不夠，不足以讓他們完全退出職場。[2] 此外，目前的勞動市場流動性更高（人們比過去更頻於換工作，也有愈來愈多人從事兼職工作，這是零工經濟〔gig economy〕的面向之一），退休的人也很容易找到兼職工作。最後，現代的退休人士通常會以有意義的方式來過日子，這可能代表他們會以他們關心的志業為核心來經營事業第二春。[3]

　　跨世代談退休是很困難的，另一個理由是現代的年輕人要

背負沉重學貸、要買房子，因此，退休這件事對他們來說前景
黯淡。對他們而言，退休是一個充滿詩意的概念，他們可能永
遠都無法實現，也因此，他們認為和父母討論退休是很痛苦的
事。「但願，」他們可能會冷漠無情地想著，「哪一天我也能
像你一樣要煩惱退休的問題。」

　　如果你在思考退休，重點是要記得人們不見得是自願放棄
工作。約三分之二的人因為健康問題、職場年齡歧視或其他因
素，還沒準備好就被迫停止工作。[4] 無論你的父母是否正在規
劃退休，有一天他們終會發現自己無法工作了，而這會影響到
他們的財務，也可能會影響到你的。基於這些理由，及早主動
和他們討論退休議題是很重要的。

　　艾比的媽媽跌倒那時，艾比的父親已經從工作 30 年的全
國性公共醫療非營利組織退休，開始擔任獨立顧問，替全國性
與國際性的醫療機構提供建議。這份顧問工作需要他一次出差
幾個星期，有時候甚至要飛到遙遠的國家，像是印度和芬蘭，
參與他幫忙籌辦的大型研討會。他熱愛工作中的這個部分，但
是，當神經科醫師給他看妻子的腦部掃描影像之後，他明白自
己無法再做顧問工作了。當天傍晚，他發電子郵件給客戶說明
最新狀況，讓他們知道妻子出了意外，並說明為何他無法交付
他們在最新的合約中約定的工作。因為一場意外，打亂了他退
休後的計畫：如今，他的全職工作是管理妻子的照護事宜。

提起話頭談退休

美國在 1935 年開始實施社會保障法（Social Security）時，退休年齡是 65 歲，男性的預期壽命是 58 歲。[5] 目前，平均退休年齡是 64 歲，幾乎有三分之二的退休人士是在 57 到 66 歲之間退休。然而，目前 65 歲的男性預期還可以再活 18 年，女性則可以再活 21 年。[6]

未來，預期壽命會進一步延長。某些人口學家指出，以 2000 年之後出生的人來說，預期壽命稍長於 100 歲。[7] 顯然，平均退休年齡將會有變化。65 歲退休、預期在沒有任何勞動所得下，用退休儲蓄過 35 年，對每個人來說幾乎都是不切實際的。

由於《1967 年就業年齡歧視法》（*Age Discrimination in Employment Act of 1967*）的相關規定，雇主在員工到達特定年齡就要求他們必須退休，這是違法的，惟某些管理階層工作類別不受此法管轄。[8] 因此，決定何時自願退休，取決於幾個因素，包括整體的健康情況、工作的體能要求、工作滿意度，以及財務狀況。

當你試著協助父母或其他摯愛的人思考退休，請記住，許多因素都會影響到自願退休的決策。如果他們熱愛工作，希望只要有可能、就繼續工作，這樣合理嗎？如果他們不愛工作，一旦退休或減少工作，是否需要你提供經濟協助？他們需要其他類型的支持嗎？他們有時間為了退休多存一點錢嗎？

這些問題都需要持續討論，若有可能的話，也需要可信的專家提供指引。會晤財務顧問是開啟對話的好方法；多數顧問都會列出很多問題，促使客戶好好思考，希望自己的晚年是什麼樣子，這可以是你和長輩討論問題時的好起點。

有一個非常重要、但常常沒人提起的問題是，他們因為沒有工作而感到無聊的可能性有多高？當工作不再是一天的主要活動，他們要如何安排自己的時間？麥拉有一位同事要求，除非她先生計畫好每天要做什麼，否則就「不准」他退休。她深信，如果不做計畫，他會無聊到不得了。就她看來，除了工作和他們之間的關係以外，他沒什麼自己的生活，而她也還沒準備好成為他生活中的唯一活動。

最後，她鼓勵他去社區大學上課，退休之後，這成為他主要的活動。十餘年來，他修了超過 40 門課。在科學界經營多年之後，他決定只上和人文社會科學相關的課程。他覺得新知識為他帶來新的活力，也很感激妻子催促他仔細思考要如何度過退休時光。

其他人或許不會覺得上課很有意思，但也想找到方法做出貢獻。有些組織（比如 Encore.org）協助 50 歲以上的人，善用他們在第一事業中磨練出的技能，開創第二事業（encore career，意為「安可事業」），把重點放在協助他人。或許是讓退休醫師駐守醫療院所，服務向來被邊緣化的人群，又或是媒合經驗豐富的專業人士與社會服務類型的組織。

有些人則滿足於少一點計畫的退休人生。他們享受閱讀，和朋友玩紙牌、下棋，或是更常去健身房運動（比起以前還在工作時）。艾比的公婆就是這類型的人，她的公公乒乓球打得很好，婆婆一星期要打好幾次橋牌。麥拉有一位朋友退休後的生活重心是放在籌組與領導「退休老傢伙尋覓美食團」（Retired Old Men Eating Out）、簡稱羅密歐團（ROMEO group）。那位朋友發現，他最喜歡退休生活的一點，就是他能自由地和朋友們去吃早餐、中餐或晚餐，他決定把這件事正式化，與住在附近、三個相伴一生的老朋友組成團體。他們達成協議，規定星期一是「外食」日，他們會在星期天晚上發電子郵件給彼此，看看要去哪裡吃飯。到最後，他們一週會一起外出用餐三到四次，後來還替這個小團體取了一個「適當的莎士比亞式名稱」。

支應退休生活

想清楚要怎麼過日子是最重要的事，確保你需要的財務基礎很穩固，當然也是另一個要項。財務規劃人員常說，如果要在 65 歲時舒舒服服地退休，需要的錢大約是 100 萬美元；也有人建議，預估退休之後每年能有退休前的 80 至 90%的所得就夠了。[9]

　　需要多少錢才能退休，取決於多種因素，包括生活成本、金融投資組合的表現、風險耐受度，以及壽命。如果這聽起來已經很複雜了，還有另一件事也叫人頭大：一旦退休，還要去算一算在各個時間點上能花用多少存款。獲頒諾貝爾經濟學獎的威廉・夏普（William F. Sharpe）說過，要了解如何管理退休後的資金，是「我碰過最麻煩且最困難的問題。」[10]

　　不管是靠你自己，還是交給可靠的財務規劃人員，若要針對特定個人預估需要的資金，必須要有相當的財務素養才辦得到。做預算非常重要，務必確認你或父母的顧問是根據投資組合的規模與表現來收取費用，而不是靠著銷售投資商品來收取佣金。

　　由波士頓大學研究員所計算的全美退休風險指數（National Retirement Risk Index，簡稱 NRRI）指出，2016 年時，屬於勞動年齡的家庭中有半數是存款不足的，無法在退休之後維持與過去類似的生活水準。[11]

　　美國社會安全局（Social Security Administration）指出，20％的已婚夫婦和40％的單身人士仰賴社會安全福利提供90％以上或更高比例的收入。放在現實脈絡中來說，2021 年 5 月，社會保險支付款的平均金額為 1,431 美元。[12] 美國人可以從 62 歲開始請領社會安全福利；若等到 65 歲或 70 歲才請領，可請領的金額更高，但很多人都在更早時就需要這筆錢。

　　女性要支應退休生活會特別辛苦，主要是因為她們退休前的所得低於男性。女性不僅賺得比男性少，還因為要養兒育女，所以離開職場的時間比男性更久。計算社會安全福利時，離開職場愈久，就要面對愈高額的懲罰。

　　當你認為父母在某個時候會需要你提供財務上的協助，若能事先從他們身上獲得相關的資訊，會大有幫助。假如他們不願意透露自身經濟狀況的細節，這會變成很辛苦的任務。但願你能藉由好好說明來說服他們，讓他們明白，若你能獲得一些事先的「提示」來做規劃，就比較能順利為他們提供必要的協助。如果父母在某個時間點需要你幫忙管理財務，那麼，知道他們的電腦密碼、他們的會計師與律師是誰（如果有的話），以及他們把相關資訊放在家中何處，將會使你輕鬆很多，你也不會因為要靠自己去找這些東西而瘋掉。

退休後要在哪裡生活

　　2020 年的數據指出，退休人士當中，有半數的人住在他們 50 出頭時住的同一間房子，另有 17% 的人退休後搬到新居，住在那裡直到過世；16% 的人住在原本的家，直到 80 幾歲時搬家，有時候是搬到退休人士社區，有時候是因為健康狀況改變而遷居。人數最少的一群，會在退休後搬好幾次家，這群人的占比約 14%。[13]

有些長輩會想賣掉房子，搬進比較小的房子或退休人士社區，但因為稅法的規定而沒有這麼做。夫婦雙方還在世時，賣屋要繳交資本利得稅。如果你的父母持有房子的時間已經很長，稅金可能很重。但若夫妻其中一方已經過世，另一方就可以在不用支付資本利得稅的條件下賣屋。

何時不再開車

與父母或其他長輩討論的議題中，最難的話題之一是何時不再開車。在美國社會中，除非住在大眾運輸系統絕佳的大城市，否則其他的交通形式都難以取代開車帶來的獨立自主。任何青少年都會告訴你，有駕照就代表成年，是通向自由的執照。然而，隨著年歲漸增，開車能力往往會在我們沒注意到的時候悄悄下降。就算人們已經意識到自己的開車技能大不如前，可能也不會採取行動，因為他們無法想像失去開車能力的生活會變成什麼樣子。

當麥拉處在青春前期的孩子跑來跟她說，外婆去學校接他們時「開車很好笑」，她就知道自己的母親已經不再是安全駕駛人了。麥拉和媽媽住在一起時，已經很多年沒看過媽媽開車，因為開車的向來是麥拉。聽到孩子這麼說，她就請媽媽開開看，確認一下孩子看到的事。麥拉建議媽媽不應該再開車，但媽媽拒絕了。後來是一位警察因為輕率駕駛把她擋下來，強迫她去參加駕駛測驗，她沒通過，才把車鑰匙交了出來。

　　駕照是寶貴的自由與獨立的象徵，無權持有駕照是很羞辱且丟臉的經驗。不能開車的人可能會覺得自己沒價值、被貶低，比不上有駕照的人。不能開車也非常不方便，即便現在有預約叫車與接送服務，放棄開車的確會比過去輕鬆一點，但當自己沒了車鑰匙，便會大大降低獨立性。

　　也許等到某一天，自動駕駛又安全又普遍，那時情況就大不相同了，但現在，當你和長輩提到不要再開車時，請小心輕踩油門。也請記住，平均而言，70 歲以上的駕駛人，安全性高於 35 至 54 歲的人。他們比較少酒後開車，比較不會一邊開車一邊傳訊息，比較少超速或不看交通號誌，比較少發生要向警方提報的碰撞事件，也比較少涉入死亡車禍。[14]

　　《紐約時報》前健康專欄作家珍・布洛迪（Jane Brody）建議，長輩要像預立醫療照護指令一樣，預立駕駛活動指令。[15]這份文件要明訂未來在哪些情況下，他們要放下車鑰匙；等到這些條件成真時，相關人士也比較好處理。這是很有趣的概念，你可能會想要和家人一起試試看！

和父母與其他長輩討論人生終點規劃

　　如果談退休會讓你覺得尷尬，那麼，討論和人生終點規劃有關的議題，應該會讓你覺得實在太嚇人了。在我們這個社會，大家都避免觸及生病與死亡這類現實，特別是和我們摯愛之人或我們自己有關的時候。有一位受訪者說，人生終點的議題重重壓在她心頭上：「這感覺是一個禁忌話題，我們不太有幸能跟家人好好談一談。」人常常會對自己說，這些事還早得很，從而合理地將這類對話一拖再拖。

　　另一位受訪者則提到：

　　唯有等到自己身上出現一些「老了」的微兆之後，人才會覺得自己老了。我爸爸做了心臟移植，需要有人跟他住在一起，我必須想辦法處理。突然之間，他給了我密碼與相關指示，讓我知道什麼東西放在哪裡。我才剛換工作，最想做的事是在我的職位上證明我的能力，但我必須在他的病房裡工作，因為他不能一整天都自己一個人。我還有一個年幼的孩子；事情發生時，我兒子才一歲。

　　許多家庭（包括艾比家）都是用很痛苦的方法在「某一天」發現，生命終點規劃是逃避不了的事。任何人都可能在任何時候遭遇意外、發生車禍，或者面對意料之外的健康問題。就像沒有人在剛結婚時就預期會離婚一樣，我們通常也不想面對這類改變生活的事件可能會發生在自己身上。這可以理解，然而，一旦真的不幸發生什麼事時，否認並沒有幫助。反之，比較好的做法是克服自己的抗拒心態並制定計畫，以防最糟糕的情況發生；一旦有了計畫，也但願我們要很久之後才會用上。

遺囑與信託

　　55 歲以上的美國人當中，近半數都沒有立遺囑。[16] 當某人過世卻沒留下遺囑，法院就會被迫處理逝者的財產。這通常代表潛在繼承者被迫面對高昂的律師費用，以及代價可能更高昂的家族紛爭。確保家裡每一個人都立了遺囑（建議也要有信託），可以替你自己和摯愛之人省去這些財務與個人的負擔。

　　你可以在律師協助之下立遺囑，也可以在線上使用相應的表格立遺囑（通常需要支付費用）。如果你或家人持有房地產或投資帳戶，最好徵詢律師，討論一下資產規劃，因為若在遺囑之外另成立信託，對你可能最有利。成立可撤銷的生前信託，將資產轉移到信託裡，可以替指定的受益人省下時間和金錢，更別說萬一委託人生病或失能時，可以讓事情更加簡單。（遺囑僅在當事人過世時才生效。）

　　溫蒂的經歷十分常見，她成長於一座大牧場，牧場主人是她的媽媽。溫蒂的媽媽過世了；她過世時還住在牧場裡，但沒有把這項財產交付信託。牧場所有權在她死後轉到了她第二任丈夫、也就是溫蒂繼父的手中，之後他再娶了另一名溫蒂不認識的女子。後來，他的健康每況愈下，牧場所有權也轉到了他第二任妻子手上。時至今日，只要一想起陌生人繼承了她最愛的童年的家，溫蒂就心碎不已；如果她的母親有成立信託，這本來是可以避免的。

當你展開行動，敦促家人寫下遺囑（若有必要，也能成立信託），要知道他們或許不想討論文件裡提到的細節。這是可以理解的，但你還是能提出你覺得該討論的議題。

娜汀的媽媽在 95 歲左右時開始出現心臟方面的問題，娜汀當時大約 55 歲。娜汀和媽媽住得很近，一星期會去看媽媽好幾次，每天都會通電話，也幫忙她搬進一處生活輔助機構。娜汀的哥哥也住在附近，但他很少去探視，也很少打電話。有一天，當媽媽（又）對娜汀抱怨總是看不到兒子人影，也聽不到他的消息，娜汀就問她有沒有想過，分財產時少分他一點。她媽媽很生氣，要娜汀管好自己的事就好。幾天後，她媽媽自己提起這個話題，她解釋，如果她分給兒子的遺產少於分給娜汀的，他會認為媽媽比較不愛他，但她愛兩個孩子愛得一樣多，因此不能這麼做。娜汀對媽媽的想法不以為然，但她很高興有聊到這件事。媽媽過世之後，她對麥拉說：「我在想，如果不是那次曾經談過，我真的會很生我媽媽的氣，但現在我只有一點氣憤，也理解了她的想法。我很高興自己跟她提過這件事。」

當你立下遺囑或成立信託時，需要指定財產執行人。此人要負擔法律責任，用遺產裡的錢履行你現有的財務責任，比如支付帳單和稅金，然後根據遺囑來處分財產。身為執行人的責任可大可小，要看財產的規模、涉及的繼承親屬人數，以及那些人之間的歧見有多深。

你的父母或公婆（岳父母）會指定成年子女、手足、朋友還是專業人士擔任執行人？專業人士會收取小比例的財產作為報酬，但若沒有親友願意或能夠擔任執行人，就需要借重專業人士。

無論如何，務必建議父母或公婆（岳父母）找他們最想指定的對象擔任執行人，並取得對方同意。

你的父母或其他親戚可能也需要簽署適當的授權書給某個人；當父母或其他親戚生病或失能時，有授權書的人就可以動用某些金融資產。持有授權書的人可以動用對方的個人退休帳戶（IRAs），使用裡面的資金幫忙支付他們的照護費用。

當摯愛的人無法再照顧自己，該由誰來照顧？

2018 年，美國有 5,240 萬人超過 65 歲，換算下來，就是七分之一的美國人。[17] 大約有一半的美國人晚年時需要家裡或社區提供老人照護，但大部分的人都負擔不起。[18] 很多人誤以為聯邦醫療保險（Medicare）會支付這些費用，但長照並不包含在內。聯邦醫療補助（Medicaid）基本上是一種福利方案，確實會支付這項費用，但是，只有在你將自己的資產（包括房子與車子）都花完之後，才會由補助方案支付（而且你必須先支付至少五年的費用，才可以申請聯邦醫療補助）。[19]

長照保險是附屬性的保險，可以幫忙支付常規醫療保險不支應的服務成本，例如協助日常活動的成本（包括洗澡、穿衣、上床與起床）。美國社區生活管理局（Administration for Community Living）估計，未來某個時候，約有六成的人需要別人協助日常生活的活動。[20]

大多數買長照保險的人都是在 50、60 歲時買的，因為在發生失能狀況**之前**，你必須先買好保單。長照保險很貴，然而，生存期間平均要花掉的長照成本為 172,000 美元，[21] 專業護理之家雙人房每年費用稍低於 100,000 美元，單人房則要 100,000 美元以上，由此來看，長照保險可說是明智的投資。[22]

超過 50 歲的人僅有 7％有買長照保險。[23] 如果你已經有健康問題，要買長照保險就很困難，因為保險公司最初於 1980 年代推出這類保險時，低估了未來要支付的高額成本，自此之後，他們就限制了願意承保的人數。

許多決策者認為，仰賴私人市場提供長照保險並非可行策略，因而要求由納稅人支付長照保險費用。華盛頓州於 2019 年就通過了這類方案。[24]

老人照護還有另一個面向需要透過公共政策加以關注，那就是照護員工的薪資很低。[25] 2021 年夏天，居家醫療照護員工的平均時薪為 13 美元，一年的加班費是 4,000 美元。[26] 平均而言，安養院裡的照護協助人員年薪是 54,210 美元（時薪約為 26 美元）。[27] 薪資很低，是安養院難以招募與留住人力的部分理由，夜班和週末班缺工尤其嚴重，疫情更讓問題雪上加霜。

長期照料長輩的人多數都是家人與朋友，其中大部分是女性。有長照需求的長者當中，約三分之二僅仰賴家人和朋友提供照護，另有三分之一則是家人和朋友照顧、輔以有薪照護人員協助。[28]

麥拉班上的學生說，他們通常會預期在自家中照顧年長的父母與公婆（岳父母），但很少想清楚這個決定會造成什麼影響。此外，多數人從未和父母或公婆（岳父母）討論過這件事；很多人可能根本寧願**不要**在成年子女家中接受照護。蓋洛普（Gallup）近期的調查發現，雖然有半數的成年子女說他們會在自家照顧年邁的父母，但僅有三分之一的長輩說他們喜歡這樣的安排。[29]

照護長輩的壓力很大，也很困難。美國衛生及公共服務部女性健康事務處（Department of Health and Human Services'

Office on Women's Health）提出警告，女性特別容易因爲擔任照護者的壓力而承受有害的健康風險，包括憂鬱、焦慮和生理疾病。

麥拉的第二任丈夫罹患帕金森氏症，最後幾年，他需要家裡提供更多照護。即便麥拉聘用了有薪照護人員幫忙，但她就像其他的照護者一樣，健康與福祉都因爲照護病人而付出沉重的代價。

關於照護至親長輩時有哪些選項，老年護理管理人員（geriatric care manager）會爲家庭提供建議，聘用這類人員可能很有幫助，尤其是長輩親屬住在其他城市的話。就算你們住在同一座城市，他們的協助也很有用，麥拉就有這種經驗。護理管理人員可以幫助你管理藥物補充、約診，以及面對強硬的保險公司。他們也會提供建議，看看可以從事哪些讓生活更豐富的活動。最重要的是，他們可以會晤你的至親，幫助你決定是要在家裡還是在生活輔助機構裡照料他們最好。

關於照料長輩至親的有用資源

《紐約時報》前記者珍・格蘿絲（Jane Gross）在《苦甜交織的一季：照料老去的父母和自己》（*A Bittersweet Season: Caring for Our Aging Parents–and Ourselves*）一書裡寫到自己的經歷，她的母親高齡 85 歲，人生最後幾年都是由她照料。

她以個人經驗為指引，提出她辛辛苦苦學到的心得，告訴讀者
該如何順利穿梭於老年照護「系統」當中（使用引號，是因為
就像格蘿絲所說，這絕對不是一套協調得宜、運作順暢的系
統）。格蘿絲的這本書不好讀，但可以幫助大家理解，當我們
摯愛的長輩失去照料自己的能力時，我們需要面對哪些議題。

預立醫療照護指示

　　除了遺囑（可能還有信託）之外，你和摯愛的人都需要預
立醫療照護指示：指示中會以書面規定，一旦當事人無法替自
己做出醫療決策時，他們希望怎麼做。這份文件也會指定醫療
照護代理人，換句話說，此人就是得到授權、代行醫療照護之
事的人，遵照指示替你做決定，包括可能的生死決定。醫療照
護指示需要有代理人之外的人見證，代理人和醫師都要各執一
份副本。

　　書寫預立醫療照護指示需要深思熟慮，更需要深思的是
如何撰寫攜帶式醫療指示（Portable Medical Orders），通常也
稱為維生治療的醫生指示（Physician Orders for Life-Sustaining
Treatment，簡稱 POLST），這是一份給醫師的指示，內容是
你在不同的情況下想要與不想要哪些維生治療。

如果你摯愛之人的疾病已到末期，他們會想要用盡各種治療方法以求活下來嗎？他們會想要去提供相關治療的醫院，還是寧願待在家中接受緩和醫療與安寧照護，也只想接受能讓他們覺得更舒服的藥物？在哪些情況下，他們會希望醫療照護代理人簽署不施行心肺復甦術（DNR）同意書？

在思考這些議題時，讀一讀葛文德（Atul Gawande）所寫的《凝視死亡：一位外科醫師對衰老與死亡的思索》（*Being Mortal: Medicine and What Matters in the End*），或許會有幫助。葛文德醫師主張，對多數人來說，人生終了的目的不是盡一切努力活下去，而是活得有意義且走得安詳。

過去 15 年來，在家中過世的人比例有所增加。2017 年，美國在家中過世的人數稍微多於在醫院。[30] 重點是，人要體悟到自己人生盡頭的目標，並且和醫師、配偶、孩子以及朋友溝通，而其他人的工作，就是完成這些目標。

輔助自殺

雖然輔助自殺是讓人難以細想的事，但這也是人生盡頭的選項之一。美國目前有十個州以及哥倫比亞特區，准許醫師在某些極具限制性的條件之下協助自殺。[31]《死亡與生命手記：關於愛、失落、存在的意義》（*A Matter of Death and Life*）一書由瑪莉蓮・亞隆（Marilyn Yalom）和她的丈夫歐文・亞隆（Irvin Yalom）動人地道出了一段醫師輔助自殺的故事，瑪莉蓮在書中提到她爲何在 87 歲那一年想要了結人生。她罹患了多發性骨髓瘤（multiple myeloma），化療的副作用讓她痛不欲生。當醫師告訴她還有約兩個月可活時，她就決定要進行醫師輔助自殺。她寫道：「想到死亡並不會讓我害怕……87 歲時死亡並非悲劇……十個月來的大部分時間我都覺得非常不舒服，因此，知道我的痛苦有盡頭，是一大解脫。」[32] 她離世時，丈夫與四個孩子都在家和她在一起。

使用 5C 架構：啟動對話，討論晚年

　　儘管我們都很想拖延、不去談照料長輩和臨終規劃，但重要的是要撐過所有的不自在，並且在你被迫做決定之前先和摯愛的人談談。

　　你該如何啟動對話？你要量身打造，用你認爲最適合至親的方式去談。這表示你要讓他們安心，讓他們知道你想要支持他們，讓他們在人生晚年能得到他們想要與需要的。對某些人來說，幽默的效果很好。無論你是如何進行這類對話，都要清楚知道他們的答案會影響到你和他們自己。還有，務必納入與生理健康、心理健康以及財務健全度有關的主題；就像愛與錢

一樣，這些事情都交纏在一起。

➡ 第一步：釐清

　　啟動對話之前，先釐清哪些議題長期來說對**你**最重要。你想要盡可能保有獨立性嗎？你想要慢慢地過渡到退休，而不是忽然之間就停止工作嗎？釐清你個人在這些議題上的立場是什麼，會比較容易和其他人談。如果你當下的焦點是在長輩親戚身上，你可以問類似的問題，但要把重點放在你實際上願意且能夠花多少時間、精力與金錢來照料他們。這些是很難面對的問題，對自己坦誠以對非常重要。你當然可以對摯愛的長輩保證你會做「必要的一切」，但少有人真能確實履行這樣的承諾；照護的成本很高，是一份幾乎全年無休的工作。如果你是照護者，你或許會需要離職，但此時你的花費又會大增。請記住，愛並不等於自我犧牲，考慮自己的人生（包括你的伴侶關係、小孩、事業、健康與其他事物）代表的是負責，而不是自私。

　　隨著時間過去，你可能會改變心意和計畫，但是，先想好可行的假設狀況會有幫助。研究過程可以很有趣。有一對知道自己退休後想要住在大學城裡的伴侶，放假時經常去探訪各地的大學城，他們想試著感受一下，若以同性伴侶的身分在此地過退休生活會不會快樂。這變成一項持續性的計畫，他們手上有一張不斷變動的清單,列出最愛的大學城,每當他們去一個新的城市,就會更新這張單子。

➡ 第二步:溝通

　　一旦你更清楚自己想要什麼與需要什麼,請在還不緊急時先和父母(或公婆、岳父母、祖父母)談談這些主題,理想上是要在你的父母 60 幾歲時就先談。如果你主動提起這些艱難的對話,會幫家裡一個大忙。每個人在輕鬆的午餐時間都會比較冷靜、和善且理性,好過在醫院的急診室。你可能會發現,你摯愛的人聊起這些事比你更自在。

　　除了家中的長輩之外,也和你的手足談談這些議題。有時候,這些對話會讓人很緊張,因為本來埋在沙堆裡的問題忽然間探出頭來了,手足發現自己必須承擔起多年前以為已經可以躲過的角色。(格蘿絲在《苦甜交織的一季》書裡對此有詳盡的描述。)然而,總有一天會需要兄弟姊妹一起協調照料父母親的事。在發生危機前先面對問題,比較有可能以更優雅的姿態度過艱辛時刻。哪一位手足要負責管理整件事?如果父母需要錢,有哪些手足可以幫忙?如果父母需要生理上的照護或探視,哪個手足會過來?如同離婚可能會尖酸刻薄、也可能文明有禮,協助父母歷經年老或疾病,可能會讓家庭更緊密,也可能讓家族分崩離析,再也回不去。

➡ 第三步：考量廣泛的選擇

你得確保自己知道有哪些選項，尤其是生活安排方面。這類選項的範圍很廣，可以是在有協助或沒有協助的地方終老、搬去和小孩一起住，或是住進生活規劃社區（life plan community；以前稱為持續照護退休社區〔continuing care retirement community，簡稱 CCRC〕）。

長期混用不同的選項組合，也是合情合理的做法。艾比的媽媽出意外之後，她的父母就搬進加州的公寓，透過居家醫療協助來照護媽媽。五年後，艾比的阿姨過來探視，看到艾比媽媽的狀況比她上一次來訪時下滑很多，她父親管理母親的照護事宜也非常辛苦，於是阿姨鼓勵艾比去找找看其他選項。艾比做了一些研究，也問爸爸要不要考慮去住生活規劃社區。他之前以為這些地方很貴，所以一直都沒有去看。艾比鼓勵他敞開心胸，至少去看看某些機構。他們兩人一起在附近找到一家接受她母親保單的機構。她的父母隔年搬進去，父親住在獨立生活區，母親則住在專業人士護理區。

➡ 第四步：聯繫

考慮過不同選項之後，請和已經做過長輩照護決策的朋友和家人聊聊。他們遭遇過哪些問題？假如你希望父母在未來某個時候可以跟你住，也請和做過同樣決定的人聊聊。也要和你的父母討論。跨世代同堂生活，特別是如果沒有經過深入的討論與規劃，而這種安排所持續的時間超過預期，又或者父母失能的情況愈來愈嚴重，就可能會發生摩擦與誤解等困擾。

　　請記住，每個人的情況都不一樣，盡量多徵詢幾種觀點。艾比面對長輩照護的時間比很多朋友都早，也因此，她成為很多人在這個主題上的徵詢對象，她甚至有幾個朋友的父母也搬進她爸媽的同一處生活規劃社區。她的父親在整個過程中不斷徵詢具備相關專業的各種顧問（最後也聘用了專業人士），包括精簡人生的專家與保險顧問，並從中受益。他的照護者支持團體推薦了這些顧問給他；這類支持團體十分重要，他們懂得同理，也提供了很多支持。

➡ 第五步：探索可能的後果

　　研究告訴我們，對於與父母同住，成人子女一開始或許會很開心，但隨著時間過去，可能會愈來愈覺得被綁住，而且很憤怒。承擔起照護者的角色時，他們就失去了自由，也因為要支出成本照料年邁的父母，使他們無法為自己的退休人生存夠錢。這是必須考慮的可能後果之一，這也是一個範例，讓你知道若不誠實面對自己能為父母的晚年付出多少，最後會如何。量力而為對待長輩，不必覺得愧疚，也不要因為沒有自我犧牲而覺得痛苦。畢竟，如果你又把自己的晚年變成家庭的重擔，等於讓循環延續下去，要求晚輩的付出超過其合理能力範圍之外，就像你一樣。不管看起來多麼艱鉅，請事先因應可能的後果。如果可以，請在這些問題可能壓垮你的伴侶關係與你的人生之前，先和摯愛的人討論你會如何處理。

　　新冠肺炎疫情凸顯了許多和長者生活設施有關的挑戰。美國疾病管制與預防中心提到，在所有新冠肺炎死亡病例中，65歲以上的人占了八成，將近一半都在安養院或其他長照機構。[33]這個數字裡沒有算到封城幾個月隔離中因病死亡的人；封城對阿茲海默症患者造成極嚴重的傷害。[34]

　　新冠肺炎會不會讓人們永遠改變態度、重新決定他們要在哪裡終老，現在還很難說，但有一個很有意思的趨勢是附屬居住單位的需求大增。附屬居住單位也稱為小屋（casita）或祖母套房（granny flat），是附屬於獨棟房屋的獨立自足生活區域。舊金山灣區有一位房仲最近說，以前計算附屬居住單位的價格時，是以主建物每平方英尺單價的一半來算，但她注意到，現在人們願意為了買下附有附屬居住單位的建物而出高價，於是，她現在是用主建物每平方英尺單價的 1.5 倍來計算附屬居住單位的價格。她說，買進附有附屬居住單位房屋的人，多數都是規劃讓父母搬進來住。

說一說三明治世代 ←〰〰〰

　　愈來愈多人發現自己成為所謂的三明治世代：要養兒育女，同時還要照料長輩。皮尤研究中心說，40、50 歲的成年人約有一半（47%）有 65 歲或更高齡的父母，同時可能正在養育小孩或在財務上支援成年的孩子（18 歲或以上）。此外，每七個中年人中，約有一個人（15%）要在財務上同時支應年邁的父母與幼小的兒女。[35] 這個趨勢只會加劇，隨著嬰兒潮世代年歲漸增，65 歲以上的人口占比預估在未來 40 年會倍增。[36]

　　同時照料多個世代，要在許多方面付出代價。有一位受訪者搬到父母家附近，住在同一個城市裡雖然讓她比較安心，但遷居也造成了其他後果：

　　接下來的四年裡，我每星期至少會回一次（我爸爸和繼母的）家，看看他們，約診時也跟著去，盡我所能地幫忙。我爸爸已經出現失智的早期症狀，因此跟他講話很困難。我必須找很多方法來向他解釋，讓他能理解並記住。我知道我可以讀一些書來幫助自己，但我幾乎沒有時間，我要工作、睡覺、維繫一段有承諾的關係、照顧兒子、開單程半小時的車去幫我父母的忙（主要是我爸），更別說這幾年來他還多次住院。我父親今年過世了，雖然我很悲傷，但我必須說我少了一個重擔，情緒上和心理上都是。

　　如果你發現自己要照顧幾代人，一定要確保你有替自己找到支援。個人治療很有用，一些照護者支持團體或員工資源團體也有幫助，你在這些團體中可以和處於類似照護情境的人搭上線。你也一定要撥出時間從事有助於你管理壓力的活動，可能是運動、走進大自然、和朋友出門走走，或是從事創作活動。當你在思考如何分配時間時，美國退休者協會提供的指引或許有用；他們建議，負責照顧多人的那個人要「根據需求提供照顧，而不是考慮『公平性』。」換言之，不要覺得你必須將時間平均分給你要照顧的每一個人。[37]

　　此外，請盡你所能，在一些短暫片刻中找到歡愉與希望的曙光。埃絲特・科區（Esther Koch）寫過一篇題為〈親吻那飛逝而過的喜悅〉（kiss the joy as it flies by）的文章，她正是建議讀者跟著標題這麼做：她照顧母親多年，陪著母親走向人生的終點，寫下了照料摯愛的人有哪些歡喜之處。[38] 她體會到，這些年是她和母親能共享的最後幾年，細數著她從新鮮的、意外的活動當中經歷過的喜悅，像是開車去海灘、參加音樂會、公園野餐等等。

　　麥拉跟埃絲特一樣，雖然照顧丈夫讓她覺得很疲憊且憂心，但也讓他們有新的機會更加親密。皮尤研究中心指出，照護者發現，提供照護是很有意義的事。[39] 光是提供照護，這一點本身就能提升親密度。[40] 加州大學柏克萊分校的哲學暨心理學教授艾莉森·高普尼克（Alison Gopnik）說，我們不是因為愛才照顧對方；是因為我們為對方做了很多事、提供了很多照護，才顯出我們的愛。

第九章的練習題：

你要如何做好準備和摯愛長輩談談？

　　這份練習題的焦點在於 5C 架構中的釐清和溝通步驟，在這件事上，溝通的步驟特別難為。首先，想一想你針對退休、老年照護和生命終點議題想要談些什麼。

你想要和哪些親戚或摯愛長輩談一談？

_____

你想和他們談的主要議題是什麼？

_____

你希望對話能達成哪些目標？

_____

挑一個話題開始對話。你要如何開始對話？為什麼？

_____

接著，做一次對話彩排。請某個認識你父母（或是其他親戚或摯愛長輩）的人，在對話中扮演他們，你演你自己。開始啟動對話，看看會往哪個方向發展。

檢討彩排。你從中學到什麼？彩排有沒有指出你之前沒想到的主題或策略？

你有沒有碰到什麼難以啟齒的話題？你有沒有想過如何拆解？

彩排是否為你點出了時機點的建議，是否能讓你知道你應該規劃多長的對話時間？

彩排有沒有讓你更有信心，相信自己能在真實情況下掌握對話？如果沒有，你要如何強化信心？

成為你想看見的改變

改變工作／家庭系統
（你要如何盡一己之力）

　　道安是一位成功的招聘人員，任職於一家備受尊崇的顧問公司。她結婚五年了，期間她的妻子一直想要有孩子，但道安不想。因此，她們轉移重點，努力成為姪女外甥的「最佳阿姨／姑姑」。然而，隨著道安即將 35 歲，她感受到一股未能成為人母的痛苦，那是過去從未有過的感覺。有一天，和妻子一起健行時，她提到生小孩這件事。那一次，她的妻子坦承自己仍一直想成為母親，但因為她認為道安強烈反對這件事，所以沒有多說什麼。健行結束時，她們達成協議要生小孩。面對眼前這條漫長的路，她們覺得既興奮又不安。隔天，道安點進公司的內部網站快速查看了員工福利，發現雇主提供的保險（她和妻子都有納保）有支付人工生殖費用。她很開心，直到她看到小字附注說本項福利僅限於不孕（定義為至少一年無法受孕）的異性戀夫妻。

　　道安不願意放棄，她和人力資源部的聯絡人討論，詢問為何一家贏得多項 LGBTQ 友善職場大獎的公司，卻訂出如此狹隘的人工生殖補助資格？人力資源部的回應是，那是公司的保險商決定的，而非公司。人力資源部的聯絡人認同道安的理據，但她無力改變。道安無所畏懼，要求和聯絡人的主管會談。當她從這位主管口中得到相同的答案時，便繼續向上和愈來愈資深的人力資源部領導階層會談。她也在不同的論壇分享她的事，包括 LGBTQ 員工的員工資源團體。當她和人力資源部的領導階層會談，其他員工也很快加入支持道安的行列，他們同樣對公司感到失望，空有 LGBTQ 友善的聲譽（很多人說他們就是因為這一點才進入公司），與保險福利上的小字附注並不相稱。

在此同時，道安的妻子換了工作，她們發現，她的公司（那是一家科技公司，還沒有響亮的 LGBTQ 友善名聲，但提供了更進步的福利配套措施）會支應同性伴侶的人工生殖費用。她們開始去找捐精者做人工生殖，由道安成為生理上的母親。隨著孕肚愈來愈大，道安也繼續在公司內部大力推動自己的主張，最後她的故事一路傳到人力資源長的耳裡。

到了這個時候，道安已經集結了強大的盟友，包括一些公司的資深合夥人。有些人很訝異，道安在懷孕之後居然還願意花心力推動這些福利，但道安的行動從來不只關乎自身。她希望她任職的這家代表進步的公司，對於提供共融的福利能「說到做到」。她覺得，若她不將這個議題往上升級，就無法順利做好工作、招募其他人才。

道安在放產假之前的幾週登入筆記型電腦，看到公司剛剛發布下一個計畫年度適用的新福利配套措施。附帶的電子郵件宣布，公司將要擴大納保範圍，以符合公司多元共融的價值觀；現在開始，保險方案涵蓋同性伴侶的人工生殖費用。從道安第一次知道人工生殖福利僅適用於異性戀伴侶算起，到此時已經過了兩年多。她感受到一股自豪之情湧了上來，興奮地叫隔壁房間的妻子過來。「寶貝，過來一下！」她的妻子衝了進來，本能地衝向她們最近整理好的待產包，準備要去醫院。
「不，還沒。」道安笑著說道，她指著電腦螢幕，上面寫著新
福利配套措施的相關資訊。「但願我下一次生小孩不用等兩
年！」

　　道安的故事和本章要說的，是溫柔地提醒讀者，我們都
可以發揮一己之力，帶動系統性的變革。不管是道安還是我們
自己，生活可能都已經排得很滿，有時候甚至是非常緊迫。有
些時候，光是要過完一天或一週，就已經萬分艱難！但是，說
到結合愛與錢，我們常被要求在不太理想的選項當中擇其一。
時機到來時，請像道安一樣發出你的聲音；我們都可以對這個
世界產生影響，這麼做也能引發連漪效應，長期帶動正面的
改變。

過時的基礎

　　過去我們的制度與政府政策都以異性戀婚姻為準（其他
所有性偏好都是不可說的禁忌），男性負責出外工作賺錢，女
性在家生兒育女。回顧當時，有薪育嬰假與在家庭以外尋找負
擔得起的優質托育服務，根本不算是議題。幾十年來，雖然有
幾百萬女性投入職場，但很多政策反映的仍是單薪家庭的規
範，往往無法滿足這個不斷演變的社會的需求。也因此，許多

人不斷陷入困境，將事業發展和家庭當成敵對的兩方，搶奪著時間、注意力和金錢。這種環境會讓人更難以同時擁有事業與家庭，要付出的成本也更加高昂，有時甚至成為完全不可能的任務。

　　新冠肺炎疫情凸顯出，即便距離二十世紀下半葉又過了幾十年，女性在勞動人口中的占比大增，但美國為就業家長提供的支持架構仍少有變化。（2020 年，女性於民間勞動力中占47％，較 1948 年的 29％大有提升。）[1] 疫情之前，育有小孩的雙薪家庭數目穩定增加，以美國而言，2019 年時，在所有夫妻中占了 63％，相比之下，1967 年為 44％。[2] 即便有這些變化，當 2020 年 3 月突然封城、關閉學校和日托中心時，相關的政策與福利仍過時到令人非常訝異，我們可以看出很多托育的重擔仍放在家庭，尤其是母親身上。

　　我們描述的景象讓你覺得氣餒嗎？你並不孤單！然而，唯有面對殘酷現實中的種種阻礙，才能真正掌握系統需要多大的改革幅度。我們用前面九章來談如何幫助你，是因為我們認為你有可能順利化解和錢與愛有關的個人挑戰。但若要改善環境條件，使其足以符合現代家庭的需要，我們必須檢視沒這麼理想的選項給了我們哪些系統、政策與實務做法。接下來，我們要像道安和她的同事們一樣，集結起來，一次開一場會，盡力改變以次佳選項為基礎的系統。

成為改革的催化劑

　　道安開始要求公司改革人工生殖福利時,她已任職一段時間了。有著長期亮麗的工作表現,可能會讓資深決策者願意聽她說話。如果你還沒有這些成績的話,該怎麼辦?你仍然能成為改革催化劑嗎?是的,可以!你的力量來自於你的經驗、想法和動機,但不必然關乎你的位階。我們支持內部的改革,也相信不管身處權力架構內的哪個位置,都有力量帶動改變,而且你不會只有一個人。事實上,緩慢但確實地培養盟友陣營,對長期的成敗來說至為重要。然而,首先你可能需要換一種心態,特別是若你跟大部分的人一樣,並沒有將自己視為推動改變的催化劑。

改革不造反

　　當你檢視我們的專業履歷,你可能不會認為我們是帶動改革的催化劑。麥拉擁有經濟學博士學位,在學術界資歷逾 40 年。艾比擁有企管碩士學位,在一家財星 200 大的企業裡任職近 10 年。我們都沒有大聲公,但我們有帶動改變的想法,也發出聲音大力倡導這些想法。

　　麥拉剛進入史丹佛大學時,還是相對無名的基層新進教

職員，但她已開始在學生與資深教職員之間集結盟友。她的
目標是什麼？她想要成功推動一份提案，而該提案後來促使
成立了史丹佛女性研究中心（Stanford's Center for Research on
Women）。長久下來，女性研究中心成為一項強大的資源，
進行許多校園與社區女性權益相關的研究，也大力提倡女性權
益。最後，中心的聲名大起，獲得更多資金，轉型為克萊曼性
別研究所（Clayman Institute for Gender Research），如今在校
園與全世界努力推動工作與家庭方面的權益。

　　同樣的，當艾比在企業裡一步一步往上爬時，也發起並領
導了一個就業家長員工資源團體，協助負責照護的人爭取新的
福利，並營造友善的職場環境。如同艾比的一位團隊成員在宣
布懷了第二胎時所說：「這裡的人不怕說出自己懷孕了。」

　　《改革不造反：成功不必出賣自我》（*Tempered Radicals:
How People Use Difference to Inspire Change at Work*）的作者
黛博拉・梅爾森（Debra Meyerson）發明了「改革不造反」
（tempered radical）一詞，用來描述像我們這樣的人，而你可
能也是。梅爾森說，改革不造反的人「想要在組織裡有所成
就，但又想實踐自己的價值觀或身分認同，即便這些價值與所
在組織的主流文化有些衝突。」[3]「改革不造反的人，」梅爾
森主張，「比較有可能『跳出框架』思考，因為他們並不完全
陷在框架裡。身為『內部的外部人士』，他們非常重要，也是
創意的先驅。他們說的是『新事實』。」[4]

改革不造反的人是高效的變革催化劑，因為他們知道如何在系統裡來去自如，以達成目標。身為錢與愛相關議題的專家，常有人來尋求我們的建議，他們想要在自己的職場中發動重大變革，比方說，有人想採取新的招募流程、落實偏見較少的員工考核方法，也有人希望公司提供托育福利、陪產假，或是爭取在生育或收養小孩之後返回工作崗位時能有更多彈性。「我們應該從哪裡下手？」他們常會這麼問，「我們應該如何說明我們尋求的改變能帶來哪些經濟福利？我們應該先尋求哪些改變？」

答案很簡單（但實際要做的工作並不然）：首先，做研究。你之前看過職場上有哪些改變？誰有權決定落實改革？他們會覺得哪些數據有說服力？他們相信誰？每一個職場都不相同，我們無法建議到底要怎麼做，但我們提供的架構可以成為前行的指引。

在家中成為改革不造反的人 ←~~~~

如果你有小孩，發動改革的另一個方法，是把小孩養育成改革不造反的人。研究顯示，女性主義者的兒女比較有可能支持我們在這裡主張的變革。教養小孩時，用你自己學到的心得來教導他們，幫助他們努力創造一個新世界，讓愛與錢之間的取捨不像現在這麼嚴苛。

你可以向小孩介紹 5C 架構，讓他們熟習這套方法，學會釐清、溝通、找出選擇、和他人聯繫，並考量可能的後果，甚至可套用在無關乎愛與錢的決策上。如果你有伴侶，你們教育小孩最重要的方法之一，是公開與孩子討論你和伴侶如何劃分賺錢與照料家庭的責任，以及你們為何做出這樣的選擇。藉由讓孩子看到你們如何有意識地做出愛與錢相關的決策，便能確保他們理解，多數決策實際上都和這兩個因素有關。當他們愈能理解這一點，就愈能更進一步，踏上魚與熊掌兼得（以他們所希望的比例）之路。

蒐集數據

當你在思考要用什麼方法成為帶動改變的催化劑時，可能會想要著眼於你最在乎的議題，然後檢視相關的數據。通常有兩種數據最能打動人。第一種是個人的小故事，如果你聽過「小故事講多了也不會變成數據」（plural of anecdote is not data）這句話，要知道這是誤傳，最原始的版本正好和流傳下來的相反，最初的說法是：「小故事講多了**就是**數據。」[5]

第二類數據，是從研究調查與雇主的人力資源資訊系統中找出冷硬的數字。假如能搭配小故事，這些數據將扮演很重要的角色，使人改變心意、想法和政策。

　　固有的挑戰是，冷硬的數據雖然可以大聲說話，但人們比較容易聽進故事。《哈佛商業評論》於 2021 年 9 月登出一篇提到「大離職潮」（great resignation）的文章，指出 30 至 45 歲的員工離職率高於其他年齡層，在 2020 至 2021 年間平均增幅 20％。[6] 這篇文章勸告雇主採行數據導向的做法來提高留任率，建議雇主要（一）量化問題，（二）找出根源，以及（三）提出量身打造的留任方案。

　　要是有這麼簡單就好了！30 到 45 歲的離職率這麼高是有理由的，因為這個年齡層的人最可能家有幼兒、同時還要照顧長輩，也就是三明治世代的一員；讓人疑惑的是，該篇文章裡並沒有提到這一點。無論這個理由多麼能解釋高辭職率，都很難證明，因為多數公司不會去管員工是不是還要照顧誰（根據一項調查指出，比率高達 52％），多數人力資源管理系統在設計時也沒有加注這類資料。[7] 有些比較進步的雇主會透過自述或調查來追蹤這些資料，但那些雇主只占少數。

　　若沒有正式的人力資源管理數據，你可能需要有點創意。如果你的公司有成立以親職或照顧為主的員工資源團體，你可以問問看成員是否願意接受調查，並請他們廣為傳播。倘若你工作的地方沒有員工資源團體，你可以自己創立。在此同時，你可以根據研究做些估計：哈佛大學的一項研究指出，每四個員工中，就約有三人（73％）要擔負一定的照顧責任。[8]

時間線（亦即，要長期抗戰）

即便在單一組織內，根本性的改革通常都涉及很多不同的群體，大家著眼的優先事項不同，有時候會彼此互相衝突。正如俗語所言，廚房裡有這麼多廚師，推動改革的時間會很長，歷史悠久的大型機構尤其如此。要在緊急與耐心之間取得健全且長久的平衡，是非常困難的，特別是對於改革不造反的人而言，因為他們認為**此時此刻**就需要處理行之有年的慣例，所以會立即採取行動。艾比第一次提案針對為人父母者籌組員工資源團體時，她的想像是所有員工都能加入這個團體，不僅限於總部員工。但由於時薪員工適用的勞工法規不同，若要制定全公司一致適用的會員資格，會非常複雜。這項限制雖然讓艾比感到氣餒，但她和共同創辦人決定把重點放在推動可能的變革上：讓總部幾個地點的會員人數快速成長。幾年之後，家長資源團體有了新的領導者，其中包括兩位特別受命來幫忙接觸店面與經銷中心時薪員工的人。堅持加上耐心（終於）有了回報。

在多數組織裡推動改革，通常需要很長的時間；你現在推動的轉型可能不會讓你自己受益，但會嘉惠那些跟隨你腳步的人。

妮可也沒想過自己會成為職場上帶動變革的催化劑。生完第一胎之後，她很期待回去工作。她是小兒科醫師，認為自己如今更能理解執業時遇見的父母，因為她現在也是媽媽了。她也非常期待看到重新裝潢的辦公室；她請產假時，她任職的醫院正在進行一項十億美元的轉型行動。重新整修讓人十分興奮，因為其中一個專案就包括擴建兒童醫院側廂。在她放完產假、回到醫院的第一天，她很驚訝地發現她沒有地方擠乳以餵哺四個月大的兒子；那天是她第一次把兒子留在日托中心。

　　「身為醫師，」她說，「我們不斷對父母宣導餵母乳的好處，鼓勵他們只要做得到，便要盡可能持續餵寶寶母乳。基於我們身為醫師所具備的知識，我很驚訝地發現，自家醫院在設計與建造兒童側廂時，竟沒有人考慮過女性員工的需求。」

　　妮可在醫院裡另一頭找到哺乳室，但她的行程太緊湊，很難一天去另一頭擠乳三次，然後準時回來看病人。最終，在她提出疑慮之後，兒童側廂的茶水間挪出一個地方，重新調整以供她使用，只用一張薄薄的簾子將她擠乳的空間和其他空間隔開。然而，茶水間裡的其他空間人來人往，她在裡面擠乳時，有很多人要使用其他空間，使她很難放輕鬆，便難以觸動泌乳反射。幾次擠乳失敗後，她發現乳汁滲出了襯衫。（她很感謝自己穿了白袍，可以遮住痕跡。）回到職場僅僅幾週，她的興奮就變成了挫折與憤恨，因為根本沒有人在乎女性醫師與員工的基本需求。

　　有一天，她擠完乳之後掀開簾子，看到部門的主任醫師在茶水間倒咖啡。「喔，嗨，妮可，」他說，「我不知道這裡有人。放完產假回來上班還好吧？」多年的醫師訓練，教會妮可要硬著頭皮撐過不適，不可抱怨。她的工時很長，也很清楚自己的睡眠時間對人類來說遠遠不足，她顯然只靠著不屈不撓的精神撐著。主任醫師也受過相同的訓練，而且比她早了幾十年，她知道，他可能會預期她回答「一切都很好」就帶過。但她覺得自己必須把話說出來，不僅因爲她自己的經驗很糟，也因爲她有兩位同事已經懷孕、正要請產假，她不能接受當她們回來時也要面對跟她同樣的處境。

「說實話，」她回答，「很辛苦。我在這裡擠乳，是因爲即便我們都知道餵哺母乳的健康益處，但兒童醫院側廂仍沒有設計任何適當的哺乳室。我想要幫忙推動改革，爲了我自己，也爲了醫院裡的其他女性員工。」

主任醫師停下倒咖啡的動作，抬起頭，對於她所說的話感到意外。妮可撐住，預期會遭到一番駁斥，但他卻說：「嗯，我們應該做點什麼事。」在那一週，主任醫師請她出席一場和建築師與空間規劃師團隊召開的會議，一直以來負責醫院擴建工作的人就是他們。來到會議室，她環顧四周，裡面只有她一位女性，其他全是灰髮男士。她馬上理解爲何醫院花了十億美元擴建，卻沒有考慮到女性員工的哺乳需求。主任醫師說明了爲何要召開這場會議，並請妮可解釋更多細節，所有的灰髮男士不約而同地轉頭看著她。雖然一開始有點害怕，但她深吸一口氣，想著其他懷孕的同事，然後開始說明問題。

使用 5C 架構：成為帶動變革的催化劑

　　請記住，變化不會於一夕之間發生，也不需要讓堅持改革奪走你的人生。無論多麼希望局面變得不一樣，我們大部分的人都很忙，每天生活中也有許多需要我們花心力處理的面向。採取條理分明的做法，可以防止自己過勞，也能成為長期而言更強而有力的變革催化劑。每個人都做出一點小小的改變，加起來的力量就會很強大。你自己先做一點小改變，然後鼓勵別人也這麼做。

➜ 第一步：釐清

　　在擁抱自己成為變革催化劑的能力之後，第一步是釐清你想要看到哪些改革，以及理由何在。這個過程可能像是坐雲霄飛車，一路上有很多的高點、低點、唯唯諾諾的人、為反對而反對的人。清楚知道自己為何投身這項工作，在你遭遇障礙時，將有助於你維持在正軌上。

　　有些人在遭遇負面經驗之後找到「初衷」，最後刺激他們堅持倡導變革，有一位受訪者就是如此：

　　我第一次休完育嬰假後的復工經驗非常可怕，我來到一個包容性很低的職場，回來工作四個月後就離職了。自此之後，我一直保有動力，想盡我所能，改善照顧者的工作條件。我目前參與公司的照護者員工資源團體，想要改變職場的政策。我個人希望以身作則，成爲我想改革的行爲的榜樣（例如，要求延長育嬰假、使用防疫照護假、在工作與家庭時間之間畫出界線）。

另一位受訪者蘿莉・米哈麗琪－拉雯（Lori Mihalich-Levin）生完小孩、重返工作崗位後也有負面經驗，但最終的結果很勵志：

生完小孩（尤其是生第二胎後）之後回去工作，讓我非常掙扎，而公司沒有專門提供給新手父母專業人士的資源，也讓我備感挫折。我找得到的所有（周全的）教材，重點都是寶寶。我在任職的產業協會創辦了一個家長團體……（之後）我想爲就業家長營造出更友善的職場，這股衝勁和熱情讓我在成爲律師事務所合夥人後，在內部創辦了就業家長團體。雖然最初僅能開放事務所內部的在職律師成爲會員，但我成功啟動一項歷時近兩年的方案，對公司裡所有員工開放會員資格。

蘿莉從經驗中釐清了自己的使命，後來成立了用心回歸（Mindful Return）公司，該公司的重點在於協助父母重返職場。她的公司最早爲新手父母提供一套爲期四週、以團隊爲導向的線上課程，後來進一步擴張，現在也有其他課程，對象包括母親、父親、特殊需要兒童的父母，以及管理請假員工的經理人。目前有 90 家以上的公司爲員工提供這些方案，作爲公司內部的生育福利之一。對蘿莉來說，釐清她希望這個世界有哪些改變，使她有能力跨出自己的職場去幫助更多其他父母，也讓她成爲執行長，懷抱滿腔熱情，經營一家欣欣向榮的公司。

　　另一位受訪者說，她任職於財星百大企業，幫忙促成更有彈性的工作時程，讓大家更願意接受，過程也變得更透明，這讓她很滿足。她提到，她在 2000 年代初生了小孩，那時有些女性會來談其他的工作排班方案，但都是和主管「私底下談」，沒有人眞的知道有這種事。這位女性說，她明確的個人使命就是「讓大家看見祕而不宣的事」，她覺得，若她能在自己這個層級證明，非傳統的工作排程也可以運作順暢，就能讓愈多人一起適用。因此，她開誠布公地和每個人談她的排程，包括她一週有幾個下午可以在家工作；在當時，以她的公司來說，這樣的安排很有爭議性。之後，她有權提供同樣的排程給大約上百名下屬。她說，她自己的另類工作排程，讓她能繼續餵哺小孩到一歲，而且這「讓我能夠保有一些理智」。她也成功替公司的其他同事鋪出一條路，早在居家工作概念還不普遍時，就能享有彈性。即便是沒有享受到這個選項的好處的員工，也表示他們很高興知道公司有這種政策。

➡ 第二步：溝通（集結盟友、打造同盟陣營）

　　一旦你清楚你「為什麼」要做，就該開始廣結盟友。做這件事時，你要傳達你想要尋求的改革。廣泛撒網，因為你永遠不知道誰會加入你。隨著愈來愈多父親參與育兒，有更多的男性也站出來，加入要求育兒等家庭相關福利的母親們。當愈多人聚焦在同一個議題上，就有愈多職場可能提供這些福利。

　　道安努力改變了自家公司人工生殖納保範圍的資格，她能成功，是因為她（緩慢但穩定地）在同事間培養出大量的盟友，包括幾位資深合夥人，他們的地位足以影響範圍更廣的公司政策。資深同事確實能成為大有幫助的盟友。艾比有一位人生導師成功推動了一項變革，首創讓管理顧問也能適用兼職安排，過了很多年之後，在業界才有其他公司仿效。她將她的成功歸功於自己因為工作表現良好而受人尊重，她也堅守兼職排程（即便受到壓力也不屈服），再加上她獲得一位備受敬重的男性資深合夥人替她「空中掩護」，亦即他幫忙說服了其他合夥人（有些人抱持懷疑態度，有些人根本直接反對），讓她可以試行兼職排程。這位資深合夥人幫她塑造出另一種角色：她要面對客戶，但不須直接負責管理團隊；如此一來，她就可以一週工作三天。她已經證明了自己有能力，又找到強大的盟友，因此得以推動她想要的變革。

➡ 第三步：考量廣泛的選擇

　　儘管我們都想要聚焦於理想的解決方案，但系統性的改革有時候需要妥協，因此，重點是要找到不同的方法來解決問題。由於你著重的議題牽涉到許多人，他們的渴望與需求均有所不同，所以，有時候可以研究其他國家、組織或社群做了什麼事來解決類似的問題，從中尋找選項。

　　有一位女士分享如何善用她看到的不同選項，說服新公司更改產假政策。她知道公司的產假政策以後會對她造成困擾，因此她很早就開始促動變革：

　　剛進公司時，公司只提供聯邦政府規定的最基本的有薪假政策，這讓我很緊張，因爲我知道之後我會想生第二胎，但公司的政策對我來說不夠。我不久前離職，前公司有三個月的有薪假和三個月的無薪假，我有整整六個月可以陪伴女兒，眞的很棒。

　　我和大伯在同一家公司，他是第一個向我提到這件事的人。他手下有一個小組長即將生產，當他和她閒聊起產假時，他明白公司的產假太短了。我認爲，我們的結盟（以男性代表和女性代表的身分合作）對於促成延長產假政策的成功來說，非常重要。一路上當然有一些阻礙，比如，有一位資深高階主管問我：「難道我們不需要擔心女性會和寶寶過於親密，因此不想回來上班嗎？」對此，我的回答是：「你有照顧過四週大的寶寶嗎？我很確定多數女性都不覺得這是輕鬆愜意的工作，她們不會想要永遠簽下賣身契。還有，假如有任何父母認定照顧小孩是他們所能做的最重要工作，我們不是應該高興嗎？」不過，善用數據（量化成本、與同質性的公司相比、解釋留住女性人才的好處）最終讓我們贏得勝利。公司裡的人多半不知道我們扮演了什麼角色，但大家對人力資源部表達謝意，感謝他們制定出性別中立、慷慨給予育嬰假的政策，這讓我覺得很滿足。

在上述範例中，這位女士考量了許多選項，代表要量化不同產假政策的成本。將每個選項的成本列出來，最終說服了她的雇主改變公司提供給員工育嬰假的政策。

➡ 第四步：聯繫

和產業裡的領導者談談，和競爭對手做比較，和擁有相關經驗的改革不造反人士聊聊，這些都是你在著手推動變革時，可能會想要做的聯繫。如果盟友變少，也請與他們聯繫。一如以往，請對於新的資源、人和參考資訊抱持開放的態度。

➡ 第五步：探索可能的後果

正向的改革可能會有一些負面的作用，負面的改變也可能有正向的效應。在檢視可能的結果時，要考慮好的面向與壞的面向，做好準備，抵禦這些成果造成的風險，並保住帶來的益處。最有可能的情況是，你在推動變革時，需要不只一次被迫解釋自己的決策、行動和反應。計畫會被打亂，這是理所當然的。你愈能做好充分的準備面對探詢，就愈有可能成功說服決策者。

需要有所行動的領域

除了在職場中尋求變革之外，改革不造反的人也會在政治領域促動改變，可能是在當地、州政府、聯邦政府，甚至是國際層級。許多議題都需要我們的關注，因此，第一個挑戰就是要決定把精力投注在哪裡。

接下來幾節會談到我們認為亟需大刀闊斧的改革的政策領域，這些改變將能為一邊工作一邊照顧親友的人提供重要支援。這些相關議題需要職場上與各階層政府的人們審慎倡導變革。有些領域需要文化上的改變，以確保在職場上能適當地採行這些政策。

➡ 資料蒐集

　　美國公平就業機會委員會報告（EEO-1 Component 1 report）是政府的制式報告，所有雇用人數達 100 人或以上的民間雇主，以及雇用人數達 50 人或以上且滿足某些條件的聯邦政府承包商，每年都要依規定向美國公平就業機會委員會（Equal Employment Opportunity Commission）提報勞動人力數據，包括根據種族或族裔、性別以及工作類別細分的資料。擴大蒐集資料的範圍，要求企業提報員工的照護責任，是很迫切的需求。有了這些資料之後，企業與研究人員才能判別因為照護責任而造成的性別薪資落差是多少，組織內推動變革的人也才會有憑有據，以爭取會影響員工滿意度與留任率的重要福利。

　　目前已經有人在努力推動，將照護狀態變成美國公平就業機會委員會報告中的規定要項，比方說，科技業家長聯盟（Parents in Tech Alliance，簡稱 PTA）的執行主任莎拉‧喬荷（Sarah Johal）已向美國勞動部提案。這個組織源於 Salesforce、Uber、LinkedIn、Lyft 和 Yelp 等幾家頂尖科技公司的家長團體領導者，2017 年時於 Twitter 的線上研討會密會，「要求更多人注意到就業母親遭遇的問題」，之後組成了科技業家長聯盟。[9] 莎拉的提案如下：

　　我們蒐集員工相關資料時，除了性別、種族、失能及／或兵役等身分之外，還需要更多。缺少照護相關資料，我們就會錯失關鍵的機會，無法衡量這兩者之間的差距：公司被視為是「理想工作環境」的認知，以及員工的實際經驗。

　　科技業家長聯盟在美國如今已是全國性的非營利組織，計畫將提報照護責任狀態，變成法律規定列為其優先推動的事項之一。

➡ 有薪假

　　美國是全世界唯一沒有「有薪產假」政策的工業化國家。約四成雇主提供有薪育嬰假，六個州規定雇主要提供天數不等的產假，此外，美國有規定**無薪**的家庭照護假，約有六成美國人適用。美國在相關公共政策面遠遠落後，正是美國婦女勞動參與率相較其他對家庭更友善的國家來得低的部分原因。[10]

　　美國沒有法定的父方有薪陪產／育嬰假（paternity leave），是政策過時的另一個例子。聯合國兒童基金會（UNICEF）的近期報告指出，在全世界 41 個最富裕的國家當中，有 26 個國家有法定父方有薪陪產／育嬰假，但美國沒有。在這些國家中，有 16 國為收入處於中間值的人提供全額薪資。經濟合作暨發展組織（OECD）指出，以其會員國來說，有薪假的平均長度爲 8.1 週。[11]

　　這類有薪假的週數長度尚待討論，但研究顯示，在假期非常長的國家，對女性回歸勞動市場的能力有負面影響，對於她們的薪資也有負面衝擊。非常長的假期會讓雇主極難經營公司，也難以替請假的人保留工作。因此，極長的假期可能造成負面效果，讓企業一開始就不願意聘雇處於生育年齡的女性。

　　讓父母其中一人休 12 週的有薪育嬰假，之後再讓另一人休 12 週的有薪育嬰假，可以讓寶寶在出生前六個月由父母其中一方照料。由於美國太晚才加入父方有薪陪產／育嬰假這場盛會，因此可以從其他國家的經驗受益，比如瑞典；瑞典已經成功洗刷父方有薪陪產／育嬰假的汙名，讓新手爸爸可以安心撥出時間，好好當一個父親。這類方案具備多重效益，包括讓父親有機會和嬰兒培養感情聯繫；兒童發展專家說，這對全家人來說都是一大加分。[12] 如果孩子的生命中沒有父親這個角色，可以由家中其他成員休第二個 12 週的假，例如祖父母其中一人或母親的某位手足。

➡ 聯邦政府育兒補助

　　我們建議推動的第三項政策改革是，當家庭育兒成本超

過所得的一定比率（目前爲 7%），便由聯邦政府補助。這表
示，政府要替負擔不起育兒相關成本的家庭，負擔部分或全部
金額。

雖然金援很重要，但補助有需要的人只能解決部分托育難
題。育兒的品質必須有所提升。社區大學也需要補助，使其能
培訓托育員工和助手。強化全國托育中心品質的同時，也有必
要規定托育員工的最低薪資。

提供優質托育服務的經濟理據，和提供公共教育的經濟
理據相同。隨著我們深入了解更多關於幼兒絕佳學習能力的大
腦研究知識，我們就愈需要確保早在幼兒園之前便開始提供教
育。藉由全國性的補助托育與強化托育品質，父母才有可能安
心工作，小孩才能及早開始發展。

提升托育品質有一個好處，就是可以提高生育率（目前美
國的生育率正在下降）。[13] 整體而言，花愈多錢支持家庭的國
家，生育率愈高。舉例來說，德國和愛沙尼亞推出更好的托育
選項，並支付更高薪資給休有薪育嬰假的人，之後生育率就有
所提升。[14]

少了聯邦政府的托育補助，有些人會去打聽企業托育。企
業托育通常很可靠、品質良好且提供部分補助，但少有雇主的
規模大到能讓自家的托育中心獲利。此外，一般來說，企業托
育中心嘉惠的都是白領勞工，這群人也正好是擁有其他優質托

育選項的人。而且，隨著社會轉向遠距與混合式的工作環境，目前尚不清楚在辦公室裡附設托育中心是否會有幫助。

➡ 有薪病假

全世界有 193 個國家，其中 179 國有「有薪病假」，但美國並非其中之一。[15] 如果說新冠肺炎疫情教會了我們什麼，那就是人不應該在生病時去上班，但很多人還是被迫這麼做，因為他們無法留在家裡不賺錢。有遠見的公司願意讓員工請有薪病假當然是好事，但政府需要更進一步，要不就動用法律強制規定有薪病假，要不然就由政府提供病假福利。

2020 年 3 月，美國國會通過有史以來第一條病假條款，規定企業要提供最長兩週和新冠肺炎疫情相關的有薪病假與家庭照護假（但僅適用於規模 500 人以下的企業的員工），這條深具歷史意義的條款，最後延長適用到 2021 年 3 月（另一條規定要再給十天假，適用到 2021 年 9 月為止）。研究本條規定使用情況的研究人員總結，雖然在疫情發生的前六到八個月有 800 萬名員工請了緊急病假，「疫情期間，需要但無法請有薪病假的員工占比是以往的三倍；每個月總共有 1,500 萬名員工需要請假、但未獲得處理，其中，女性碰到這種事的比率更高出 69％。」換言之，政策是一個起點，但遠遠不夠。最後，研究人員指出長期政策在增進健康方面的效益：「由政府規定或促成的有薪假，非常有可能大幅減少未獲得處理的病假需求，也能降低感染率，並增進大眾的健康。」[16]

➡ 有彈性的工作選項和穩定的工作排程

對於在工作和照護之間疲於奔命的員工來說，能擁有彈性選項，以決定工作時間、工作地點和工作方式，以及穩定且可預測的排班，都是需優先考量的議題。如果你前一天、甚至工作當天早上才知道自己的班表長什麼樣子，就不可能規劃托育。太多員工有很多辛酸事可講，他們排隊將小孩送到日托中心，然後準備去上班，結果發現自己的班被取消了。他們無法拿回當天送小孩去托育的費用，也賺不到當天排班的薪資。企業透過靈活地調度勞工，或許能優化其獲利能力，但這類不穩定的班表跟育兒生活完全不相容。

工作生活法律中心（Center for WorkLife Law）進行研究，檢視服飾零售商 Gap 的第一線員工使用更穩定的排班表之後，會產生哪些影響。研究團隊定義的「穩定」，涵蓋四個面向：「一致性（讓每週的班表更一致）、可預測性（讓員工更能預先知道何時要上班）、適合性（讓想加班的人多上一點班）、參與性（讓員工更能決定自己何時工作與何時不工作）。」[17]瓊・威廉斯（Joan C. Williams）率領的跨學科團隊發現，運用一些干預手段，包括取消隨傳隨到的班、兩週前發布班表、使一週每天的班表更加一致等，最後提升了參與本次活動的分店業務成果（以提高銷售量和生產力作為判斷標準），各分店的員工在健康上也有正面效益（以提升睡眠品質和減少壓力作為判斷標準）。[18] 值得注意的是，班表更穩定之後，為人父母者也減少了 15% 的壓力。[19]

薪資水準最低階的員工對於可預測的班表需求甚高，但所得最高階、要面對客戶的產業也非常需要，比如財務、法律和顧問業的員工。社會學家將這些職業稱為「貪心職業」，因為這些產業會獎勵員工（多半是男性）把幾乎所有醒著的時間都投入工作。

讓所有員工都有彈性決定工作時間和工作地點，再加上可預測的工作時數，就能拉近性別薪資差距，也能讓難以留住女性員工的公司強化員工組成的多元性。[20] 消除使用彈性工作政策員工的汙名與不平等，也會有幫助。

➡ 退休金方案提撥的誘因

現今有太多人在 60 幾歲時發現自己沒有足夠的退休所得。為了因應這項挑戰，雇主可以提出額外的誘因，例如配對方案，讓員工提撥資金到退休金方案裡。聯邦政府也應該多提供誘因。有一種改革很簡單，比方說，將退休金提撥變成是你

必須特別選擇才能退出的方案，而不是要特別選定才能加入，
這麼做有利於提高提撥率。

更健康的生活方式，再加上長壽科學的進步，讓人愈活愈
久，能享有更長的活躍時間，也因此，存錢準備退休愈來愈重
要。人口學家估計，現在出生的小孩，預期壽命可能達到 100
歲。若眞是如此，大多數人都無法在 62 歲退休，因爲可以靠
存款活 40 年的勞工少之又少。最有可能的情況是，未來的退
休年齡會比較接近 80 歲。然而，即便退休年齡延後，若要支
應 20 年的退休生活，需要動用的錢仍會高於退休人士的平均
存款金額。

➡ 長照保險

隨著預期壽命延長，長照的需求會隨之提高，企業與政府
有必要提供額外的誘因，敦促人民購買長照保險。同樣的，這
也可以成爲職場相關的福利，但政府也需要提供誘因讓人民願
意購買。

華盛頓州是美國第一個立法用薪資所得稅支應長照保險方
案的州。這套方案於 2019 年簽署成爲法律，每 100 美元的薪
資所得中要扣繳約 50 美分，作爲保險資金；2025 年起，將會
給付最高 36,500 美元給符合資格的個人，用來支應長者的居
家醫療保險，以及他們在家中終老所需的其他服務。[21] 雖然

這套方案備受批評，例如，容許有私人保險的人可選擇不參加（這會改變保險方案的經濟原則），但無疑是一項很有用的案例研究，讓其他州在人口老化時有可以借鏡的範例。[22]

➡ 文化規範

最後要提、也同樣重要的是，即便是經過絕佳規劃的政策，也需要文化上的改變，以作爲支持的力量。如果普遍的文化（組織顧問泰倫斯・迪爾〔Terrence Deal〕和艾倫・甘迺迪〔Allan Kennedy〕說過一句名言，普遍文化就是「這裡的做事方式」）不支持採用更合乎時宜的政策，再好的政策也不會收效。[23] 領導者有責任營造文化，讓大家都能接受利用現有的政策。一位受訪者說起她自己在生子前後的領導風格變化，以致完全扭轉她所屬組織的文化：

我擔任執行長的第一個任期是在我生子前，而我現在看得很清楚，那時我的領導方式傳遞出反家庭、甚至是反人性的訊息，這無法長久。我並沒有想到要重返執行長一職，但當我回鍋後，我更清楚爲何打造出一個讓大家都能成爲完整自我的組織那麼重要，特別是要透過多元化、公平與包容等觀點來做檢視。我們當然改變了很多事，比如福利和政策，但真正的改變需要的是組織每個層級，以及身爲領導者的我做出深刻、個人且眞實的改變。當疫情來襲，我們支持爲人父母者往後退一部，並且提供財務福利給必須擔負意外照護成本的員工。

就在上個月，我大力拔擢了一位因爲育兒和疫情之故必須退回家庭、無法擔任全職工作的員工。我們兩方都非常、非常榮幸能成爲公司努力四年的里程碑。我在超大型企業中看過這種事，但一個僅約 25 位（全職員工）的地方，若要做到這一點，代表必須動員組織裡的每一個人，因爲任何一位員工的高低起伏都會直接影響到其他同事。

另一位同樣擔任高階主管職務的受訪者，分享她現在是如何營造出一個對家庭更友善的職場環境，比她剛進公司時的情況好太多了：

我懷第一胎時，是管理階層裡的唯一女性，當時我們還沒有家庭照護假政策（當時加州和舊金山都還沒立法）。找營運長和執行長談這件事，是非常可怕的經驗，但我辦到了，而且自從我成爲執行長之後，就很努力要將這裡變成歡迎新手父母、尤其是（要餵母乳與擠母奶的）新手媽媽的公司，也提供了很大的彈性。

雖然不是每一個人都能成爲執行長，但就算不擔任管理職，也可以成爲別人的典範。光是請完所有可以請的育嬰假

（尤其是爸爸，因爲爸爸通常不會把能請的假請完，有些人甚至一天都不請），就能產生相當大的影響力，讓別人也跟著做。公開討論不同的人（尤其是單親父母）如何育兒，也會大有幫助，並爲很多人提供資訊。我們愈是大力反抗理想員工的迷思（除了工作之外，不能有其他優先考量），就愈能讓所有人都受惠，包括從來沒想過要生小孩、但終有一天也要照顧生病伴侶或年長父母的人。

　　加州大學柏克萊哈斯商學院（Berkeley Haas）平等、性別與領導研究中心（Center for Equity, Gender, and Leadership，簡稱 EGAL）的吉娜薇芙・史密斯（Genevieve Smith）和伊敘塔・魯斯塔琪（Ishita Rustagi）發表了一篇報告〈支持雙薪伴侶〉（Supporting Dual Career Couples），列出幾項有助於改變職場文化，並確保現有福利獲得善用的變革：訓練經理人，讓他們知道如何支持爲人父母者與照護者（尤其是正在請育嬰假或照護假的員工）；讓員工在請假或要求排班的彈性時覺得受到支持，而不是遭到懲罰；發展員工資源團體，爲照護者營造支持性的環境，讓他們知道自己並不孤獨，也提供論壇，將其需求傳達給領導階層；重新評估何謂成功的事業發展路徑，並發展出有彈性的職涯軌道以提供替代方案，讓員工不必爲了在組織內部求晉升，而需要每幾年就輪調到不同地點。我們鼓勵身爲變革催化劑的人讀這本教戰手冊，以便深入理解如何影響與實踐重要的變革。[24]

第十章的練習題：

如何改變工作與家庭系統？

　　本項練習能幫助你釐清你想改變哪些面向，並請你思考一下聯繫的步驟可以在哪些地方幫上忙。想一想你工作的地方或是和你有關的組織（例如你當志工的地方、校友會或是其他結盟關係）。當你在判斷這個組織要如何改變，以便結合工作與家庭、為員工提供更多支持時，請思考以下的問題。[25] 雖然有一些灰色地帶，但我們鼓勵你用「是／否」來回答，以求簡化。

你的組織是否能透過正式的人力資源系統或非正式的調查，掌握員工要擔負的照護責任？

這個組織目前是否有下列的政策或福利？

彈性工作選項、可預測的排班，或兩者均有

有薪育嬰假（包含收養）與照護假

優質的托育服務與照顧長輩服務

_____

有薪病假

_____

退休金方案與長照保險

_____

前述的政策或福利是否適用於所有性別與性傾向的員工（以及
他們是否會使用）？

_____

你的組織是否會培訓經理人或提供相關資源，讓他們幫助新手
爸媽返回工作崗位，並善用有彈性的排班系統？

_____

你的組織是否有替為人父母者、照護者或兩者，提供員工資源
團體（ERG）或支持團體？

_____

你的組織是否會提供有彈性的事業發展途徑（而不是高度鼓勵
透過出差或轉調，在組織內求得升遷）？

檢視你的答案為「否」的問題。

哪些「否」最讓你生氣？

你要如何蒐集資訊，以了解這個議題影響到組織內的多少人？

誰有決定權，能把答案從「否」變成「是」？

還有誰也在乎這個議題？（他們會是你的潛在盟友。）

關於結盟合作，你要如何踏出第一步去接觸這些盟友？

你何時會踏出第一步？

如果你比較想在政策層面、而不是在特定組織內發動變革，請思考以下問題：

在當地、州或全國層級中，你最在乎哪些與工作有關的議題？

有沒有組織已經在處理這項政策議題？若有的話，是哪些組織，你又要如何參與？

如果沒有，你會（連同可能的盟友）考慮建立一個組織嗎？

結語 ｜ CONCLUSION

　　我們在 2020 年初坐下來開始寫這本書，當時只是隱約有一點感覺，知道在接下來寫作的這兩年期間，我們自己和全世界幾十億人都要面對愛與錢的挑戰。隨著本書各章的內容慢慢成形，新冠肺炎疫情也一波波來襲，持續用多到數不盡的方式顛覆每一個人的人生。有些時候的結果只是讓人覺得沮喪（小孩要**一直**戴著耳機上線上課嗎？），有些時候卻讓人揪心：我們眼睜睜看著摯愛的人生病，全世界幾百萬個生命消逝，還有幾百萬人夜不成眠，想方設法撐過無窮無盡的恐懼、憂心和深深的失落感。整個疫情期間，每個人都要做很多與愛和錢有關的極複雜決定，我們也是。當我們在管理冒出來的各種選項時，突然體會到我們幾乎是毫無間斷地在應用我們的決策架構。我們一直都知道這套架構很有價值，但也注意到要完全遵循自己提出的建議有多困難。在筋疲力竭、不知所措的時候，我們親身體驗到，就像在第一章中提到的，放慢速度以進入系統二的理性思維，是一項極大的挑戰。

　　就在我們剛開始向出版社推銷本書時，艾比的媽媽接受安寧照護後過世了，艾比和親友就像全世界幾百萬人一樣，彼此相隔幾百里、數千里，只能在 Zoom 上悼念摯愛的人。這是向她母親這一生致敬的最安全的方法，卻讓悲痛的感覺更深更久；那時，你根本不可能與親戚密友淚眼相擁。

在此同時，麥拉的先生傑罹患了帕金森氏症，症狀愈來愈嚴重。在還沒有新冠肺炎疫苗可打之前，由於無法排除感染風險，麥拉好幾個月都無法聘用居家幫手。就像全世界數百萬人一樣，她幾乎是一夜之間就成為傑的全職照護人。這是一項全年無休的工作，出自於深刻的愛與奉獻。

幾個月過去之後，艾比和羅斯開始質疑，他們這個和許多家庭一樣的小房子裡，真的有可能繼續這樣下去，同時作為臨時的學校和辦公室嗎？疫情延燒了幾個月，他們的兩個孩子仍透過線上上課，艾比和羅斯則（努力嘗試）做好高要求、能見度也高的工作。即便艾比向來喜歡市中心，但他們很快就開始去找市郊的房子。他們不斷爭辯著換大空間（與背負高額房貸）的好處和壞處，跟幾百萬人一樣想著實體學校究竟何時會開門，到最後，他們還是留在市中心。這個決策讓他們定下心來，甚至還覺得有點鬆一口氣，但生活並不是就此風平浪靜，因為之後線上教學又延長了好幾個月。經歷了一段漫長的時間之後，2021 年秋天，學校總算重開。然而，等到終於開放小孩注射疫苗時，反疫苗的浪潮開始吹起，很快就以光速開始傳播。

這還不是最糟糕的。但無論如何，我們仍穩步前行，列大綱、寫文章，審閱一章又一章。雖然不確定性與混亂圍繞著我們打轉，但靠著一次寫一個字、一個句子，一本書也慢慢成形。隨著我們不斷應用架構做出極困難的決策，我們也愈來愈相信這很有用。

* * *

麥拉在不眠不休地照顧傑好幾個月後，她重摔了兩次，斷了四根肋骨和一邊的手腕，前額嚴重挫傷，新裝的心律調節器也撞壞了。發生這些事的同時，她正要將她和傑的房子賣掉（他的病程進展快速，樓梯對他來說很危險）。在終於能搬進新買的一樓公寓之前，麥拉得先負責監督裝修工作。麥拉每天都要關注各式各樣的交易、承包商和大大小小的決策，她的健康狀況明顯大受影響：一邊照顧著身體狀況像溜滑梯一樣走下坡的傑，一邊管理他們共有生活中的大小事，顯然無法找到平衡，也無法長久。最後，傑住進了養護機構。這個決定讓人心碎，一開始也很不討喜，傑的三個孩子都以完全的沉默作為抗議。他們急著想要達成協議，或者至少做到一定程度的互相理解，於是所有人都進行了一次家庭治療。幸好，這讓他們每一個人都有機會講出自己的想法與感受，自此之後，他們才能有效溝通。

麥拉每天都去新的地方探視傑，但他不在他們的家，這讓她一直很難過；就算她已經在身邊沒有傑的情況下養成新的慣例，試著找到日常生活的新節奏，仍無法稍減悲傷。幾個月後，傑過世了。過了不到四週，麥拉的前夫山姆也過世了。家中的悲傷與失落感讓人難以承受，而距離疫情爆發雖已近兩年，但為了將暴露的風險降到最低，此時仍需要妥善規劃喪禮。此外，要落實逝者的遺囑並分配財產，牽涉到的決策多如牛毛，需要投入此時難以匯聚的大量注意力和精力。

　　難捱的兩年，衝擊到了我們個人與共有的基礎。我們愈來愈有耐力，但也愈來愈疲憊且憂心。在此同時，各章的編輯工作也完工了。一本書逐漸完整，內容需要拍板定案。

　　沖繩人相信要懷抱著「生之意義」（ikigai）過日子，這個道理和哥斯大黎加人口中的「人生計畫」（plan de vida）的概念相似，這兩套哲學都強調許多長壽研究所得出的結論：生而為人，我們本來就要懷抱著使命感和意義過日子。科學家指出，這麼做可以延年益壽。[1]無論是心理上、情緒上，甚至是在細胞這個層級上，使命感和意義都是人們健康與幸福中不可或缺的一部分。

　　我們在寫作本書時就體驗到這種影響。能有機會將這本提振人生的作品介紹給更多人，讓我們的日常生活充滿了使命感與意義，也讓我們在日常順遂時更加振奮，更讓黯淡時光變得沒那麼可怕。

　　多年來，5C架構幫助我們和許多人做出更深思熟慮、效益更高的決策，在條件看似不太有利時，也有助於凸顯出一絲希望。利用這套架構，我們都覺得更能做好準備、做出決策，帶領我們朝向希望與夢想邁進。接著，我們會有更多的空間與自由度，把心思放在重要的人和事上，為我們的日常生活增添喜悅與愜意，帶來使命感與意義。

　　對於有使命感、有意義的人生來說，還有什麼比愛和錢更重要的呢？愛填滿我們的心與靈，錢讓我們自由地做出決策，支持我們經營有意義、有目標的人生。假如認為人生是一種選擇愛**或**選擇錢的問題，就會變成零和遊戲——你能擁有的是很棒的關係**或**成功的事業，成為稱職的父母**或**高成就的專業人士——但這樣不健康也不公平。撰寫本書時，鮮明的現實不斷地讓我們感到訝異：即便我們兩人相差近 40 歲，但我們經歷的錢與愛的取捨核心卻如此相似。以整個社會來說，仍認為扶老顧幼是個人要解決的問題，而不是系統面需要考量的共同責任。社會分隔化（看待問題時是愛**或**錢二擇一，而不是愛**與**錢兼得）的趨勢一直都在，使得很多人必須面對根本選不出來的抉擇。一開始為何要分隔化，其理由已經模糊，而且極富爭議，但已故的人類學家大衛・格雷伯（David Graeber）提出一項很有趣的觀察。他指出，世界上有許多關注人類之愛的重要宗教，皆興起於同一個期間（西元前 800 年到西元後 600 年），而且都出現在發明貨幣的地方。卡比爾・賽加爾（Kabir Sehgal）寫了一本貨幣史的書，書中提到格雷伯，並說：「看起來，某些有組織的宗教之所以會傳播開來，是呼應了市場愈來愈重要的現象。」[2]

　　無論人們為何開始將錢和愛劃分開來，現在，我們應該要體認到這兩者深刻地交織在一起，兩者都是基本要素，能讓人過著有使命感、健全且幸福的人生。沒有人必須要二擇一，無論是選擇好工作，或是為幼兒或老人提供安全照護。然而，每一天都有數百萬人被迫做這類的決策。疫情來襲後，更是讓這些決定變得更加令人擔憂、更加不明確。

　　我們兩人在人生中比多數人擁有更多機會，但即便能取得醫療照護、找到照護者與其他必要支持，我們在這段期間仍跌跌撞撞。我們到了本書最後的潤飾階段，仍深深感受到其他沒那麼幸運的人所面對的極大挑戰。身處於文明社會中，我們怎能繼續要求人們選擇先愛後錢，或是先錢後愛？要求人這麼做，不啻於要求你要選擇心臟還是肺臟。我們比較需要一個？是要讓血液流遍身體，還是要能夠呼吸？愛與錢都是健康與幸福的基本要項，並不是二選一的命題。

　　我們一起寫了這本書，並以這本書為根據，共同教一門課。我們之間的合作是一個持續運作的錨，將我們與重要的事物繫在一起，也支持著我們決心要把這場早該展開的對話帶到更多人面前，打動他們的感性與理性。然而，這本書只是第一步，美國社會亟需改革，我們希望你能加入我們的行列，凸顯這個長久以來被人忽略的主題。

　　每一個人都應該要擁有資源和技能，以享有愛**與**錢。當你讀到本書時，我們誠心盼望疫情高峰期已過，大家會覺得生活比較受控。無論新冠肺炎會不會快速撤退，過去幾年仍是社會發展的一個印記。疫情期間觸動的一些變革，有可能永遠就這樣了，比方說，全球各地遠端工作的人數可能都會大增，這可以解決一些工作／家庭之間長久以來的衝突，但也會製造新的衝突。就像大蕭條（Great Depression）或第二次世界大戰，撐過疫情的人也會永遠記得這段期間的經驗，並深深受到影響。

　　本書付梓時，美國最高法院剛好發布了《多布斯訴傑克森婦女健康組織案》（*Dobbs v. Jackson.*）墮胎議題的裁定結果＊。除了疫情之外，這也將成為這段期間在歷史上的標記。裁定結果顯然會影響許多美國人的愛與錢相關抉擇，尤其是那些經濟資源有限的人。

　　無論未來會如何，艱難的抉擇仍會是我們生活中的一部分。我們希望本書能幫助你（和每一個人）做出適當的愛與錢決策，讓你有更多自由可以追求讓日常生活更有價值、更重要的喜悅、使命和意義。我們希望你擁有豐盈的人生之旅，每一天的經驗都充實而有意義。

＊　編注：結果推翻了「羅訴韋德案」，保障墮胎權。

致謝 | ACKNOWLEDGMENTS

麥拉和艾比非常感謝幫助本書成形的出色團隊。我們感謝 Tara Mohr 和 Eric Ries，謝謝他們很早就對本書有信心，也感謝他們為我們引介弗萊徹公司（Fletcher & Co.）的 Christy Fletcher，她幫助我們和很棒的經紀人 Gráinne Fox 搭上線。Gráinne 的活力、敏銳與她充滿愛爾蘭風味的表達方式，讓我們走過這一路的高低起伏。我們也感謝 Daniella Wexler 的視野與見解，感謝 Ghjulia Romiti 和 HarperOne 的全體同仁，包括一開始協助我們在 HarperOne 起步的 Shannon Welch。Mandy Mooney 強化了我們的提案，Ana Homayoun 幫助我們宣揚了這本書，也把我們介紹給很多其他團隊，包括出色的 Wyndham Wood，讓本書在各方面更好。我們也感謝許多接受調查的受訪者、接受訪談的人、早期的讀者（包括 Barbara Kiviat、Charles Moore、Sareena Singh 和 Katie Soroye）、史丹佛商學研究所職涯管理中心（Career Management Center）的全體員工（尤其是 Laura Bunch、Jordanne Dickson 和 Carly Janson），感謝他們透過線上課程，協助我們將本書裡的概念拿給校友進行測試。也感謝參與史丹佛商學研究所校友課程的各位，能教導你們真是一大樂事，你們的正面回饋讓我們更有信心。

　　寫書時，朋友和同事很重要，寫作期間，我們其中一位作者還面對配偶生病與過世，更需要朋友與同事扶持。麥拉誠摯感謝 Cecile 和 Paul Andrews、Merry 和 Michael Asimow、Miriam Ben Natan、Jasmina Bojic、Richard Caputo、Martin Carnoy、Agnes Chan、David Gaskill、Mark Graham、Al Henning、Cindy Jones、Peg Krome、Carol Muller、James 和 Wenda O'Reilly、Lisa Petrides、Allen 和 Janet Podell，也感謝她的散步團友人 Miriam Bodin、Sandy Citrin、Ellen Fox、Leora Gaster、Linda Greenberg、Lori Holzberg、Paula Kushlan、Rinah Mullins 和 Shari Ornstein。

　　麥拉感激讀書會友人近 30 年來帶給她的友誼：Diane Feldman、Mary Felstiner、Leah Friedman、Edith Gelles、Suzanne Greenberg、Shoshana Levy、Elyce Melmon、Joyce Moser 和 Ellen Turbow。康乃爾大學的老友也帶給了她充滿支持的長久友誼：Janice Agatson、Amelia Bryant、Evelyn Eskin、Rita Gershengorn、Kent Gershengorn、Nina Gershon、Jane Giddan、Nancy Simon Hodin、Linda Klineman、Dania Moss、Helen Neuborne、Burt Neuborne、Linda Roberts、Caroline Simon、Liz Stiel、Barbara Wecker 與 Lane Brandenberg。最後，特別要感謝 Joanne Brody、Diane Feldman、Mary Felstiner、Leah Friedman、Suzanne Greenberg、Diane Pincus 和 Deedee

Schurman，幾十年來，他們的電話線隨時暢通，心胸也永遠開放。

　　麥拉感謝家人的愛、支持與永遠都願意討論新問題和新想法：她的孩子 Jason Strober 和 Elizabeth Strober、他們的配偶 Joanna Strober 和 Bryan Cohen；她的繼子女 Tenaya Jackman、Rashi Jackman 和 Rashi 的妻子 Maike Ahrends 以及 Jason Scott；她的姻親 Evelyn Topper；她的表親 Natalie Hieger、Marty Latman、Ted Latman、Janice Latman 和 Marilyn Latman。麥拉也要特別對她的孫兒喊話，謝謝他們愉快又充滿啟發的談話，聊聊他們對於愛與錢之間的關係有什麼感覺：Sarah Strober、Jared Strober、Jasper Ahrends、Lyn Strober-Cohen、Ari Strober 和 Leander Scott（他給了最多最棒的擁抱和最燦爛的笑容）。

　　麥拉特別感謝亡夫 Jay Jackman 這 30 年來給予的親愛、愉快且令人興奮的夥伴關係。本書中的許多概念都出於和 Jay 的談話，他身為精神科醫師的明智眼光豐富了麥拉的思考，雖然帕金森氏症折磨他七年，但他對她的工作展現的熱情和給予的支持從未衰退。

　　艾比感謝許多朋友、家人和同事的支持，他們在過程中一路鼓舞她，包括她念摩爾斯學院（Morse）時的室友 Susan Asam、Cherie Fu、Gayle Horn、Kapila Juthani、Saira Mohamed 和 Julie Stoltey；OG SF 團隊，尤其是 Alexa Frankenberg、

Emily Himes 和 Kristy Wang；GSBAC 成 員 Ellen Kim、Kate Agresta Price、Abby Schlatter，以及特別是 Emily Rummo，她的巢是一個非常安靜又舒適的地方，本書有許多章節是在那裡寫成；在商學院的女性友人圈，包括 Catherine Chien、Philippa Duffy、Diana Rothschild、Medhavi Sahai 和 Mandira Singh；邪魔歪道老友團 Jessica Albertson、Jessie Turnbaugh 和 Jenny Yelin；葛拉坦（Grattan）時期的友人 Vivian Chang 和 Ibone Santiago Trojaola；以及太多 Gap 公司的友人與同事，多到列不完，只能列舉幾位，包括在艾比懷孕 38 週時聘用她的 Gail Gershon、Abby Frost、Gap 基金會（Gap Foundation）和機會團隊（Opportunity Teams）、Will Riffelmacher，以及全世界最棒的辦公室搭檔暨夥伴 Christina Nicholson。艾比也感謝多年來為她照料孩子的多位受聘照護人員。每位父母都知道，需要一個村子才能養出一個孩子，特別感謝 Katherine Karimi、Gemma Lee 和 Sarah O'Toole 一直是艾比這座村子裡的良朋益友。

　　艾比很感激她的多位人生導師，包括 Seth Barad、Susan Colby、Bobbi Silten，當然，還有本來是她的導師、後來成為共同作者的麥拉・史卓柏，感謝麥拉相信她，也感謝她於關鍵時刻在錢與愛的議題上成為重要的諮商對象。成為作者之前，艾比先是一位讀者。艾比永遠都感激她的父母 Ellen 與 Allen Rubin，感謝他們培養出她對書本的熱愛（也謝謝他們在艾比拿著手電筒躲在被窩裡看書時，假裝沒看到）。

　　艾比也感謝自家兄弟 Steven Rubin，感謝他沒有在艾比蒙頭看書時去告狀。感謝 Sherry 與 Norm Malmon，一直是她很讚的姑姑和姑丈。感謝表親 Patricia Sloane-White，謝謝她早年成爲艾比的角色典範（到現在也還是）。艾比感謝 Marji 與 Roger Davisson 和 Liegl 家族，謝謝他們這一路給予艾比的大大小小支持，特別是他們對 Ross 的支持；在艾比醞釀這本書時，Ross 擔負起本分之外的大量育兒與家務工作。

　　艾比由衷感謝 Ross、Sam 和 Max，他們一直是她個人的愛與錢學習實驗室。Ross 堅定的支持與慷慨大度、「讓人更加苦澀」的幽默感和出色的廚藝，這些年來滋養了她。也要感謝 Sam 和 Max，給她全世界最棒的擁抱，熱情地加入三十秒舞會，以及成爲她永遠的老師。

延伸閱讀 | FURTHER READING

Dowling, Daisy. *Workparent: The Complete Guide to Succeeding on the Job, Staying True to Yourself, and Raising Happy Kids*. Boston, MA: Harvard Business Review Press, 2021.

Florida, Richard L. *Who's Your City? How the Creative Economy Is Making Where to Live the Most Important Decision of Your Life*. New York: Basic Books, 2008.

Gottlieb, Lori. *Mr. Good Enough: The Case for Choosing a Real Man over Holding Out for Mr. Perfect*. New York: Dutton, 2010.

Gottman, John. *Why Marriages Succeed or Fail: And How You Can Make Yours Last*. New York: Simon & Schuster, 2012.

Gratton, Lynda, and Andrew J. Scott. *The 100-Year Life: Living and Working in an Age of Longevity*. London: Bloomsbury Information, 2016.

Gross, Jane. *A Bittersweet Season: Caring for Our Aging Parents-and Ourselves*. New York: Alfred A. Knopf, 2011.

Kahneman, Daniel. *Thinking, Fast and Slow*. New York: Farrar, Straus and Giroux, 2011.

Meers, Sharon, and Joanna Strober. *Getting to 50/50: How Working Parents Can Have It All*. Berkeley, CA: Viva Editions, 2013. Original hardback edition published by Bantam Dell, 2009.

Nooyi, Indra. *My Life in Full: Work, Family, and Our Future*. New York: Penguin Random House, 2021.

Petriglieri, Jennifer. *Couples That Work: How Dual-Career Couples Can Thrive in Love and Work*. Boston, MA: Harvard Business Review Press, 2019.

Rodsky, Eve. *Fair Play: A Game-Changing Solution for When You Have Too Much to Do (and More Life to Live)*. New York: G. P. Putnam's Sons, 2019.

Strober, Myra. *Sharing the Work: What My Family and Career Taught Me About Breaking Through (and Holding the Door Open for Others)*. Cambridge, MA: MIT Press, 2016.

Susanka, Sarah. *The Not So Big House: A Blueprint for the Way We Really Live*. Newtown, CT: Taunton Press, 2008.

附注 | NOTES

第一章　5C 架構簡介

1. 張美露接受梅根・基恩（Meghan Keane）採訪時所言："Faced with a Tough Decision? The Key to Choosing May Be Your Mindset," NPR (KQED), January 4, 2021。

2. Daniel Kahneman, *Thinking, Fast and Slow* (New York: Farrar, Straus and Giroux, 2011).

3. Adam Grant (@AdamMGrant), Twitter, August 30, 2018, https://twitter.com/adammgrant/status/1035150432295940102?lang=en.

4. Peter Suciu, "History of Influencer Marketing Predates Social Media by Centuries-but Is There Enough Transparency in the 21st Century?," *Forbes*, December 7, 2020, https://www.forbes.com/sites/petersuciu/2020/12/07/history-of-influencer-marketing-predates-social-media-by-centuries-but-is-there-enough-transparency-in-the-21st-century/.

5. Plato, *Plato's Phaedrus*, Translated by R. Hackforth (Cambridge: University Press, 1952); Rene Descartes, *The Passions of the Soul* (Paris: H. Legras, 1649).

6. Ellie Lisitsa, "The Four Horsemen: Criticism, Contempt, Defensiveness, and Stonewalling," *Gottman Relationship Blog*, Gottman Institute, accessed October 11, 2021, https://www.gottman.com/blog/the-four-horsemen-recognizing-criticism-contempt-defensiveness-and-stonewalling.

7. Lisitsa, "Four Horsemen."

8. Lonnie Golden, "Part-Time Workers Pay a Big-Time Penalty," Economic Policy Institute, February 27, 2020, https://www.epi.org/publication/part-time-pay-penalty/.

9. Centers for Disease Control and Prevention, "CDC: 1 in 4 US Adults Live with a Disability," press release, August 16, 2018, https://www.cdc.gov/media/releases/2018/p0816-disability.html.

10. Gary Klein, "Performing a Project Premortem," *Harvard Business Review*, September 2007, https://hbr.org/2007/09/performing-a-project-premortem.

第二章　找到屬於你的那個人：戀愛與擇偶

1. Gaby Galvin, "U.S. Marriage Rate Hits Historic Low," *U.S. News & World Report*, April 29, 2020, https://www.usnews.com/news/healthiest-communities/articles/2020-04-29/us-marriage-rate-drops-to-record-low.

2. Patrick T. Brown and Rachel Sheffield, "U.S. Marriage Rates Hit New Recorded Low," US Congress Joint Economic Committee, April 29, 2020, https://www.jec.senate.gov/public/index.cfm/republicans/2020/4/marriage-rate-blog-test.

3. Kaitlyn Greenidge, "What Does Marriage Ask Us to Give Up?," *New York Times*, January 4, 2022, https://www.nytimes.com/2022/01/04/opinion/marriage-divorce.html.

4. Joe Pinsker, "The Hidden Costs of Living Alone," *Atlantic*, October 20, 2021, https://www.theatlantic.com/family/archive/2021/10/living-alone-couple-partner-single/620434/.

5. Ellen Byron, "More Americans Are Living Solo, and Companies Want Their Business," *Wall Street Journal*, June 2, 2019, https://www.wsj.com/articles/more-americans-are-living-solo-and-companies-want-their-business-11559497606.

6. Alexandra Sifferlin, "Do Married People Really Live Longer?," *Time*, February 12, 2015, https://time.com/3706692/do-married-people-really-live-longer/.

7. Bella DePaulo, "Research Shows Life-Threatening Bias Against Single People," *Psychology Today*, July 7, 2019, https://www.psychologytoday.com/us/blog/living-single/201907/research-shows-life-threatening-bias-against-single-people.

8. Alexander H. Jordan and Emily M. Zitek, "Marital Status Bias in Perceptions of Employees," *Basic and Applied Social Psychology* 34, no. 5 (2012): 474–481, https://doi.org/10.1080/01973533.2012.711687.

9. Juliana Menasce Horowitz, Nikki Graf, and Gretchen Livingston, "Marriage and Cohabitation in the U.S.," Pew Research Center, November 6, 2019, https://www.pewresearch.org/social-trends/2019/11/06/marriage-and-cohabitation-in-the-u-s/.

10. Bella DePaulo, "The Social Lives of Single People," *Psychology Today*, May 17, 2019, https://www.psychologytoday.com/us/blog/living-single/201905/the-social-lives-single-people.

11. Josie Santi, "What 'Finding the One' Really Means in 2020," Everygirl, February 16, 2020, https://theeverygirl.com/finding-the-one/.

12. Myra Strober, *Sharing the Work: What My Family and Career Taught Me About*

Breaking Through (and Holding the Door Open for Others) (Cambridge, MA: MIT Press, 2016).

13. Community Research and Development Information Service, "New Evidence That Humans Choose Their Partners Through Assortative Mating," January 13, 2017, https://phys.org/news/2017-01-evidence-humans-partners-assortative.html.

14. Rhymer Rigby, "The Wealthy Marrying Their Own. Does It Even Matter?," *Financial Times*, September 1, 2018, https://www.ft.com/content/2f0b77da-89d2-11e8-affd-da9960227309.

15. Gina Potarca, "Does the Internet Affect Assortative Mating? Evidence from the U.S. and Germany," *Social Science Research* 61 (January 2017): 278–297, https://doi.org/10.1016/j.ssresearch.2016.06.019.

16. Paul Oyer, *Everything I Ever Needed to Know About Economics I Learned from Online Dating* (Boston, MA: Harvard Business Review Press, 2014), 151.

17. Lasse Eika, Magne Mogstad, and Basit Zafar, "Educational Assortative Mating and Household Income Inequality," Federal Reserve Bank of New York, Staff Report no. 682, August 2014, revised March 2017, https://www.newyorkfed.org/medialibrary/media/research/staff_reports/sr682.pdf?la=en.

18. Minda Zetlin, "Want a Happy Marriage? Science Says Look for These Personality Traits in Your Spouse," *Inc.*, September 29, 2019, https://www.inc.com/minda-zetlin/marriage-partner-personality-traits-what-to-look-for.html.

19. Marina Krakovsky, "The Trouble with One at a Time," Stanford Graduate School of Business, Insights by Stanford Business, September 14, 2012, https://www.gsb.stanford.edu/insights/trouble-one-time.

20. Alyson Krueger, "What It's Like to Work with a Matchmaker," *New York Times*, February 27, 2021, updated March 4, 2021, https://www.nytimes.com/2021/02/27/style/what-its-like-to-work-with-a-matchmaker.html.

21. Krakovsky, "Trouble with One at a Time."

22. Lori Gottlieb, "Marry Him! The Case for Settling for Mr. Good Enough," *Atlantic*, March 2008, https://www.theatlantic.com/magazine/archive/2008/03/marry-him/306651/.

23. 本書兩位作者感謝麥拉過去的學生蘇菲・蘋卡德（Sophie Pinkard）對本節的貢獻，她提供了針對雙薪家庭應如何管理財務所做的相關研究，內容詳見她於2009年在麥拉的工作與家庭課堂上繳交的期末報告：〈雙薪關係中的綜合財務議題：方法、研究與最佳做法〉（Combining Finances in Dual-Income Relationships: Approaches, Re- search, and Best Practices）。

24. Pinkard, "Combining Finances," 5.

25. 例　如："Values Exercise," Carnegie Mellon University, Career & Professional Development Center, accessed July 6, 2021, https://www.cmu.edu/career/documents/my-career-path/values-exercise.pdf。

26. Krakovsky, "Trouble with One at a Time."

27. Joel Peterson, remarks made at the GSB Class of 2008 Last Lecture, Stanford, California, May 2008.

28. 部分問題的靈感來源為：Eleanor Stanford, "13 Questions to Ask Before Getting Married," *New York Times*, March 24, 2016, https://www.nytimes.com/interactive/2016/03/23/fashion/weddings/marriage-questions.html.

第三章　開口問（還是完全避談？）：結婚

1. Amanda Barroso, "More than Half of Americans Say Marriage Is Important but Not Essential to Leading a Fulfilling Life," Pew Research Center, February 14, 2020, https://www.pewresearch.org/fact-tank/2020/02/14/more-than-half-of-americans-say-marriage-is-important-but-not-essential-to-leading-a-fulfilling-life/.

2. "Marriage license," Wikipedia, accessed January 17, 2022, https://en.wikipedia.org/wiki/Marriage_license.

3. Stephanie Coontz, *Marriage, a History: How Love Conquered Marriage* (New York: Penguin Books, 2006).

4. Julia Carpenter, "The Unpaid Work That Always Falls to Women," CNN Money, February 21, 2018, https://money.cnn.com/2018/02/21/pf/women-unpaid-work/index.html.

5. Lori Gottlieb, "Marry Him! The Case for Settling for Mr. Good Enough," *Atlantic*, March 2008, https://www.theatlantic.com/magazine/archive/2008/03/marry-him/306651/.

6. Juliana Menasce Horowitz, Nikki Graf, and Gretchen Livingston, "Marriage and Cohabitation in the U.S.," Pew Research Center, November 6, 2019, https://www.pewresearch.org/social-trends/2019/11/06/marriage-and-cohabitation-in-the-u-s/.

7. Julie Sullivan, "Comparing Characteristics and Selected Expenditures of Dual-and

Single-Income Households with Children," US Department of Labor, Bureau of Labor Statistics, *Monthly Labor Review*, September 2020, https://doi.org/10.21916/mlr.2020.19.

8. TD Ameritrade, "Breadwinners Survey," accessed March 2020, https://s2.q4cdn.com/437609071/files/doc_news/research/2020/breadwinners-survey.pdf.

9. Richard V. Reeves and Christopher Pulliam, "Middle Class Marriage Is Declining, and Likely Deepening Inequality," Brookings Institution, March 11, 2020, https://www.brookings.edu/research/middle-class-marriage-is-declining-and-likely-deepening-inequality/.

10. USAFacts, "The State of American Households: Smaller, More Diverse and Unmarried," *U.S. News & World Report*, February 14, 2020, https://www.usnews.com/news/elections/articles/2020-02-14/the-state-of-american-households-smaller-more-diverse-and-unmarried.

11. Richard V. Reeves, Christopher Pulliam, and Ashley Schobert, "Are Wages Rising, Falling, or Stagnating?," Brookings Institution, September 10, 2019, https://www.brookings.edu/blog/up-front/2019l/09/10/are-wages-rising-falling-or-stagnating/.

12. US Census Bureau, "2016 ACS 1-Year Estimates," updated October 8, 2021, https://www.census.gov/programs-surveys/acs/technical-documentation/table-and-geography-changes/2016/1-year.html.

13. 黑人女性向外找結婚對象（和非黑人伴侶成婚）的比率不如黑人男性，當中的原因很複雜，最有可能和她們的社群意識差異有關，而非僅僅關乎經濟利益。參見 Ralph Richard Banks, Is Marriage for White People? How the African American Marriage Decline Affects Everyone (New York: Penguin Group, 2012)。

14. US Department of Labor, Bureau of Labor Statistics, "Usual Weekly Earnings of Wage and Salary Workers, Fourth Quarter 2021," News Release no. USDL-22-0078, January 19, 2021, https://www.bls.gov/news.release/pdf/wkyeng.pdf.

15. Black Demographics, "Black Marriage in America," accessed March 3, 2021, https://blackdemographics.com/households/marriage-in-black-america/. 此外，皮尤研究中心的報告指出，在 2015 年，有 24% 的黑人男性新婚是與非黑人女性結婚，而只有 12% 的黑人女性選擇與非黑人伴侶結婚。Kristen Bialik, "Key Facts About Race and Marriage, 50 Years After *Loving v. Virginia*," Pew Research Center, June 12, 2017, http://pewrsr.ch/2tcaRtz.

16. USAFacts, "State of American Households."

17. 2020 年的美國人口普查提供了更近期的估計數據，包括同居但未結婚的同性伴侶的人數。請見：USAFacts, "State of American Households"。

18. Alicia Tuovila, "What You Should Know About Same-Sex Marriage Tax Benefits," Investopedia, updated January 21, 2022, https://www.investopedia.com/articles/personal-finance/080415/gay-marriage-and-taxes-everything-you-should-know.asp.

19. Horowitz, Graf, and Livingston, "Marriage and Cohabitation in the U.S."

20. 例 如：Elizabeth Thomson and Ugo Colella, "Cohabitation and Marital Stability: Quality or Commitment?," *Journal of Marriage and Family* 54, no. 2 (May 1992): 259–267, https://doi.org/10.2307/353057。

21. Ashley Fetters, "So Is Living Together Before Marriage Linked to Divorce or What?," *Atlantic*, October 24, 2018, https://www.theatlantic.com/family/archive/2018/10/premarital-cohabitation-divorce/573817/.

22. Kelli B. Grant, "Why Do So Many Parents Lack Life Insurance and Wills?," CNBC, July 8, 2015, https://www.cnbc.com/2015/07/07/why-do-so-many-parents-lack-life-insurance-and-wills.html.

23. Susan Shain, "The Rise of the Millennial Prenup," *New York Times*, July 6, 2018, https://www.nytimes.com/2018/07/06/smarter-living/millennial-prenup-weddings-money.html.

24. Juliana Menasce Horowitz, Nikki Graf, and Gretchen Livingston, "Why People Get Married or Move In with a Partner," Pew Research Center, November 6, 2019, https://www.pewresearch.org/social-trends/2019/11/06/why-people-get-married-or-move-in-with-a-partner/.

25. Horowitz, Graf, and Livingston, "Why People Get Married or Move In."

26. 部分問題的靈感來源爲：Eleanor Stanford, "13 Questions to Ask Before Getting Married," *New York Times*, March 24, 2016, https://www.nytimes.com/interactive/2016/03/23/fashion/weddings/marriage-questions.html。

第四章　來談談寶寶：生兒育女

1. US Census Bureau, "Historical Table 2. Distribution of Women Age 40 to 50 by Number of Children Ever Born and Marital Status: Selected Years, 1970 to 2018," Updated October 8, 2021, https://www.census.gov/data/tables/time-series/demo/fertility/his-cps.html#par_list.

2. 據估計，18 歲以下的孩童當中，約有 7％與養父母或繼父母同住。請見：

Gretchen Livingston, "Childlessness Falls, Family Size Grows Among Highly Educated Women," Pew Research Center, May 7, 2015, https://www.pewresearch.org/social-trends/2015/05/07/childlessness-falls-family-size-grows-among-highly-educated-women/ ◦

3. Gladys M. Martinez, Kimberly Daniels, and Isaedmarie Febo-Vazquez, "Fertility of Men and Women Aged 15–44 in the United States: National Survey of Family Growth, 2011–2015," *National Health Statistics Reports* 113 (July 11, 2018): 3, PMID: 30248009.

4. US Census Bureau, "Table FM-3. Average Number of Own Children Under 18 by Type of Family, 1955 to Present," Updated November 22, 2021, https://www.census.gov/data/tables/time-series/demo/families/families.html.

5. "Birth Rate in the United States in 2019, by Ethnic Group of Mother," Statista, January 27, 2022, https://www.statista.com/statistics/241514/birth-rate-by-ethnic-group-of-mother-in-the-us/.

6. Quoctrung Bui and Claire Cain Miller, "The Age That Women Have Babies: How a Gap Divides America," *New York Times*, August 4, 2018, https://www.nytimes.com/interactive/2018/08/04/upshot/up-birth-age-gap.html.

7. US Bureau of Labor Statistics, "Average Hours per Day Spent in Selected Activities on Days Worked by Employment Status and Sex," accessed November 14, 2021, https://www.bls.gov/charts/american-time-use/activity-by-work.htm.

8. Whitney Leach, "This Is Where People Work the Longest Hours," World Economic Forum, January 16, 2018, https://www.weforum.org/agenda/2018/01/the-countries-where-people-work-the-longest-hours/.

9. Joseph Chamie, "Out-of-Wedlock Births Rise Worldwide," YaleGlobal Online, March 16, 2017, https://archive-yaleglobal.yale.edu/content/out-wedlock-births-rise-worldwide.

10. Rham Dhel, "10 Reasons Why People Want Kids (and 10 Reasons They Don't)," March 2, 2022, https://wehavekids.com/having-baby/Most-Common-Reasons-Why-People-Want-Children.

11. Alex Williams, "To Breed or Not to Breed?," *New York Times*, November 20, 2021, updated December 2, 2021, https://www.nytimes.com/2021/11/20/style/breed-children-climate-change.html.

12. Leslie W. Price, "11 Reasons Some People Are Childless by Choice (and Why You Need

to Stay Out of It)," Fairygodboss, accessed April 3, 2021, https://fairygodboss.com/career-topics/childless-by-choice.

13. Alyson Fearnley Shapiro, John M. Gottman, and Sybil Carrere, "The Baby and the Marriage: Identifying Factors That Buffer Against Decline in Marital Satisfaction After First Baby Arrives," *Journal of Family Psychology* 14, no. 1 (2000), 59–70, https://doi.org/10.1037//0893-3200.14.1.59.

14. Alyson F. Shapiro and John M. Gottman, "Effects on Marriage of a Psycho-Communicative-Educational Intervention with Couples Undergoing theTransition to Parenthood, Evaluation at 1-Year Post Intervention," *Journal of Family Communication* 5, no. 1 (2005): 1–24, https://doi.org/10.1207/s15327698jfc0501_1.

15. "Child Labor," History.com, October 27, 2009, updated April 17, 2020, https://www.history.com/topics/industrial-revolution/child-labor.

16. Tim Parker, "The Cost of Raising a Child in the United States," Investopedia, updated January 9, 2022, https://www.investopedia.com/articles/personal-finance/090415/cost-raising-child-america.asp; Maryalene LaPonsie, "How Much Does It Cost to Raise a Child?," *U.S. News & World Report*, September 7, 2021, https://money.usnews.com/money/personal-finance/articles/how-much-does-it-cost-to-raise-a-child.

17. Parker, "Cost of Raising a Child in the United States."

18. "What Is Room and Board & What Will It Cost You?," Scholarship System, updated October 12, 2021, https://thescholarshipsystem.com/blog-for-students-families/what-is-room-and-board-what-will-it-cost-you/.

19. Melanie Hanson, "Average Cost of College & Tuition," Education Data Initiative, updated March 29, 2022, https://educationdata.org/average-cost-of-college.

20. "Parents Now Spend Twice as Much Time with Their Children as 50 Years Ago," *Economist*, November 27, 2017, https://www.economist.com/graphic-detail/2017/11/27/parents-now-spend-twice-as-much-time-with-their-children-as-50-years-ago; Joe Pinsker, " 'Intensive' Parenting Is Now the Norm in America," *Atlantic*, January 16, 2019, https://www.theatlantic.com/family/archive/2019/01/intensive-helicopter-parenting-inequality/580528/.

21. Suzanne M. Bianchi, John P. Robinson, and Melissa A. Milkie, *Changing Rhythms of American Family Life* (New York: Russell Sage, 2006)；線上摘要請參考：https://www.russellsage.org/publications/changing-rhythms-american-family-life-1 。

22. Veronica Graham, "Parents Put 'Intensive Parenting' on a Pedestal; Experts Say There's

a Better Approach," *Washington Post*, February 15, 2019, https://www.washingtonpost.com/lifestyle/2019/02/15/parents-put-intensive-parenting-pedestal-experts-say-theres-better-approach/.

23. Patrick Ishizuka, "Social Class, Gender, and Contemporary Parenting Standards in the United States: Evidence from a National Survey Experiment," *Social Forces* 98, no. 1 (September 2019): 31–58, https://doi.org/10.1093/sf/soy107.

24. Barbara Bronson Gray, "Over-Scheduling Kids May Be Detrimental to Their Development," CBS News, July 8, 2014, https://www.cbsnews.com/news/over-scheduling-kids-may-be-detrimental-to-their-development/.

25. "How Will the Wait Until 8th Pledge Work?," Wait Until 8th, accessed January 31, 2022, https://www.waituntil8th.org/faqs.

26. 我們並不是在暗示要想盡辦法避免先天異常，只是建議人們在決定何時生孩子時，可能需要考慮這一點。

27. Carla Dugas and Valori H. Slane, *Miscarriage* (Treasure Island, FL: StatPearls, 2022), online edition last updated June 29, 2021, https://www.ncbi.nlm.nih.gov/books/NBK532992/.

28. "Risk of Miscarriage Linked Strongly to Mother's Age and Pregnancy History," BMJ, March 20, 2019, https://www.bmj.com/company/newsroom/risk-of-miscarriage-linked-strongly-to-mothers-age-and-pregnancy-history/.

29. American College of Obstetricians and Gynecologists, "FAQs: Having a Baby After Age 35: How Aging Affects Fertility and Pregnancy," accessed April 3, 2021, https://www.acog.org/womens-health/faqs/having-a-baby-after-age-35-how-aging-affects-fertility-and-pregnancy.

30. Sarah DeWeerdt, "The Link Between Parental Age and Autism, Explained," Spectrum, January 28, 2020, https://www.spectrumnews.org/news/link-parental-age-autism-explained/.

31. "Infertility and In Vitro Fertilization," WebMD, August 1, 2021, https://www.webmd.com/infertility-and-reproduction/guide/in-vitro-fertilization.

32. Abby Budiman and Mark Hugo Lopez, "Amid Decline in International Adoptions to U.S., Boys Outnumber Girls for the First Time," Pew Research Center, October 17, 2017, https://www.pewresearch.org/fact-tank/2017/10/17/amid-decline-in-international-adoptions-to-u-s-boys-outnumber-girls-for-the-first-time/.

33. Joyce A. Martin, Brady E. Hamilton, and Michelle J. K. Osterman, "Births in the United

States, 2015," NCHS Data Brief no. 258 (September 2016): 1–8, http://www.cdc.gov/nchs/data/databriefs/db258.pdf.

34. Mary Boo, "Foster Care Population Rises Again in 2015," North American Council on Adoptable Children, February 7, 2016, https://nacac.org/resource/foster-care-population-risen-2015.

35. "US Adoption Statistics," Adoption Network, accessed April 3, 2021, https://adoptionnetwork.com/adoption-myths-facts/domestic-us-statistics/.

36. Budiman and Lopez, "Amid Decline in International Adoptions."

37. "Annual Report on Intercountry Adoption," Travel.State.Gov, accessed April 3, 2021, https://travel.state.gov/content/dam/NEWadoptionassets/pdfs/FY%202019%20Annual%20Report%20.pdf.

38. "What Is the Cost of Adoption from Foster Care?," AdoptUSKids, accessed November 26, 2021, https://www.adoptuskids.org/adoption-and-foster-care/overview/what-does-it-cost; David Dodge, "What I Spent to Adopt My Child," New York Times, February 11, 2020, updated February 18, 2020, https://www.nytimes.com/2020/02/11/parenting/adoption-costs.html.

39. Nancy Rosenhaus, "How Long Does It Take to Adopt a Baby?," Adoptions with Love, November 25, 2021, https://adoptionswithlove.org/adoptive-parents/how-long-does-it-take-to-adopt.

40. Caitlin Snyder, "What Is the Timeline for an International Adoption?," RainbowKids, July 7, 2016, https://www.rainbowkids.com/adoption-stories/what-is-the-timeline-for-an-international-adoption-1684.

41. David Dodge, "What to Know Before Adopting a Child," New York Times, April 18, 2020, updated March 25, 2022, https://www.nytimes.com/2020/04/18/parenting/guides/adopting-a-child.html. 本文提供了許多機構和組織的名字，有助於你做出收養的決策。

42. Dodge, "What to Know Before Adopting a Child."

43. 艾比寫了一篇短文慶祝「飛機日」、也就是她弟弟到來的那天，刊登在由莎拉‧荷洛葳（Sarah Holloway）編輯的收養故事文集《徵求家庭：收養的真實故事》（Family Wanted: True Stories of Adoption）。

44. JaeRan Kim, "Advice to Parents Adopting a Child of Another Race," Adopt USKids, July 12, 2021, https://blog.adoptuskids.org/advice-to-parents-adopting-a-child-of-another-race/.

45. Claire Cain Miller, "Americans Are Having Fewer Babies. They Told Us Why," *New York Times*, July 5, 2018, https://www.nytimes.com/2018/07/05/upshot/americans-are-having-fewer-babies-they-told-us-why.html.

46. Virginia Sole-Smith and Nicole Harris, "Are You at Risk of Having a Baby with Down Syndrome?," *Parents*, updated September 9, 2020, https://www.parents.com/health/down-syndrome/are-you-at-risk-of-having-a-baby-with-down-syndrome/.

47. 欲了解更多相關資訊，請參閱印德拉‧努伊（Indra Nooyi）的回憶錄：*My Life in Full: Work, Family, and Our Future* (New York: Penguin Random House, 2021)。

48. Larry Light, "Why You Shouldn't Buy Insurance (OK, Some May Need It)," *Forbes*, March 20, 2018, https://www.forbes.com/sites/lawrencelight/2018/03/20/why-you-shouldnt-buy-life-insurance-ok-some-may-need-it/.

49. Maxime Croll, "The Pros and Cons of Permanent Life Insurance," Value-Penguin, updated September 15, 2021, https://www.valuepenguin.com/life-insurance/permanent-life-insurance.

50. Daisy Dowling, chap. 6 in *Workparent: The Complete Guide to Succeeding on theJob, Staying True to Yourself, and Raising Happy Kids* (Boston, MA: Harvard Business Review Press, 2021), 174–185.

51. Thomas Gilovich and Victoria Husted Medvec, "The Temporal Pattern to the Experience of Regret," *Journal of Personality and Social Psychology* 67, no. 3 (September 1994): 357–365, https://content.apa.org/doi/10.1037/0022-3514.67.3.357.

第五章　來協商吧：家務分工和家庭管理

1. Sarah Jane Glynn, "An Unequal Division of Labor," Center for American Progress, May 18, 2018, https://www.americanprogress.org/article/unequal-division-labor/.

2. Glynn, "Unequal Division of Labor," 7–9.

3. Glynn, "Unequal Division of Labor," 8. See Katherine Guyot and Isabel V. Sawhill, "Telecommuting Will Likely Continue Long After the Pandemic," Brookings Institution blog, April 6, 2020, https://www.brookings.edu/blog/up-front/2020/04/06/telecommuting-will-likely-continue-long-after-the-pandemic/.

4. Kristin W. Vogan, "This Is Your Kid's School and Even Though the Emergency Contact Form Lists Your Husband, We Need You, the Mom," McSweeney's Internet Tendency, December 28, 2021, https://www.mcsweeneys.net/articles/this-is-your-kids-school-and-

even-though-the-emergency-contact-form-lists-your-husband-we-need-you-the-mom.

5. Arlie Russell Hochschild and Anne Machung, *The Second Shift: Working Parents and the Revolution at Home* (New York: Avon Books, 1989).

6. Hochschild and Machung, *The Second Shift*.

7. Aliya Hamid Rao, "Even Breadwinning Wives Don't Get Equality at Home," *Atlantic*, May 12, 2019, https://www.theatlantic.com/family/archive/2019/05/breadwinning-wives-gender-inequality/589237/. 另外請見： Aliya Hamid Rao, *Crunch Time: How Married Couples Confront Unemployment* (Berkeley: University of California Press, 2020)。

8. Wendy Klein and Marjorie Harness Goodwin, "Chores," in *Fast-Forward Family: Home, Work, and Relationships in Middle-Class America*, ed. Elinor Ochs and Tamar Kremer-Sadlik (Berkeley: University of California Press, 2013), 111–129.

9. Eve Rodsky, "I Created a System to Make Sure My Husband and I Divide Household Duties Fairly. Here's How It Works," *Time*, October 1, 2019, https://time.com/5690007/divide-household-chores-fairly/.

10. Maaike van der Vleuten, Eva Jaspers, and Tanja van der Lippe, "Same-Sex Couples' Division of Labor from a Cross-National Perspective," *Journal of GLBT Family Studies* 17, no. 2 (2021): 150–167, https://doi.org/10.1080/1550428X.2020.1862012.

11. US Bureau of Labor Statistics, "American Time Use Survey," accessed October 23, 2021, https://www.bls.gov/tus/.

12. Lauren Bauer et al., "Ten Economic Facts on How Mothers Spend Their Time," The Hamilton Project at Brookings Institution, March 2021, 6, https://www.brookings.edu/wp-content/uploads/2021/03/Maternal_Time_Use_Facts_final-1.pdf.

13. Eve Rodsky, chaps. 7 and 8 in *Fair Play: A Game-Changing Solution for When You Have Too Much to Do (and More Life to Live)* (New York: G. P. Putnam's Sons, 2019), 163–243.

14. Sharon Meers and Joanna Strober, *Getting to 50/50: How Working Parents Can Have It All* (Berkeley, CA: Viva Editions, 2013; original hardback edition published by Bantam Dell, 2009), 190.

15. Steven Rowe, "How to Split Chores When the Honey-Do List Gets Heated," PsychCentral, updated July 30, 2021, https://psychcentral.com/lib/chore-war-household-tasks-and-the-two-paycheck-couple#6.

16. Eric Rosenberg, "Is a Maid Worth the Money or Should I Clean Myself?," Investopedia,

updated March 8, 2022, https://www.investopedia.com/articles/personal-finance/120815/maid-worth-money-or-should-i-clean-myself.asp.

17. Klein and Goodwin, "Chores."

18. Chef Chang, "Eating Out vs. Cooking at Home: The 12 Statistics You Must See," Slice of Kitchen, accessed May 17, 2019, https://sliceofkitchen.com/eating-out-vs-cooking-at-home-statistics/.

19. Roberto A. Ferdman, "The Slow Death of the Home-Cooked Meal," *Washington Post*, March 5, 2015, https://www.washingtonpost.com/news/wonk/wp/2015/03/05/the-slow-death-of-the-home-cooked-meal/.

20. Nir Halevy and Matt Abrahams, "Dissolve Disagreements: How Communication Impacts Conflict," Stanford Graduate School of Business, Insights by Stanford Business, April 1, 2021, https://www.gsb.stanford.edu/insights/dissolve-disagreements-how-communication-impacts-conflict.

21. Raven Ishak, "The Relationship-Saving Way to Split Chores with Your Partner," Everygirl, July 30, 2019, https://theeverygirl.com/split-chores-with-your-partner/.

22. Jennifer Miller, "Family Life Is Chaotic. Could Office Software Help?," *New York Times*, May 27, 2020, https://www.nytimes.com/2020/05/27/style/family-calendar.html?searchResultPosition=1.

第六章　沒有地方比得上家：決定居住地點和搬家時間

1. D'Vera Cohn and Rich Morin, "Who Moves? Who Stays Put? Where's Home?," Pew Research Center, December 17, 2008, updated December 29, 2008, https://www.pewresearch.org/social-trends/2008/12/17/who-moves-who-stays-put-wheres-home/.

2. Quoctrung Bui and Claire Cain Miller, "The Typical American Lives Only 18 Miles from Mom," *New York Times*, December 23, 2015, https://www.nytimes.com/interactive/2015/12/24/upshot/24up-family.html.

3. Elissa Strauss, "How 'Alloparenting' Can Be a Less Isolating Way to Raise Kids," CNN, updated June 15, 2021, https://www.cnnphilippines.com/lifestyle/2021/6/16/Alloparenting-raising-kids.html.

4. D'Vera Cohn, "As the Pandemic Persisted, Financial Pressures Became a Bigger Factor in Why Americans Decided to Move," Pew Research Center, February 4, 2021, https://www.pewresearch.org/fact-tank/2021/02/04/as-the-pandemic-persisted-financial-

pressures-became-a-bigger-factor-in-why-americans-decided-to-move/.

5. Cohn, "As the Pandemic Persisted."

6. Richard L. Florida, *Who's Your City? How the Creative Economy Is MakingWhere to Live the Most Important Decision of Your Life* (New York: Basic Books, 2008), 196.

7. Florida, *Who's Your City?*, 200.

8. "What the Future: Housing," Ipsos, November 16, 2021, https://www.ipsos.com/sites/default/files/What-The-Future-Housing.pdf.

9. "What the Future: Housing," 19.

10. Ron Lieber, "Make Your First Home Your Last: The Case for Not Moving Up," *New York Times*, October 17, 2020, https://www.nytimes.com/2020/10/17/your-money/real-estate-coronavirus-mortgage.html.

11. Carly M. Thornock et al., "There's No Place Like Home: The Associations Between Residential Attributes and Family Functioning," *Journal of Environmental Psychology* 64 (August 2019): 39–47, https://doi.org/10.1016/j.jenvp.2019.04.011.

12. "What the Future: Housing," 5.

13. "What Is MUJI?," Ryohin Keikaku Co., accessed November 7, 2021, https://ryohin-keikaku.jp/eng/about-muji/whatismuji/.

14. Drew DeSilver, "As National Eviction Ban Expires, a Look at Who Rents and Who Owns in the U.S.," Pew Research Center, August 2, 2021, https://www.pewresearch.org/fact-tank/2021/08/02/as-national-eviction-ban-expires-a-look-at-who-rents-and-who-owns-in-the-u-s/.

15. DeSilver, "As National Eviction Ban Expires."

16. Debra Kamin, "The Market for Single-Family Rentals Grows as Homeownership Wanes," *New York Times*, October 22, 2021, https://www.nytimes.com/2021/10/22/realestate/single-family-rentals.html.

17. Florida, *Who's Your City?*, 154.

18. "What the Future: Housing."

19. "Renovate or Move: Our Flowchart Will Help You Decide," Zebra, updated August 9, 2021, https://www.thezebra.com/resources/home/renovate-or-move/.

20. Barry Schwartz et al., "Maximizing Versus Satisficing: Happiness Is a Matter of Choice," *Journal of Personality and Social Psychology* 83, no. 5 (2002): 1178–1197, https://doi.org/10.1037/0022-3514.83.5.1178.

21. P. Brickman, D. Coates, and R. Janoff-Bulman, "Lottery Winners and Accident Victims:

Is Happiness Relative?," *Journal of Personality and Social Psychology* 36, no. 8 (August 1978): 917–927, https://doi.org/10.1037//0022-3514.36.8.917.

22. Kennon M. Sheldon and Sonja Lyubomirsky, "The Challenge of Staying Happier: Testing the Hedonic Adaptation Prevention Model," *Personality and Social Psychology Bulletin* 38, no. 5 (2012): 670–680, https://doi.org/10.1177%2F0146167212436400.

23. Ron Lieber, "43 Questions to Ask Before Picking a New Town," *New York Times*, May 2, 2014, https://www.nytimes.com/2014/05/03/your-money/43-questions-to-ask-before-picking-a-new-town.html.

24. Alexis Grant, "How We Decided Where to Live, and Chose an Unexpected Place," January 6, 2020, https://alexisgrant.com/2020/01/06/how-to-decide-where-to-live/.

第七章　兩不誤：結合事業與家庭

1. "PayScale Research Shows Women Who Leave the Workforce Incur Up to a 7 Percent Pay Penalty upon Their Return," PayScale, April 5, 2018, https://www.payscale.com/compensation-trends/gender-pay-gap-research/.

2. Courtney Connley, "More Dads Are Choosing to Stay at Home with Their Kids. Will Covid-19 Accelerate This Trend?," CNBC, May 7, 2021, https://www.cnbc.com/2021/05/07/stay-at-home-dads-were-on-the-rise-pre-pandemic-will-covid-accelerate-the-trend.html.

3. Kim Eckart, "Why 9 to 5 Isn't the Only Shift That Can Work for Busy Families," UW News, University of Washington, June 20, 2018, https://www.washington.edu/news/2018/06/20/why-9-to-5-isnt-the-only-shift-that-can-work-for-busy-families/.

4. Jianghong Li et al., "Parents' Nonstandard Work Schedules and Child Well-Being: A Critical Review of the Literature," *Journal of Primary Prevention* 35 (2014): 53–73, https://doi.org/10.1007/s10935-013-0318-z.

5. Eckart, "Why 9 to 5 Isn't the Only Shift."

6. US Census Bureau, "Table F-22. Married-Couple Families with Wives' Earnings Greater than Husbands' Earnings," accessed October 12, 2021, https://www.census.gov/data/tables/time-series/demo/income-poverty/historical-income-families.html.

7. US Census Bureau, "Table F-14. Work Experience of Husband and Wife-Married-Couple Families, by Presence of Children Under 18 Years Old and by Median and Mean Income," accessed August 30, 2021, http://www.census.gov/data/tables/time-series/

demo/income-poverty/historical-income-families.html. 另外請見："PayScale Research Shows Women Who Leave the Workforce"。

8. Brian Knop, "Among Recent Moms, More Educated Most Likely to Work," US Census Bureau, August 19, 2019, https://www.census.gov/library/stories/2019/08/are-women-really-opting-out-of-work-after-they-have-babies.html.

9. Dina Gerdeman, "Kids of Working Moms Grow into Happy Adults," *Harvard Business School Working Knowledge*, July 16, 2018, https://hbswk.hbs.edu/item/kids-of-working-moms-grow-into-happy-adults. 此文章是基於哈佛商學院教授凱瑟琳‧麥金（Kathleen McGinn）的研究。

10. Cathy Benko, "How the Corporate Ladder Became the Corporate Lattice," *Harvard Business Review*, November 4, 2010, https://hbr.org/2010/11/how-the-corporate-ladder-becam.

11. Mark J. Perry, "Women Earned Majority of Doctoral Degrees in 2019 for 11th Straight Year and Outnumber Men in Grad School 141 to 100," American Enterprise Institute, October 15, 2020, https://www.aei.org/carpe-diem/women-earned-majority-of-doctoral-degrees-in-2019-for-11th-straight-year-and-outnumber-men-in-grad-school-141-to-100/.

12. "The Majority of U.S. Medical Students Are Women, New Data Show," Association of American Medical Colleges, December 9, 2019, https://www.aamc.org/news/press-releases/majority-us-medical-students-are-women-new-data-show.

13. Enjuris, "Report: Where Do Women Go to Law School in the U.S.?," GlobeNewswire, March 1, 2021, https://www.globenewswire.com/news-release/2021/03/01/2183996/0/en/Report-Where-Do-Women-Go-to-Law-School-in-the-U-S.html.

14. Enjuris, "Where Do Women Go to Law School?"

15. Amy Paturel, "Why Women Leave Medicine," Association of American Medical Colleges, October 1, 2019, https://www.aamc.org/news-insights/why-women-leave-medicine.

16. Paturel, "Why Women Leave Medicine."

17. James Allen, "The Total Cost to Train a Physician," *The Hospital Medical Director* (blog), July 11, 2019, https://hospitalmedicaldirector.com/the-total-cost-to-train-a-physician/.

18. Paturel, "Why Women Leave Medicine."

19. Emma Goldberg, "When the Surgeon Is a Mom," *New York Times*, December 20, 2019, https://www.nytimes.com/2019/12/20/science/doctors-surgery-motherhood-medical-

school.html.

20. Roberta D. Liebenberg and Stephanie A. Scharf, "Walking Out the Door: The Facts, Figures, and Future of Experienced Women Lawyers in Private Practice," American Bar Association and ALM Intelligence Legal Compass, 2019, https://www.americanbar.org/content/dam/aba/administrative/women/walking-out-the-door-4920053.pdf.

21. Liebenberg and Scharf, "Walking Out the Door."

22. "Data Snapshot: Full-Time Women Faculty and Faculty of Color," American Association of University Professors, December 9, 2020, https://www.aaup.org/news/data-snapshot-full-time-women-faculty-and-faculty-color#.YWOLfRDMI7Y.

23. Wendy Wang, "Mothers and Work: What's 'Ideal'?," Pew Research Center, August 19, 2013, https://www.pewresearch.org/fact-tank/2013/08/19/mothers-and-work-whats-ideal/.

24. Lonnie Golden, "Part-Time Workers Pay a Big-Time enalty," Economic Policy Institute, February 27, 2020, https://www.epi.org/publication/part-time-pay-penalty/.

25. Monica Torres, "Going Part Time Can Be a Cruel Trap for Women, but There's a Way to Do It Right," HuffPost, June 21, 2019, updated July 15, 2019, https://www.huffpost.com/entry/part-time-work-trap-tips-women_l_5d091ea2e4b06ad4d256f856.

26. Megan Dunn, "Who Chooses Part-Time Work and Why?," *Monthly Labor Review*, US Bureau of Labor Statistics, March 2018, https://www.bls.gov/opub/mlr/2018/article/pdf/who-chooses-part-time-work-and-why.pdf.

27. Boris Groysberg, Paul Healy, and Eric Lin, "Job-Hopping Toward Equity," *MIT Sloan Management Review*, July 14, 2021, https://sloanreview.mit.edu/article/job-hopping-toward-equity/.

28. 各種托育安排加起來的總數超過百分之百，是因為約有稍高於 25%的兒童接受多重安排托育，包括由與母親上不同輪班的父親照料。

29. "51 Percent of People in the United States Live in a Child Care Desert," Center for American Progress, 2020, accessed October 15, 2021, https://childcaredeserts.org/2018/.

30. Sylvia Ann Hewlett and Carolyn Buck Luce, "Off-Ramps and On-Ramps: Keeping Talented Women on the Road to Success," *Harvard Business Review*, March 1, 2005, https://hbr.org/2005/03/off-ramps-and-on-ramps-keeping-talented-women-on-the-road-to-success; Sylvia Ann Hewlett et al., *Off-Ramps and On-Ramps Revisited* (New York: Center for Work-Life Policy, 2010).

31. Elaine Pofeldt, "Survey: Nearly 30% of Americans Are Self-Employed," *Forbes*, May

30, 2020, https://www.forbes.com/sites/elainepofeldt/2020/05/30/survey-nearly-30-of-americans-are-self-employed/?sh=35c3265e2d21.

32. Pamela Stone and Meg Lovejoy, *Opting Back In: What Really Happens When Mothers Go Back to Work* (Oakland: University of California Press, 2019).

33. Sylvia Ann Hewlett, Laura Sherbin, and Diana Forster, "Off-Ramps and On-Ramps Revisited," *Harvard Business Review*, June 2010, https://hbr.org/2010/06/off-ramps-and-on-ramps-revisited.

34. "Why Lack of Sleep Is Bad for Your Health," UK National Health Service, accessed October 13, 2021, https://www.nhs.uk/live-well/sleep-and-tiredness/why-lack-of-sleep-is-bad-for-your-health/(page discontinued).

第八章　潮起潮落：面對關係中的挑戰（以及如何優雅地結束一段婚姻）

1. John Gottman, *Why Marriages Succeed or Fail: And How You Can Make Yours Last* (New York: Simon & Schuster, 2012).

2. Chrisanna Northrup, Pepper Schwartz, and James Witte, "Sex at 50-Plus: What's Normal?," AARP, accessed April 19, 2021, https://www.aarp.org/home-family/sex-intimacy/info-01-2013/seniors-having-sex-older-couples.html.

3. Belinda Luscombe, "Yes, Couples Who Share Chores Have More Sex," *Time*, June 22, 2016, https://time.com/4378502/yes-couples-who-share-chores-have-more-sex/.

4. Susan Dominus, "The Sexual Healer," *New York Times*, January 24, 2014, https://www.nytimes.com/2014/01/26/fashion/Sex-Esther-Perel-Couples-Therapy.html.

5. Wendy Wang, "Who Cheats More? The Demographics of Infidelity in America," Institute for Family Studies, January 10, 2018, https://ifstudies.org/blog/who-cheats-more-the-demographics-of-cheating-in-america.

6. Rebeca A. Marin, Andrew Christensen, and David C. Atkins, "Infidelity and Behavioral Couple Therapy: Relationship Outcomes over 5 Years Following Therapy," *Couple and Family Psychology: Research and Practice* 3, no. 1 (2014): 1–12, https://psycnet.apa.org/doi/10.1037/cfp0000012.

7. Marin, Christensen, and Atkins, "Infidelity and Behavioral Couple Therapy."

8. Bank of America, "2018 Better Money Habits Millennial Report," Winter 2018, https://bettermoneyhabits.bankofamerica.com/content/dam/bmh/pdf/ar6vnln9-boa-bmh-millennial-report-winter-2018-final2.pdf.

9.   Jennifer Petriglieri, *Couples That Work: How Dual-Career Couples Can Thrive in Love and Work* (Boston, MA: Harvard Business Review Press, 2019).

10. Brianna Holt, "Counseling Is Not Only for Couples in Crisis," *New York Times*, April 13, 2021, https://www.nytimes.com/2021/04/13/style/couples-therapy.html.

11. 25 歲之後結婚、結婚七個月以後才生第一胎、受過一定程度大學教育以及所得高於中位數的夫婦,離婚率都比較低。二婚或三婚的離婚率,高於第一次結婚(二婚的離婚率爲 60～67%,三婚的離婚率爲 73～74%)。再婚的離婚率比較高,有一部分原因可能是名嘴所說的:再婚,是希望戰勝經驗。

12. Hal Arkowitz and Scott O. Lilienfeld, "Is Divorce Bad for Children?," *Scientific American* (March 1, 2013): 68–69, https://www.scientificamerican.com/article/is-divorce-bad-for-children/.

13. Arkowitz and Lilienfeld, "Is Divorce Bad for Children?," 68–69.

14. Bruce Fredenburg, "How to Lessen the Stress Divorce Has on Your College-Aged Child," Divorced Moms, September 8, 2020, https://divorcedmoms.com/how-to-lessen-the-stress-divorce-has-on-your-college-aged-child.

15. Aaron Thomas, "What Types of Divorces Typically Go to Trial?," Lawyers.com, March 31, 2016, https://www.lawyers.com/legal-info/family-law/divorce/what-types-of-divorces-typically-go-to-trial.html.

16. Myra H. Strober, "What's a Wife Worth?," in *Inside the American Couple: New Thinking, New Challenges*, ed. Marilyn Yalom and Laura L. Carstensen (Berkeley: University of California Press, 2002), 174–188.

17. Edward Tsui, "Divorce and Child Custody: Everything You Need to Know," Expertise.com, updated February 24, 2022, https://www.expertise.com/divorce-attorney/divorce-and-child-custody-everything-you-need-to-know.

18. "Who Gets Custody of the Child(ren)?," LawFirms, accessed April 26, 2021, https://www.lawfirms.com/resources/child-custody/custody-during-divorce/who-gets-custody.htm.

19. "Child Support Requirements for Post-Secondary Education by State," DivorceNet, accessed April 28, 2021, https://www.divorcenet.com/states/washington/wa_art02.

20. "How Is California Child Support Calculated When There Is Joint Physical Custody?," Law Offices of Paul H. Nathan, accessed February 9, 2022, https://www.nathanlawoffices.com/faqs/how-is-california-child-support-calculated-when-there-is-joint-physical-custody-.cfm.

21. US Census Bureau, "44 Percent of Custodial Parents Receive the Full Amount of Child Support," press release, January 30, 2018, https://www.census.gov/newsroom/press-releases/2018/cb18-tps03.html.

22. Law Office of Jody L. Fisher, "How Does a Judge Determine Alimony?," Jody Fisher Law, April 20, 2020, https://www.attorney-fisher.com/blog/2020/april/how-does-a-judge-determine-alimony-/.

23. Lynda Gratton and Andrew J. Scott, *The 100-Year Life: Living and Working in an Age of Longevity* (London: Bloomsbury Information, 2016), 207.

24. Ann Gold Buscho, "Do Trial Separations Ever Work?," *Psychology Today*, November 23, 2021, https://www.psychologytoday.com/us/blog/better-divorce/202111/do-trial-separations-ever-work.

25. Robert Taibbi, "Why Separations Usually Lead to Divorce," *Psychology Today*, August 8, 2020, https://www.psychologytoday.com/us/blog/fixing-families/202008/why-separations-usually-lead-divorce.

第九章　熟齡之年：照顧長輩

1. Lauren Medina, Shannon Sabo, and Jonathan Vespa, "Living Longer: Historical and Projected Life Expectancy in the United States, 1960 to 2060," US Census Bureau, Current Population Reports no. P25-1145, February 2020, https://www.census.gov/content/dam/Census/library/publications/2020/demo/p25-1145.pdf, 3.

2. Medina, Sabo, and Vespa, "Living Longer," 3.

3. Eilene Zimmerman, "What 'Retirement' Means Now," *New York Times*, September 12, 2019, https://www.nytimes.com/2019/09/12/business/retirement/what-retirement-means-now.html.

4. "How to Plan and Invest for Retirement Throughout Your Life-Even When It Feels Like You Have Other Financial Priorities," *Real Simple*, April 5, 2021, https://www.realsimple.com/money/money-confidential-podcast/episode-6-claudia-new-rules-retirement.

5. Sarah Laskow, "How Retirement Was Invented," *Atlantic*, October 24, 2014, https://www.theatlantic.com/business/archive/2014/10/how-retirement-was-invented/381802/.

6. "Life Expectancy for Men at the Age of 65 Years in the U.S. from 1960 to 2019," Statista, accessed August 11, 2021, https://www.statista.com/statistics/266657/us-life-

expectancy-for-men-aat-the-age-of-65-years-since-1960/.

7. Gratton and Scott, *100-Year Life*, 1; Alessandra Malito, "Good News and Bad News: Kids Born Today Will Probably Live to Be Older than 100-and They'll Need to Pay for It," MarketWatch, June 15, 2019, https://www.marketwatch.com/story/good-news-and-bad-news-kids-born-today-will-probably-live-to-be-older-than-100-and-theyll-need-to-pay-for-it-2019-06-14.

8. "Mandatory Retirement: Is It Legal?," Strategic HR, April 25, 2017, https://strategichrinc.com/mandatory-retirement-guidelines/.

9. "How Much Do You Really Need to Save for Retirement?," Merrill, accessed August 12, 2021, https://www.merrilledge.com/article/how-much-do-you-really-need-to-save-for-retirement; John Waggoner, "How Much Money Do You Need to Retire?," AARP, updated January 6, 2021, https://www.aarp.org/retirement/planning-for-retirement/info-2020/how-much-money-do-you-need-to-retire.html.

10. Peter Coy, "How to Enjoy Retirement Without Going Broke," *New York Times*, August 27, 2021, https://www.nytimes.com/2021/08/27/opinion/how-to-enjoy-retirement-without-going-broke.html.

11. William G. Gale, J. Mark Iwry, and David C. John, eds., *Wealth After Work: Innovative Reforms to Expand Retirement Security* (Washington, DC: Brookings Institution, 2021), 16.

12. James Royal and Brian Baker, "What Is the Average Social Security Check?," Bankrate, April 7, 2022, https://www.bankrate.com/retirement/average-monthly-social-security-check/.

13. "Most Retirees Never Move to New Home, Study Finds," FEDweek, March 19, 2020, https://www.fedweek.com/retirement-financial-planning/most-retirees-never-move-to-new-home-study-finds/.

14. Jane E. Brody, "Keeping Older Drivers Protected on the Road," *New York Times*, October 18, 2021, updated October 21, 2021, https://www.nytimes.com/2021/10/18/well/live/old-drivers.html.

15. Brody, "Keeping Older Drivers Protected."

16. Maggie Germano, "Despite Their Priorities, Nearly Half of Americans over 55 Still Don't Have a Will," *Forbes*, February 15, 2019, https://www.forbes.com/sites/maggiegermano/2019/02/15/despite-their-priorities-nearly-half-of-americans-over-55-still-dont-have-a-will/?sh=2e7683345238.

17. "2019 Profile of Older Americans," Administration for Community Living and Administration on Aging, US Department of Health and Human Services, May 2020, https://acl.gov/sites/default/files/Aging%20and%20Disability%20in%20America/2019ProfileOlderAmericans508.pdf.

18. Lynn Hallarman, "What I've Learned over a Lifetime of Caring for the Dying," *New York Times*, August 11, 2021, https://www.nytimes.com/2021/08/11/opinion/health-care-aides-elderly.html.

19. Lita Epstein, "Medicaid and Nursing Homes: A Quick Guide to the Rules," Investopedia, accessed August 15, 2021, https://www.investopedia.com/articles/personal-finance/072215/quick-guide-medicaid-and-nursing-home-rules.asp.

20. "What Is Long-Term Care (LTC) and Who Needs It?," LongTermCare.gov, last modified January 4, 2021, https://acl.gov/ltc.

21. "Formal Cost of Long-Term Care Services," PwC, accessed July 23, 2021, https://www.pwc.com/us/en/insurance/assets/pwc-insurance-cost-of-long-term-care.pdf.

22. Scott Witt and Jeff Hoyt, "Skilled Nursing Costs," SeniorLiving.org, updated January 4, 2022, https://www.seniorliving.org/skilled-nursing/cost/.

23. Alexander Sammon, "The Collapse of Long-Term Care Insurance," American Prospect, October 20, 2020, https://prospect.org/familycare/the-collapse-of-long-term-care-insurance/.

24. Sammon, "Collapse."

25. Dhruv Khullar, "Who Will Care for the Caregivers?," *New York Times*, January 19, 2017, https://www.nytimes.com/2017/01/19/upshot/who-will-care-for-the-caregivers.html.

26. "Home Health Aide Salary in United States," Indeed, accessed August 15, 2021, https://www.indeed.com/career/home-health-aide/salaries.

27. "Nursing Home Aide Salary," ZipRecruiter, accessed August 19, 2021, https://www.ziprecruiter.com/Salaries/Nursing-Home-Aide-Salary.

28. National Center on Caregiving, "Women and Caregiving: Facts and Figures," Family Caregiver Alliance, accessed August 19, 2021, https://www.caregiver.org/resource/women-and-caregiving-facts-and-figures/.

29. Carol Bradley Bursack, "Do Parents Really Want to Live with Their Adult Children?," AgingCare, accessed September 1, 2021, https://www.agingcare.com/articles/parents-living-with-adult-children-152285.htm.

30. Gina Kolata, "More Americans Are Dying at Home Than in Hospitals," *New York Times*, December 11, 2019, updated December 26, 2019, https://www.nytimes.com/2019/12/11/health/death-hospitals-home.html.

31. "Assisted Suicide in the United States," Wikipedia, accessed August 14, 2021, https://en.wikipedia.org/wiki/Assisted_suicide_in_the_United_States.

32. Irvin D. Yalom and Marilyn Yalom, *A Matter of Death and Life* (Stanford, CA: Stanford University Press, 2021), 102, 100, 105.

33. Bart Astor, "After Covid-19: What Housing for America's Oldest Could Be Like," *Forbes*, July 23, 2020, https://www.forbes.com/sites/nextavenue/2020/07/23/after-covid-19-what-housing-for-americas-oldest-could-be-like/?sh=343e49b71eb5.

34. Suzy Khimm, "The Hidden Covid-19 Health Crisis: Elderly People Are Dying from Isolation," NBC News, October 27, 2020, updated November 17, 2020, https://www.nbcnews.com/news/us-news/hidden-covid-19-health-crisis-elderly-people-are-dying-isolation-n1244853.

35. Bruce Drake, "The Sandwich Generation: Burdens on Middle-Aged Americans on the Rise," Pew Research Center, May 15, 2013, https://www.pewresearch.org/fact-tank/2013/05/15/the-sandwich-generation-burdens-on-middle-aged-americans-on-the-rise/.

36. "The US Population Is Aging," Urban Institute, accessed July 23, 2021, https://www.urban.org/policy-centers/cross-center-initiatives/program-retirement-policy/projects/data-warehouse/what-future-holds/us-population-aging.

37. Barry J. Jacobs, "The Sandwich Generation Feels the Caregiving Crunch," AARP, January 3, 2020, https://www.aarp.org/caregiving/life-balance/info-2020/sandwich-generation-caregivers.html.

38. Esther Koch, "Kiss the Joy as It Flies By," Stanford Business Magazine, November 2006, http://www.encoremgmt.com/images/Kiss_The_Joy_As_It_Flies_By.pdf.

39. Gretchen Livingston, "Adult Caregiving Often Seen as Very Meaningful by Those Who Do It," Pew Research Center, November 8, 2018, https://www.pewresearch.org/fact-tank/2018/11/08/adult-caregiving-often-seen-as-very-meaningful-by-those-who-do-it/.

40. Ezra Klein, "Alison Gopnik Changed How I Think About Love," Vox podcast, June 13, 2019, https://www.vox.com/podcasts/2019/6/13/18677595/alison-gopnik-changed-how-i-think-about-love.

第十章　成為你想看見的改變：改變工作／家庭系統（你要如何盡一己之力）

1.　"Civilian Labor Force by Sex," US Department of Labor, Women's Bureau, accessed August 20, 2021, https://www.dol.gov/agencies/wb/data/lfp/civilianlfbysex.

2.　"Employment Characteristics of Families-2018," US Department of Labor, Bureau of Labor Statistics, news release no. USDL-19-0666, April 18, 2019, https://www.bls.gov/news.release/archives/famee_04182019.pdf.

3.　Debra E. Meyerson, *Tempered Radicals: How People Use Difference to Inspire Change at Work* (Boston, MA: Harvard Business School Press, 2001), xi.

4.　Meyerson, *Tempered Radicals*, 17.

5.　David Smith, "The Plural of Anecdote Is Data, After All," *Revolutions* (blog), April 6, 2011, https://blog.revolutionanalytics.com/2011/04/the-plural-of-anecdote-is-data-after-all.html.

6.　Ian Cook, "Who Is Driving the Great Resignation?," *Harvard Business Review*, September 15, 2021, https://hbr.org/2021/09/who-is-driving-the-great-resignation.

7.　Joseph B. Fuller and Manjari Raman, "The Caring Company," Harvard Business School, updated January 17, 2019, https://www.hbs.edu/managing-the-future-of-work/Documents/The_Caring_Company.pdf.

8.　Fuller and Raman, "Caring Company," 2.

9.　Amy Henderson, "The Secret Society of Parents from Tech's Biggest Companies," *Fast Company*, May 1, 2018, https://www.fastcompany.com/40563270/the-secret-society-of-parents-from-techs-biggest-companies.

10.　Francine D. Blau and Lawrence M. Kahn, "Female Labor Supply: Why Is the United States Falling Behind?," *American Economic Review: Papers & Proceedings 2013* 103, no. 3 (May 2013): 251–256, http://dx.doi.org/10.1257/aer.103.3.251.

11.　Miranda Bryant, "Paternity Leave: US Is Least Generous in List of World's Richest Countries," *Guardian*, January 29, 2020, https://www.theguardian.com/us-news/2020/jan/29/paternity-leave-us-policy.

12.　Lynn Erdman, "Father's Day: A Father's Bond with His Newborn Is Just as Important as a Mother's Bond," HuffPost, June 8, 2017, https://www.huffpost.com/entry/fathers-day-a-fathers-bond-with-his-newborn-is-just_b_5939b1a9e4b094fa859f16c8.

13.　Sabrina Tavernise, "The U.S. Birthrate Has Dropped Again. The Pandemic May Be Accelerating the Decline," *New York Times*, May 5, 2021, https://www.nytimes.

com/2021/05/05/us/us-birthrate-falls-covid.html.

14. Joe Pinsker, "The 2 Ways to Raise a Country's Birth Rate," *Atlantic*, July 6, 2021, https://www.theatlantic.com/family/archive/2021/07/improve-us-birth-rate-give-parents-money-and-time/619367/.

15. The World Staff, "179 Countries Have Paid Sick Leave. Not the US," The World, March 13, 2020, https://www.pri.org/stories/2020-03-13/179-countries-have-paid-sick-leave-not-us.

16. Emma Jelliffe et al., "Awareness and Use of (Emergency) Sick Leave: US Employees' Unaddressed Sick Leave Needs in a Global Pandemic," *Proceedings of the National Academy of Sciences* 118, no. 29 (July 12, 2021): e2107670118, https://doi.org/10.1073/pnas.2107670118.

17. Joan C. Williams et al., "Who Benefits from Workplace Flexibility?," Slate, March 28, 2018, https://slate.com/human-interest/2018/03/new-study-examines-schedule-instability-in-retail-jobs.html.

18. "Fair Work Schedules," Center for WorkLife Law, University of California Hastings College of the Law, accessed October 11, 2021, https://worklifelaw.org/projects/stable-scheduling-study/.

19. Joan C. Williams et al., "Stable Scheduling Study: Health Outcomes Report," p. 18, accessed October 11, 2021, https://worklifelaw.org/wp-content/uploads/2019/02/Stable-Scheduling-Health-Outcomes-Report.pdf.

20. Claire Cain Miller, "Women Did Everything Right. Then Work Got 'Greedy,' "*New York Times*, April 26, 2019, https://www.nytimes.com/2019/04/26/upshot/women-long-hours-greedy-professions.html.

21. Amanda Zhou, "Washington's New Long-Term-CareTax Begins in January. Here's What to Know About the Program," *Seattle Times*, October 8, 2021, accessed October 11, 2021, https://www.seattletimes.com/seattle-news/health/washingtons-new-long-term-care-tax-deduction-begins-in-january-heres-what-to-know-about-the-program/.

22. Howard Gleckman, "How Making Public Long-Term Care Insurance (Sortof) Voluntary Created a Mess in Washington State," *Forbes*, October 6, 2021, https://www.forbes.com/sites/howardgleckman/2021/10/06/how-making-public-long-term-care-insurance-sort-of-voluntary-created-a-mess-in-washington-state/.

23. Terrence E. Deal and Allan A. Kennedy, *Corporate Cultures: The Rites and Rituals of Corporate Life* (Harmondsworth, UK: Penguin Books, 1982; reissue,Cambridge, MA:

Perseus Books, 2000).

24. Genevieve Smith and Ishita Rustagi, "Supporting Dual Career Couples: An Equity Fluent Leadership Playbook," Center for Equity, Gender and Leadership at the Haas School of Business, University of California, Berkeley, 2020, https://haas.berkeley. edu/wp-content/uploads/0_EFL-Playbook_Supporting-Dual-Career-Couples_ FinalExecSummary.pdf.

25. 許多問題的靈感來自於史密斯和魯斯塔琪的報告〈支持雙薪伴侶〉。

結語

1. "Huge Study Confirms Purpose and Meaning Add Years to Life," Blue Zones, accessed February 16, 2022, https://www.bluezones.com/2019/05/news-huge-study-confirms-purpose-and-meaning-add-years-to-life/.

2. Kabir Sehgal, *Coined: The Rich Life of Money and How Its History Has Shaped Us* (New York: Grand Central, 2015), 203.

人生顧問 497

愛與錢
史丹佛最熱門的人生規劃課，用 5C 架構做重要的選擇

作　　者－麥拉·史卓柏（Myra Strober）、艾比·戴維森（Abby Davisson）
譯　　者－吳書榆
副總編輯－陳家仁
編　　輯－黃凱怡
企　　劃－洪晟庭
編輯協力－曹凱婷
封面設計－日央設計
內頁設計－李宜芝

總 編 輯－胡金倫
董 事 長－趙政岷
出 版 者－時報文化出版企業股份有限公司
　　　　　108019 台北市和平西路三段 240 號 4 樓
　　　　　發行專線－(02)2306-6842
　　　　　讀者服務專線－ 0800-231-705‧(02)2304-7103
　　　　　讀者服務傳真－ (02)2304-6858
　　　　　郵撥－ 19344724 時報文化出版公司
　　　　　信箱－ 10899 臺北華江橋郵局第 99 信箱
時報悅讀網－ http://www.readingtimes.com.tw
法律顧問－理律法律事務所 陳長文律師、李念祖律師
印　　刷－家佑印刷有限公司
初版一刷－ 2023 年 9 月 8 日
初版二刷－ 2023 年 11 月 20 日
定　　價－新台幣 480 元
（缺頁或破損的書，請寄回更換）

時報文化出版公司成立於一九七五年，
並於一九九九年股票上櫃公開發行，於二○○八年脫離中時集團非屬旺中，
以「尊重智慧與創意的文化事業」為信念。

愛與錢：史丹佛最熱門的人生規劃課，用 5C 架構做重要的選擇 / 麥拉 . 史卓柏 (Myra Strober)，艾比 . 戴維森 (Abby Davisson) 作；吳書榆譯 . -- 初版 . -- 臺北市：時報文化出版企業股份有限公司，2023.09
384 面；14.8 x 21 公分 . -- (人生顧問；497)
譯自：Money and love : an intelligent roadmap for life's biggest decisions.

ISBN 978-626-374-114-0(平裝)

1. 自我實現　2. 生活指導

177.2　　　　　　　　　　　　　　　　　　　　11201132

ISBN 978-626-374-114-0
Printed in Taiwan